Schriftenreihe
der Juristischen Schulung

Band 73

Grundriss der Strafrechtsgeschichte

von

Dr. Hinrich Rüping

Professor em. an der Universität Hannover

und

Dr. Dr. Dr. h. c. Günter Jerouschek

Professor an der Universität Jena

6., völlig überarbeitete Auflage

Verlag C. H. Beck München 2011

Verlag C. H. Beck im Internet:
beck.de

ISBN 978 3 406 62689 0

Wilhelmstraße 9, 80801 München
Druck und Bindung: Nomos Verlagsgesellschaft
In den Lissen 12, 76547 Sinzheim

Satz: Druckerei C. H. Beck

Gedruckt auf säurefreiem, alterungsbeständigem Papier
(hergestellt aus chlorfrei gebleichtem Zellstoff)

Vorwort zur 6. Auflage

Die bereits für die Vorauflagen vorgenommene Aufteilung, nach der Günter Jerouschek für die ältere Zeit bis zur Aufklärung verantwortlich zeichnet, Hinrich Rüping für die neuere Zeit, wurde auch in der Neuauflage beibehalten.

Dasselbe gilt für die neue Akzentsetzung in der Vorauflage, die stärkere Berücksichtigung isländischer Textzeugen für das frühe Mittelalter, die differenziertere Würdigung der Reformen unter Papst Innozenz III. sowie die Neubewertung der strafrechtlichen Befolgung im Vorfeld der Carolina. Einige grundlegende Fragestellungen finden sich in dem Beitrag „Sunt hic leones? Zu Fortschritten in der Strafrechtsgeschichte und in der historischen Kriminalitätsforschung“, in: ZNR 32 (2010), S. 52 ff. angerissen.

Neu erschienene Literatur wurde an den einschlägigen Stellen eingearbeitet, ältere Literaturverweise wurden behutsam reduziert, so dass der Gesamtaufbau mit den bisherigen Randnummern ebenfalls beibehalten werden konnte.

Die Aktualisierung in der neueren Abteilung trägt insbesondere ausländischen sowie europäischen Perspektiven Rechnung und bezieht bei den juristischen Berufen die Anwaltschaft stärker ein.

Unverändert bleibt die Zielsetzung und gleichzeitig Beschränkung des Grundrisses, Interessierten einen ersten Überblick über den Quellen- und Forschungsstand zu den einzelnen Epochen zu vermitteln, um sich anhand der angegebenen Fundstellen weiter einarbeiten zu können.

Für vielfältige Hilfe bei der Redaktion des Textes in der neueren Abteilung danke ich *Malte Wilke* (Göttingen) sowie für Hinweise zum Internationalen Strafrecht *Claus Kreß* (Köln).

Hannover und Jena, im Juli 2011

Günter Jerouschek
Hinrich Rüping

Inhaltsverzeichnis

Abkürzungs- und Literaturverzeichnis

a. A.	anderer Ansicht
ABl MilReg	Amtsblatt der Militärregierung Deutschland
ahd	althochdeutsch
Ak. d. Wiss	Akademie der Wissenschaften
ARSP	Archiv für Rechts- und Sozialphilosophie
B	Buch
BayGVOBl	Bayerisches Gesetz- und Verordnungsblatt
BayJMBl	Bayerisches Justizministerialblatt
BJM	Bundesjustizministerium
CEH	Central European History
CJH	Criminal Justice History
Diss [ohne Zusatz]	Diss. iur.
Diss A [DDR]	Dissertation
Diss B [DDR]	Habilitationsschrift
DJZ	Deutsche Juristenzeitung
DRiZ	Deutsche Richterzeitung
DRZ	Deutsche Rechts-Zeitschrift
DuR	Demokratie und Recht
DVO	Durchführungsverordnung
DVollzO	Dienst- und Vollzugsordnung
GA	Goltdammer's Archiv für Strafrecht
HRG	Handwörterbuch zur deutschen Rechtsgeschichte
HZ	Historische Zeitschrift
IAHCCJ	International Association for the History of Crime and Criminal Justice
IMG	Internationaler Militärgerichtshof
JA	Juristische Arbeitsblätter
JR	Juristische Rundschau
JuS	Juristische Schulung
JW	Juristische Wochenschrift
JZ	Juristenzeitung
KJ	Kritische Justiz
KRG	Kontrollratsgesetz
LexMA	Lexikon des Mittelalters
MStGB	Militärstrafgesetzbuch
Nachdr	Nachdruck
Neudr	Neudruck
NJ	Neue Justiz
NJW	Neue Juristische Wochenschrift

NStZ .... Neue Zeitschrift für Strafrecht

PrGS .... Preußische Gesetzsammlung
PrJMBl .... Justiz-Ministerial-Blatt für die Preußische Gesetzgebung und Rechtspflege

RecSocJB .... Recueils de la Société Jean Bodin pour l'histoire comparative des institutions
RG .... Rechtsgeschichte
RJ .... Rechtshistorisches Journal
RKG .... Reichskriegsgericht

SD .... Sicherheitsdienst [der SS]
SJZ .... Süddeutsche Juristenzeitung
StÄG .... Strafrechtsänderungsgesetz
StEG .... Strafrechtsergänzungsgesetz
StPÄG .... Strafprozessänderungsgesetz
StRG .... Strafrechtsreformgesetz
StVRG .... Strafverfahrensreformgesetz

VjZ .... Vierteljahreshefte für Zeitgeschichte
VOBl BrZ .... Verordnungsblatt für die Britische Zone
VVO .... Volksschädlings-Verordnung

ZaöRV .... Zeitschrift für ausländisches öffentliches Recht und Völkerrecht
ZNR .... Zeitschrift für neuere Rechtsgeschichte
ZRG GA .... Zeitschrift der Savigny-Stiftung für Rechtsgeschichte, Germanistische Abteilung
ZRG KA .... Zeitschrift der Savigny-Stiftung für Rechtsgeschichte, Kanonistische Abteilung
ZRG RA .... Zeitschrift der Savigny-Stiftung für Rechtsgeschichte, Romanistische Abteilung
ZRP .... Zeitschrift für Rechtspolitik
ZStW .... Zeitschrift für die gesamte Strafrechtswissenschaft
Zus .... Zusammenfassung

Gesamtdarstellungen zur Strafrechts- bzw. Rechtsgeschichte in Europa

Europa:

Berman, Recht und Revolution: Die Bildung der westlichen Rechtstraditionen, dt. Ausg. 1991, 2. Aufl. 2009

Garnot (Hg.), Histoire et criminalité, 1992

Gatrell/Lenman/Parker (Hg.), Crime and Law, The Social History of Crime in Western Europe since 1500, 1980

Hattenhauer, Europäische Rechtsgeschichte, 4. Aufl. 2004

Köbler, Lexikon der europäischen Rechtsgeschichte, 1997

Recueils de la Société Jean Bodin pour l'histoire comparative des institutions, La Peine Bd. 55 (Antiquité), 1989, Bd. 57 (Europe depuis le XVIIIe siècle), 1989; La Preuve Bd. XVI (Antiquité), 1964, Bd. XVII (Moyen Âge et teps modernes), 1965

Robinson/Fergus/Gordon, European Legal History, 3. Aufl. 2005

Schmoeckel, Auf der Suche nach der verlorenen Ordnung, 2005

van Caenegem, Legal History, A European Perspective, 1991

Deutschland:

Ebel, Geschichte der Gesetzgebung in Deutschland, 3. Aufl. 1988

Ebel/Thielmann, Rechtsgeschichte, 3. Aufl. 2003

Kern, Geschichte des Gerichtsverfassungsrechts, 1954

Kleinheyer/J. Schröder (Hg.), Deutsche und europäische Juristen aus neun Jahrhunderten, 5. Aufl. 2008

Kroeschell, Deutsche Rechtsgeschichte Band 1, 13. Aufl. 2008

Kroeschell/Cordes/Nehlsen-von Stryk, Band 2, 9. Aufl. 2008

Kroeschell, Band 3, 5. Aufl. 2008

ders., Rechtsgeschichte Deutschlands im 20. Jahrhundert, 1992

Meder, Rechtsgeschichte, 3. Aufl. 2008

Oehler, Wurzel, Wandel und Wert der strafrechtlichen Legalordnung, 1950

Radbruch/Gwinner, Geschichte des Verbrechens, 1951, Neudr. 1990

Rüping, Studien- und Quellenbuch zur Geschichte der deutschen Strafrechtspflege, Bd. 2 1994, [zitiert als: StQuB 2]

Eb. Schmidt, Einführung in die Geschichte der deutschen Strafrechtspflege, 3. Aufl. 1965, 2. unveränderter Nachdruck 1995 [zitiert als: *Eb. Schmidt*]

Sellert, Studien- und Quellenbuch zur Geschichte der deutschen Strafrechtspflege, Bd. 1 1989 [zitiert als: StQuB 1]

Stintzing/Landsberg, Geschichte der Deutschen Rechtswissenschaft, Abt. 1, 2, 3 Halbbd. 1, 2, 1880, 1884, 1898, 1910

Stobbe, Geschichte der deutschen Rechtsquellen, Abt. 1, 2, 1860, 1864, Neudruck 1965

Vormbaum, Einführung in die moderne Strafrechtsgeschichte, 2. Aufl. 2010

Welzel, Naturrecht und materiale Gerechtigkeit, 2. unveränderter Nachdruck 1990

Wesel, Geschichte des Rechts, 3. Aufl. 2006

Willoweit, Deutsche Verfassungsgeschichte, 6. Aufl. 2009

England:

Hostettler, The politics of punishment, o. J. [1994]

ders., A history of criminal justice in England and Wales, 2009

Radzinowicz, A history of English criminal law and its administration from 1750, Bd. 1–4, 1948–1968

Flandern:

van Caenegem, Geschiedenis van het strafprocesrecht in Vlaanderen van de XIe tot de XIVe eeuw [m. frz. Zus.], 1956

ders., Geschiedenis van het strafrecht in Vlaanderen van de XIe tot de XIVe eeuw [m. frz. Zus.], 1954

Frankreich:

Carbasse, Introduction historique au droit pénal, 2. Aufl., 2000

Garnot, Histoire et criminalité, de l'antiquité au XXe siècle, 1992

Langui/Lebigre, Histoire du droit pénal, Tl. 1, 2, o. J. [1979]

Irland:

Osborough, Studies in Irish Legal history, 1999

Island:

Sigurdsson, Die Entwicklung des isländischen Strafrechts und Strafprozeßrechts im Mittelalter und bis 1800, in: *Eser/Thormundsson,* Old Ways and New Needs in Criminal Legislation, 1989, 43 ff.

Italien:

Dean/Lowe (Hg.), Crime, Society and the Law in Renaissance Italy, 1994

Spirito, Storia del diritto penale italiano, 3. Aufl. 1974

Österreich:

Hoke, Österreichische und Deutsche Rechtsgeschichte, 2. Aufl. 1996

Hoke/Reiter, Quellensammlung zur österreichischen und deutschen Rechtsgeschichte, 1993

Ogris, Österreichische und deutsche Rechtsgeschichte im Rahmen der europäischen Entwicklung, 1998

Portugal:

Machado Bandeira de Mello, O direito penal hispano lusitano medieval, 1960, 1961

Rumänien:

Ionescu-Muscel, Istoria dreptului penal român (Geschichte des rumänischen Strafrechts), 1931

Rußland:

Kaiser, The Growth of the Law in Medieval Russia, 1980

Wortman, The Development of a Russian Legal Consciousness, 1976

Schweden:

Anners/Wallén, Svensk straffrättshistoria, 2. Aufl. 1975

Spanien:

Tomás y Valiente, El derecho penal de la Monarquía absoluta (Siglos XVI–XVII–XVIII), 1969
Trinidad Fernández, La defensa de la sociedad: Cárcel y delincuencia en España (Siglos XVIII–XX), 2. ed. 1992.

Ungarn:

Kovács, Zur Geschichte des ungarischen Strafrechts und Strafprozeßrechts 1000–1918, 1982

Teil 1. Die germanisch-fränkische Zeit

§ 1. Völkerwanderung

Quellen: *Gregor von Tours,* Gregorii Episcopi Turonensis Historiarum, hg. v. *Buchner,* 1955; *Caesar,* De bello gallico, hg. v. *Deissmann,* 1994; *Tacitus,* Germania, hg. v. *Schulz,* 1995.

Beispiele für Volksrechte: Franken: Pactus legis Salicae (zw. 507 u. 511), hg. v. *Eckhardt,* Germanenrechte, N. F., Bd. 3, 1953; Lex Salica, hg. v. *Eckhardt* 1969 (MGH LL. I, 4, 2); Lex Chamavorum (802/3) = Das Recht der chamavischen Franken, hg. v. *Eckhardt,* aaO, 1934; Lex Ribvaria (763/4), hg. v. *Eckhardt,* aaO, 1959; Alamannen: Lex Alamannorum (7. Jh.), hg. v. *Schott,* 2. Aufl. 1993; Bayern: Lex Baiuvariorum (etwa 743), hg. v. *Eckhardt,* Germanenrechte N. F., 1934; Sachsen: Lex Saxonum (802/3) = Das Recht der Sachsen, hg. v. *Eckhardt,* aaO, 1943; Thüringer: Lex Thuringorum (802/3) = Das Recht der Thüringer, hg. v. *Eckhardt,* aaO, 1934; Friesen: Lex Frisionum (um 802/3), hg. v. *K. A.* und *A. Eckhardt,* 1982; Angelsachsen: Die Gesetze der Angelsachen (597–616), hg. v. *Eckhardt,* aaO, 1959; Goten: Lex Romana Visigothorum, hg. v. *Haenel* 1849; Leges Visigothorum, hg. *v. Zeumer,* 1902 (MGH LL. I, 1); Langobarden: Die Gesetze der Langobarden, hg. v. *Beyerle,* 1947, 1962.

Zusammenfassende Literatur: *v. Amira/Eckardt,* Germanisches Recht, Bd. 2, 4. Aufl. 1967; *His,* Geschichte des deutschen Strafrechts bis zur Karolina, 1928, Nachdr. 1967; *Hostettler,* The Politics of Punishment, 1994; *Wilda,* Das Strafrecht der Germanen, 1842.

Spezielle Literatur: *Bader,* Zum Unrechtsausgleich und zur Strafe im Frühmittelalter, ZRG GA 112 (1995), 1 ff.; *Beyerle,* Das Entwicklungsproblem im germanischen Rechtsgang I, 1915; *Bernoth,* Die Fehde des Sichar, Diss. 2008; *Campanile,* Meaning and Prehistory of Old Irish Cú Glas, in: The Journal of Indo-European Studies 1979, 237 ff.; *Campbell,* Die Kapitularien, in: *Kroeschell/Cordes* (Hg.), Funktion und Form, 1996, 23 ff.; *Dilcher,* Die Zwangsgewalt und der Rechtsbegriff vorstaatlicher Ordnungen im Mittelalter, in: *Cordes/Kannowski* (Hg.), Rechtsbegriffe im Mittelalter, 111 ff.; *Fruscione,* Das Asyl bei den germanischen Stämmen im frühen Mittelalter, 2003; *Ganshof,* Was waren die Kapitularien?, 1961; *Grahn-Hoek,* Die fränkische Oberschicht im 6. Jahrhundert, 1976; *Haase,* Kapitaldelikte im hethitischen Recht, hethitica VII, 93 ff.; *Heusler,* Das Strafrecht der Isländersagas, 1911; *Huck,* Beobachtungen zur Einleitung des Strafverfahrens in fränkischer Zeit, in: *Weitzel* (Hg.), Hoheitliches Strafen in der Spätantike und im frühen Mittelalter, 2002, 191 ff.; *Jacoby,* wargus, vargr, „Verbrecher", „Wolf", 1974; *Jerouschek,* Geburt und Wiedergeburt des peinlichen Strafrechts im Mittelalter, FS *Kroeschell,* 1997, 497 ff.; *ders.,* Buße, Strafe und Ehre im frühen Mittelalter, Karl von Amira zum Gedächtnis, 1999, 231 ff.; *ders.,* Lebensschutz und Lebensbeginn, 1988; *E. Kaufmann,* Die Fehde des Sichar, JuS 1961, 85 ff.; *ders.,* Die Erfolgshaftung, 1958; *Kéry,* Aspekte des kirchlichen Strafrechts im Liber Extra (1234), in: *Schlosser/Willoweit* (Hg.), Neue Wege strafrechtsgeschichtlicher Forschung, 1999, 241 ff.; *Kimmelmann,* Die Folter im Beweisverfahren der leges Visigothorum, 2010; *Köbler,* Welchen Gottes Urteil ist das Gottesurteil des Mittelalters?, FS Trusen, 1994, 89 ff.; *Kottje,* LexMA II, 1118 ff.; *Kroeschell,* Germanisches Recht als Forschungsproblem, FS Thieme, 1986, 3 ff.; *ders.,* Wahrheit und Recht im frühen Mittelalter, FS Schmidt-Wiegand, Bd. 1 1986, 455 ff.; *Lenzing,* Gerichtslinden und Thingplätze in Deutschland, 2005; *Mikat,* Erfolgshaftung und Schuldgedanke im Strafrecht der Angelsachsen, FS v. Weber, 1963, 1 ff.; *Mordek,* Karolingische Kapitularien, in: *ders.,* Überlieferung und Geltung normativer Texte, 1986, 25 ff.; *Nehlsen,* Entstehung des öffentlichen Strafrechts bei den germanischen Stämmen, in: Gerichtslauben-Vorträge, 1983, 3 ff.; *ders.,* Sklavenrecht zwischen Antike und Mittelalter, Tl. 1 1972; *ders.,* Reaktionsformen der Gesellschaft auf Verletzung und Gefährdung von Gemeinschaftsinteressen in der Spätantike und frühem Mittelalter bei den germanischen Stämmen, in: *Chiusi, Tziana J. / Gergen, Thomas / Jung, Heike* (Hg.), FS Wadle 2008, 759 ff.; *Neumann,* Von der Kirchenbuße zu öffentlicher Strafe, in: *Schlosser/Sprandel/Willoweit* (Hg.), Herrschaftliches Strafen seit dem Hochmittelalter, 2002, 159 ff.; *Patschovsky,* Fehde im Recht. Eine Problemskizze, FS Rabe, 1997, 145 ff.; *Patzold,* „... inter pagensium nostrorum gladios vivimus", ZRG GA 118 (2002), 58 ff.; *Pitz,* Die griechisch-römische Ökumene und die drei Kulturen des Mittelalters, 2001; *Pospisil,*

Anthropologie des Rechts, 1982; *Price,* The Germanic Warrior Clubs, 1994; *Rüping,* Geldstrafe und Buße, ZStW 85 (1973), 672 ff.; *Schild,* Missetäter und Wolf, FS Kroeschell, 1997, 999 ff.; *Schmitz,* Die Bußbücher und die Bußdisziplin der Kirche nach handschriftlichen Quellen dargestellt, Bd. 1 1883, Bd. 2. 1898; *Schmoeckel,* Ein sonderbares Wunderwerck Gottes, in: Ius Commune Bd. XXVI (1999), 123 ff.; *ders.,* Glaube und Glaubwürdigkeit vor Gericht, Amira zum Gedächtnis, 1999, 291 ff.; *Schneider,* Die Anfänge der deutschenGeschichte, ZRG GA 124 (2007), 1 ff.; *Schneidmüller,* Konsensuale Herrschaft, FS *Moraw,* 2000, 53 ff.; *v. See,* Deutsche Germanen-Ideologie, 1970; *Sellert,* Das Inquisitionsprinzip aus rechtshistorischer Sicht, FS Scupin, 1983, 161 ff.; *Siems,* Studien zur Lex Frisionum, 1980; *Sohm,* Der Procesz der Lex Salica, 1867; *ders.,* Die Fränkische Reichs- und Gerichtsverfassung 1911; *Wasserschleben* (Hg.), Die Bußordnungen der abendländischen Kirche, 1851; *Weitzel,* Strafe und Strafverfahren in der Merowingerzeit, ZRG GA 111 (1994), 66 ff.; *ders.,* Dinggenossenschaft und Recht, 1995; *Willoweit,* Entdogmatisierung der Strafrechtsgeschichte, RG 14 (2009), 14 ff.

1. Germanisches Recht: Quellenkritik und Erkenntnisinteresse

1 Nachhaltig treten die Germanen in die abendländische Geschichte erst mit der sog. *Völkerwanderung* ein, als sich seit dem 3. Jh. n. Chr. die im Nord- und Ostseeraum sowie im nördlichen Mitteleuropa siedelnden germanischen Stämme südwärts auf Wanderschaft begeben. Ein auslösendes Moment für den massenhaften Exodus ist dabei der Druck der um 375 n. Chr. aus dem Osten heranrückenden Hunnen. Wanderungsbewegungen vereinzelter Stämme, wie der Kimbern, Teutonen oder Goten, aber auch der Franken oder Alemannen, die 260 n. Chr. den Limes überrennen, sind aber schon früher bezeugt. Ob dieser Aufbruch nach Süden lediglich dem Nahrungsmangel in den Altsiedlungsgebieten geschuldet ist, oder ob auch kultische Motive hereinspielen, ist nicht endgültig geklärt.

Nicht selten wandert auch nicht der gesamte Stamm aus, sondern es spaltet sich eine Gruppierung ab, die wegzieht. Beispielsweise fragt der zurückgebliebene Teil der Vandalen bei seinen Stammesgenossen, die nach mehr als zwei Jahrzehnte währender Wanderung in Nordafrika ein Königreich errichtet haben, an, ob sie gewillt wären, auf ihr Anrecht am Land im Altsiedlungsgebiet zu verzichten. Die Ausgewanderten lehnen ein solches Ansinnen, das ihnen die Rückkehroption genommen hätte, ab (vgl. *Pitz,* 162 f.). Die aus Skandinavien stammenden Goten (vgl. Gotland) wiederum ziehen schubweise nach Süden und teilen sich während der Wanderung in Ost- und Westgoten (Visigoten) auf. Die Aufnahme Angehöriger anderer Stämme während der Migration ist möglich, desgleichen die Bildung von Großstämmen aus Stammesverbänden. Gleichsam als „Vorhut" der Wanderungen verstehen sich nach *Price,* 23, die sog. „warrior clubs", juvenile Kampfbünde mit eigenen Initiationsritualen, die ausziehen und Neusiedlungen z. T. im Wege der Raubehe (*Price,* 41 f.), gründen. Solche Kriegerbünde sind die Salier bei den Franken oder die Sachsen bei den Angeln (*Price,* 27 f.; 32 f.). Bei Kriegszügen fungieren sie als „Stoßtrupps". Die Existenz solcher „warrior clubs" ist plausibler begründet als die These von deren Niederlassungen in Orten mit der Endung -heim/engl. -ham (*Price,* 51 f.).

2 Im 19. Jh. ist es ein Anliegen der *Historischen Rechtsschule,* das archetypisch gemeingermanische Recht der ‚Vorfahren' auszuweisen. An diese Tendenz knüpft der Nationalsozialismus an, um Rechtsinstitute als germanisches Erbe zu legitimieren. Hierbei zutage geförderte Konstrukte wie ‚Friedlosigkeit' (*Kroeschell,* 1, 210), ‚Neidingswerke' und ‚Meintaten' halten einer ideologiekritischen Überprüfung nicht stand und sollten als allgemeine Kategorisierungen aufgegeben werden.

Unter einem anderen Blickwinkel Vergleichbares gilt für die wichtigste Quelle zu den Germanen vor der Zeit der Völkerwanderung, *Tacitus*' *„Germania"* vom Ende des ersten Jhs. n. Chr. *Tacitus* idealisiert hier das Germanische, um den aus seiner Sicht degenerierten römischen Mitbürgern eine Art Sittenspiegel vorzuhalten. Die in der *„Germania"* getroffenen Aussagen über die Germanen sind dementsprechend vor dem Hintergrund einer solchermaßen verzerrenden Optik zu hinterfragen. Für einen Realitätsbezug sprechen aber namentlich Passagen, in denen *Tacitus* sein Unverständnis zu erkennen gibt oder die für eine Kontrastierung nicht taugen.

3 Auch die seit dem 6. Jh. n. Chr. aufgezeichneten germanischen Stammesrechte, die sog. *leges barbarorum,* lassen nur sehr bedingt Rückschlüsse auf ‚urgermanische' Rechtsverhältnisse zu. So sind die am frühesten fixierten Stammesrechte, wie das der Westgoten, auf dem Boden des römischen Imperiums entstanden und bereits nachhaltig römisch-christlich beeinflusst. Hier wird man gerade in der Differenz zu römischer Rechtsüberlieferung und christlichen Vorstellungen einen Indikator für germanische Provenienz erblicken können.

Manchmal – wie bei der Sieben-Zahl – wird man nicht mehr feststellen können, ob ein Gegenstand alttestamentarischer oder germanischer Herkunft oder beides ist (*Jerouschek,* 1988, 60). Vergleichbar verhält es sich mit der Genese des Kirchenasyls, für das *Fruscione* überzeugend nachzuweisen vermag, dass die heidnischen Kultstätten und Heiligtümer der Germanen als Asylorte eher sakrosankter sind und Übergriffe stärker sanktioniert werden als nach der Christianisierung. Noch später als die leges aufgezeichnet werden die nordischen Sagas *(Heusler),* deren germanische Sedimente mitunter christlich überlagert sind. Ihnen den Status als – womöglich sogar prototypische – germanische Textzeugen (*Heusler,* 4) schon deshalb abzusprechen, geht aber fehl, weil davon auszugehen ist, dass sich in Rückzugsgebieten an der nördlichen Peripherie Europas archaisch-germanische Lebensformen länger erhalten haben mögen als sonst wo (für die Annahme einer Strukturverwandtschaft vgl. *Dilcher,* 130 f.). Dasselbe gilt für Irland im Verhältnis zum Kontinent. Die rechtsvergleichende Einbeziehung ethnologischer Befunde zu Stammesgesellschaften mag im Einzelfall die Deutung als germanisch erleichtern (krit. *Nehlsen,* 2008, 781).

2. Grundlagen

4 Die Germanen gehören zur indogermanischen Sprachfamilie. Sie unterteilen sich in verschiedene Stämme wie Goten, Langobarden, Franken, Sachsen, Sueben (Alemannen) u. a. m. und siedeln ursprünglich im mittleren und nördlichen Europa. Elementare rechtliche und soziale Einheit ist die Familie, aus dem Westgermanischen stammt der Begriff der *Sippe,* die mehrere Familienverbände mit gemeinsamer Genealogie zu einer nächst größeren Einheit verbindet (vgl. *Bader,* 26 ff.). Je nachdem, ob man Rechtsverhältnisse innerhalb oder außerhalb dieser Segmente untersucht, spricht man in Anlehnung an die ethnologische Terminologie von intra- und extrasegmentär. Bei Kriegszügen gemachte Gefangene werden verknechtet, deren sachenrechtliche Zuordnung des römischen Rechts bleibt den Germanen aber fremd. Nach *Tacitus* verhängen die Germanen keine Körperstrafen: wenn Knechte von ihrem Herrn ge- und erschlagen werden, geschieht dies nur ausnahmsweise im Affekt (str., vgl. *Jerouschek,* 1997, 501).

5 Hier wird eine schroffe Scheidung zwischen Knechtschaft und Freiheit sichtbar. Der freie Germane ist in die blutsverwandtschaftlich organisierte Solidargemeinschaft seiner Familie bzw. Sippe eingebunden. Eine Kränkung der Familien- bzw. Sippenehre durch Externe wird mit der *Fehde* beantwortet. Sie ist die offene Kampfansage an die Sippe des Täters und zielt auf die Zufügung einer mindestens äquivalenten Einbuße ab. Da die Verteidigung der Ehre expansiv ist, können Fehden endlos dauern, was besonders im Fall der Blutrache agonale Folgen zeitigt. Die Individualität von Täter und Opfer tritt hinter die gekränkte Ehre der Solidargemeinschaft zurück. Konfliktsaustrag und Beilegung entsprechen den ethnologischen Vergleichsbefunden für segmentäre Ethnien (vgl. *Pospisil,* 22 f., 29 f., 62).

6 Die Familienverbände können sich aber durch die Vereinbarung von Ausgleichszahlungen (Buße) in Form von Vieh (vgl. lat. pecunia = Geld, abgeleitet von pecus = Vieh) auf einen Fehdeverzicht oder eine Beendigung derselben einigen. Insofern stehen *Fehde* und *Versühnung* in einem komplementären Verhältnis zueinander. Im Falle der Tötung naher Verwandter scheint der Verzicht auf Blutrache zugunsten der Beilegung der Fehde durch geldeswerte Bußleistung immer wieder auf Akzeptanz-

schwierigkeiten gestoßen zu sein (*Heusler,* 195; vgl. auch Rn. 15). Im Zentrum der Freiheit steht die körperliche Integrität. Fehdegrund und Bußleistung bemessen sich nach der zugefügten Kränkung, die sich im schädlichen Erfolg ausdrückt. Mit der Fehde können auch Rechtshändel angefochten werden, wobei es freilich auch an die Ehre geht, wenn sich die Gegenseite einem geltend gemachten Anspruchs verweigert. Der Fehdebegriff selbst wird in der Forschungsliteratur uneinheitlich verwandt (zu Divergenzen zwischen der französischen und der deutschsprachigen Historiographie bzw. Rechtsgeschichte je nach der politisch-ideologisch motivierten Suche nach dem nationalen Fluchtpunkt in den Galliern oder Franken im 19. Jh. vgl. *Bernoth*, 107 ff.).

Die hieraus scheinbar resultierende Erfolgshaftung relativiert sich aber insoweit, als bei fehlendem Vorsatz die Höhe der Buße und auch ihr Entfall zur Disposition stehen. Die an frühere Schuldapologien wie die an *Wilda* und *Brunner* anknüpfende Ansicht von E. Kaufmann, bereits die Frühzeit habe den formal Überführten als schuldig im Sinne sittlicher Vorwerfbarkeit angesehen, vermochte sich zu Recht nicht durchzusetzen.

7 Schwerste Verfehlungen, vornehmlich wohl gegen den Kultus, dürften mit dem Ausschluss des Frevlers aus der Familien- bzw. Sippengemeinschaft sanktioniert worden sein. Die Germanen kennen den *warc,* den „Verkehrten", der später mit dem Wolf identifiziert wird und sein Leben außerhalb der Gemeinschaft im Walde fristet.

Im Vergleich zu den dieser Auffassung gegenüber geltend gemachten Bedenken (*Nehlsen,* 2008, 761), die sich vor allem auf die brüchige und zeitlich inkohärente Überlieferung beziehen, wiegt es m. E. schwerer, dass der als ‚Wolf' bezeichnete unbußfertige Übeltäter im Hethitischen (*Haase,* 98), Griechischen, Gotischen und Englischen bezeugt ist *(Campanile)* und womöglich sogar eine gemeinindogermanische Vorstellung widerspiegelt.

Heimliche Begehungen gelten als schandbarer als offenkundige. Ob die bei germanischen Stämmen bezeugten Moorleichen Opfer an die Götter oder bestrafte Missetäter oder beides sind, ist noch nicht geklärt. Die Wissenschaft neigt zu ersterer Deutung, eine Passage aus dem friesischen Stammesrecht (aufgezeichnet 802/3 n. Chr.) über das nach Schändung und Ausraubung – heidnischer – Kultstätten zu vollziehende Strafopfer am Täter spricht für letztere (den Text vgl. bei *Sellert,* StQuB 1, 71).

§ 2. Die fränkische Zeit

1. Die leges barbarorum

8 Die Komplementarität von Fehde und Versühnung beherrscht auch die vom 6. bis ins 9. Jh. aufgezeichneten germanischen Stammesrechte, die sog. *leges barbarorum.* Ihre Abfassung erfolgt auf Latein. Die mit sporadischen Erläuterungen durch fränkische Rechtsbegriffe *(malbergische Glossen)* versehenen fränkischen Rechte werden von fränkischen Königen veranlasst. Charakteristisch für die leges ist das *Kompositionensystem,* das für Vermögensbeeinträchtigungen, Verletzungen und Tötungen Bußsätze vorgibt, deren Höhe für die Opferseite einen ehrmäßig akzeptablen Richtwert darstellen soll. Die Bußleistung oder Sühne, lat. zumeist *compositio,* heißt im Falle von Tötungen *Wergeld,* d. i. *Manngeld* (vgl. lat. vir = Mann). Diese Tarifbußen müssen vergleichsweise hoch angesetzt werden, um zu einem Fehdeverzicht geneigt zu machen und sind oft nur unter Beisteuerung der Verwandtschaft aufzubringen. Die fränkische Königsbannbuße von „horrenden" (*Pitz,* 274) 60 Goldsolidi (solidus = Schilling) ist existenzbedrohend. Mitunter erhöhen germanische Könige die Richt-

werte für die Bußen, um die Vergleichsbereitschaft zu fördern. Aufgezeichnet werden die Stammesrechte nach Maßgabe der Auskünfte erfahrener, alter Rechtskundiger, wie dies das salfränkische Recht der lex salica ausdrücklich festhält.

Beispiel für Fehdeanlasss und Fehdevermeidung durch königsgesetzliches Sühnegebot im langobardischen Recht (Leges Liutprandi, 733 n. Chr., Nr. 135 nach *Beyerle* 1962, 300 ff.): 9

Adnuntiatum est quidem nobis, quod aliquis perversus homo, dum se quedam femina in fluvio lavarit, pannûs eius, quos ibi habuit, totûs tolissit, et ipsa remansissit nuda, et qui ibant et transiebant per locum illum, pro peccatis vedebant turpitudinem eius; ipsa autem in ipso fluvio semper stare non potuebat, revertere autem ad casam suam nuda erubiscibat. Proinde statuimus, qui talem inlecita presumptionem fecerit, componat eidem femine, cui talem inleca presumptionem fecerit, conponat eidem femine, cui talem turpitudinem fecit, ipse wirigild suum. Ideo hoc dicemus, quia si invenissit eum aut frater aut vir aut propinquus parentis eiusdem feminae, scandalum cum eum comittere habuit, et qui superare potuissit, unus alterum interficere habuit. Propterea melius est, ut se vivo conponat wirigild suum, quam de mortuo crescat faida inter parentis, et conpositio maior. (Es wurde Uns berichtet, dass ein verdorbener Mensch, während eine Frau in einem Flusse badete, alle ihre Kleider, die sie dort hatte, wegnahm, so dass sie nackt zurückblieb und wer des Weges kam und an dem Platz vorüberging, sündhafterweise ihre Blöße sah. Denn einesteils konnte sie doch nicht immerzu im Flusse stehen bleiben, anderseits schämte sie sich, nackt zu ihrem Haus zurückzugehen. Wir setzen also fest: wer eine solche unerlaubte Frechheit an den Tag legt, der zahlt der Frau, der gegenüber er sich so verbotenen Tuns erfrecht, sein Wergeld. Das erklären Wir deshalb: hätte ihr Bruder oder Mann oder ein Nahverwandter dieser Frau ihn dabei betroffen, so hätte er eine blutige Auseinandersetzung mit ihm gehabt; und wie leicht hätte der eine es gehabt, wenn er die Oberhand behalten konnte, den anderen zu töten! Da ist es dann doch besser, er lebt und zahlt sein Wergeld, als dass unter den Verwandten Fehde ausbricht und eine höhere Buße aufläuft.)

Aus heutiger Sicht wirkt die minutiöse Auflistung der Wundbußen- und Wergeldkataloge in den Stammensrechten makaber. Grundsätzlich wird noch auf den Erfolg abgestellt, die begriffliche Erfassung von Notstands-, Versuchs- und Gefährdungshandlungen scheint nur ausnahmsweise und in Ansätzen vor. Die zu büßenden Verletzungen werden kasuistisch erfasst, wie das folgende Beispiel nach Kap. 62 der Lex Alamannorum (710–720) zeigt (nach *Sellert,* StQuB 1, 66): 1. Si enim sumitate police absciderit, cum VI solidis conponat, 2. Si autem totum, cum XII, 3. A proximo police si a primo noto absciderit, II solidos semis, 4. Si enim in secundo noto absciderit, V solidos, 5. Si totum absciderit a palma, cum X solidis conponat, 6. Si longissimus digitus in primo noto abscisus, unum solidum et semis conponat. (1. Wenn einer aber die Spitze des Daumens abschlägt, büße er mit 6 Schillingen, 2. Wenn aber ganz, mit 12. 3. Wenn er von dem nächsten bei dem Daumen das erste Glied abschlägt, 2 1/2 Schillinge, 4. Wenn er ihn aber im zweiten Glied abschlägt, büße er 5 Schillinge, 5. Wenn er ihn ganz von der Fingerwurzel an abschlägt, büße er mit 10 Schillingen, 6. Wenn der längste Finger im ersten Glied abgeschlagen wird, büße er 1 Schilling und einen halben.)

Wergeldbußen aus der fränkischen Lex Ribvaria (um 613/623, nach *Kroeschell,* 1, 10
43 ff.):

§ 1. Si quis Ribvarius advenam Francum interficerit, CC solidus culpabilis iudicetur. § 2 Si quis Ribvarius advenam Burgondionem interficerit, bis LXXX solidus multetur. § 3 Si quis Ribvarius advenam Romanum interficerit, bis quinquagenus solidus multetur. § 4 Si quis Ribvarius advenam Alamannum, seu Fresionem vel Bogium (Saxonem) interempserit (vel occiderit), bis octuagenus solidus culpabilis iudicetur. § 5 Si quis clericum ingenuum interficerit, bis quinquagenus solidus culpabilis iudicetur. § 6 Si quis subdiaconum interficerit, bis centenus solidus culpabilis iudicetur. § 7 Si quis diaconum interficerit, ter centenus solidus multetur. § 8 Si quis presbyterum ingenuum interficerit, ter ducenus solidus multetur. § 9 Si quis episcopum interficerit, ter tricenus solidus multetur. § 10 Si quis partum in feminam interficerit seu natum priusquam nomen habeat, bis quinquagenus solidus culpabilis iudicetur. Quod si matrem cum parto interficerit, septingenus solidus multetur. § 11 Si quis weregeldum solvere coeperit, bovem cornutum videntem et sanum pro II solidis tribuat. Vaccam cornutam videntem et sanam pro uno solido tribuat. Equum videntem et sanum pro septim solidis tribuat. Equam videntem et sanam pro III solidis tribuat. Spatam cum scogilo pro septim solidis tribuat. Spatam absque scogilo pro III solidis tribuat. Brunia bona pro XII solidis tribuat. Helmo condercto pro sex solidis tribuat. Bagnerbergas bonas pro sex solidis tribuat. Scuto cum lancia pro II solidis tribuat. Aucceptorem non domito pro III solidis tribuat. Cummorsum gruarium pro sex solidis tribuat. Aucceptorem mutatum pro XII solidis tribuat. § 12 Quod si cum argento solvere contingerit, pro solido XII dinarius, sicut antiquitus est constitutum. (1. Wenn ein Ribuarier einen zugewanderten Franken tötet, werde er wegen 200 Schillingen als schuldig erachtet. 2. Wenn ein Ribuarier einen zugewanderten Burgunden tötet, werde er mit zwei mal 80 Schillingen bestraft. 3. Wenn ein Ribuarier einen zugewanderten Römer tötet, werde er mit zweimal 50 Schillingen bestraft. 4. Wenn ein Ribuarier einen zugewanderten Alemannen oder Friesen oder Bayern oder Sachsen tötet, werde er wegen zweimal 80 Schillingen als schuldig erachtet. 5. Wenn jemand einen freigeborenen Kleriker tötet, werde er wegen zweimal 50 Schillingen als schuldig erachtet. 6. Wenn jemand einen Subdiakon tötet, werde er wegen zweimal 100 Schillingen als schuldig erachtet. 7. Wenn jemand einen Diakon tötet, werde mit drei mal 100 Schillingen bestraft. 8. Wenn jemand einen freigeborenen Priester tötet, werde er mit dreimal 200 Schillingen bestraft. 9. Wenn jemand einen Bischof tötet, werde er mit dreimal 300 Schillingen bestraft. 10. Wenn jemand die Leibesfrucht in der Mutter tötet oder ein Neugeborenes, bevor es einen Namen hat, werde er wegen zweimal 50 Schillingen als schuldig erachtet. Wenn er die Mutter samt der Leibesfrucht tötet, werde er mit 700 Schillingen bestraft. 11. Wenn jemand Wergeld zu zahlen sich anschickt, so gebe er einen gehörnten, sehenden oder gesunden Ochsen statt 2 Schillingen. Eine gehörnte, sehende und gesunde Kuh gebe er statt 12 Schillingen. Eine sehende und gesunde Stute gebe er statt 3 Schillingen. Ein Schwert mit Scheide gebe er statt 7 Schillingen. Ein Schwert ohne Scheide gebe er statt 3 Schillingen. Eine gute Brünne gebe er statt 12 Schillingen. Einen Helm in gutem Zustand gebe er statt 6 Schillingen. Gute Beinschienen gebe er statt 6 Schillingen. Einen Schild mit Lanze gebe er statt 2 Schillingen. Einen ungezähmten Falken gebe er statt 3 Schillingen. Einen gebeizten Kranich gebe er statt 6 Schillingen. Einen [schon] gemausterten Falken gebe er statt 12 Schillingen. 12. Wenn er aber mit Silber zu zahlen vermag, statt einem Schilling 12 Pfennige, wie es von alters her angeordnet ist.)

11 Deutlich sichtbar wird hier die grundlegende Konzeption, die Bußsätze nach dem Status des Opfers zu bemessen: Am meisten muss man für die Tötung eines freien Franken zahlen. Die Franken haben die anderen germanischen Stämme militärisch besiegt und unter ihre Oberhoheit gebracht, sie stellen mit den Merowingern und später den Karolingern die Königsgeschlechter und rangieren insoweit zuoberst in der Stämmehierarchie, gefolgt von den übrigen germanischen Stämmen. Den niedrigsten Rang genießen Angehörige der römischen ‚Urbevölkerung', die Romanen. Eine gesonderte Regelung erfährt die Tötung von Klerikern, die nicht in einen blutsverwandtschaftlichen Solidarverband eingebunden sind. Für den Schutz der Kirche tritt das Königtum ein. Auch hier sind die Bußsätze entsprechend der kirchlichen Ämterhierarchie abgestuft. Die unerwartet hohe Taxierung des Lebens einer gebärfähigen Frau weicht so von römisch-christlichen Denkmustern ab, dass auf ein Relikt germanischer Überlieferung, etwa im Sinne matriarchalischer Wertvorstellungen, geschlossen werden kann. Die Angabe naturalwirtschaftlicher Äquivalente trägt der Demonetarisierung des ökonomischen Austausches in der fränkischen Zeit Rechnung. Das langobardische Recht unter Liutprant (vgl. Rn. 9) scheint das Wergeld nach dem Täter, d. h. nach seinem im Fehdefall verwirkten Leben, zu bemessen. Mitunter wurden, wie bei den Westgoten und Burgunden eigene Rechte für Germanen und Romanen erlassen (Lex Romana Visigothorum, Lex Romana Burgundionum, str., nach *Schmoeckel* 47 f. gelten die Rechte für beide Bevölkerungsteile).

2. Anfänge peinlichen Strafrechts

12 Die den germanischen Stammesrechten ursprünglich gemeinsame Scheidung von Freien und Unfreien ist bei den Franken noch unter *Karl d. Gr.* anerkannt; wo, wie bei den Sachsen mit den halbfreien Liten, ein Zwischenstatus existiert, muss die Zuordnung, hier zugunsten der Unfreiheit, festgelegt werden. Die Möglichkeit der *compositio,* der geldeswerten Büßung, bleibt Freien vorbehalten, Unfreie werden peinlich mit Leibes- und Lebensstrafen bestraft. Zwar konnte auch die Tat eines Knechts dem Herrn zugerechnet werden und zur Fehde führen, jedoch ist eine Restriktion möglicher Fehdeanlässe aus mehreren Gründen angezeigt und zeitgemäß.

So würden sich nach dem Zuwachs an Unfreien im Zuge der Landnahme auf ehemals römischem Reichsgebiet die Ressourcen durch Fehden schnell erschöpft haben, hätte man sich bei Taten Unfreier, für die unter *Karl d. Gr.* der sich von der Volkszugehörigkeit herleitende Name s(c)lavus aufkommt, nicht der Fehde entziehen können. Normalerweise kann der Herr die peinliche Strafe seines Knechts abkaufen. Bezeugt ist auch die zeitweise Verknechtung, um die Buße abzuarbeiten.

Mit der Militarisierung der germanischen Stämme im Zuge der Völkerwanderung kommt es zugleich zu einer *Kephalisierung* (Hierarchisierung, von griechisch kephalos = Kopf). Ihren Ausdruck findet diese Entwicklung darin, dass die körperliche Integrität Freier Beeinträchtigungen hinnehmen muss. Zunächst sind es Hochverratsfälle und Unbotmäßigkeiten dem Herzog gegenüber, die zur Errichtung von „Friedensbezirken" führen und auch Freie das Leben kosten (zur Infiltration peinlicher Strafandrohungen vgl. *Jerouschek,* 1999, 240 f.). Diese Entwicklung sieht sich mit Romanisierung und Christianisierung verstärkt und fortgesetzt. Auch Verbrechen, die mit christlichen Moralvorstellungen in höchstem Maße unvereinbar sind, verwirken die Achtung der körperlichen Integrität Freier (*Nehlsen,* 1983, 14), wie sich dies etwa am Beispiel des Abtreibungsverbotes im westgotischen Recht aufzeigen lässt (*Jerouschek,* 1997, 501 ff.). Das Ausgreifen des peinlichen Strafrechts kann dabei umso weniger überraschen, als auf dem Boden des römischen Reichs peinliches Strafrecht geübt wird und germanische Heerführer als römische Statthalter fungieren. 13

Einer neueren Ansicht zufolge wird in den fränkischen Teilreichen bereits unter den merowingischen Königen in erheblich weiterem Umfange öffentlich-peinliches Strafrecht geübt als bislang unter dem Eindruck der Dominanz des Kompositionensystems in den leges angenommen (*Weitzel,* 1994). 14

In *Weitzels* Hauptquelle, den Zehn Büchern Geschichten *Gregors von Tours* aus dem 6. Jh. n. Chr., finden sich Anhaltspunkte, wie das peinliche Strafrecht von den Königen in Anspruch genommen wird. Daraus aber zu folgern, im frühen Mittelalter sei das peinliche Strafrecht die Regel und die compositio die Ausnahme, wäre überzogen. Einmal handelt es sich bei den von Gregor berichteten peinlichen Straffällen auffallend oft um Hochverratsfälle, in denen der König umstandslos foltern und hinrichten lässt, und dann wird oft nicht klar, ob es sich um Strafverfolgung oder um schiere königliche Gewaltakte handelt. Wie wenig der König tatsächlich dazu in der Lage ist, gegen Freie mit den Mitteln des peinlichen Strafrechts vorzugehen, sei an zwei Beispielen aufgezeigt: Nach einer siegreich beendeten Schlacht bitten kirchliche Würdenträger den König, ihnen doch aus der Siegesbeute ein wertvolles gläsernes Kultgefäß wieder zukommen zu lassen. Der König verspricht, sich dafür einzusetzen und erbittet von seinen Kriegern eine Vorabauskehrung. Einer der Krieger verwahrt sich gegen eine solche Zumutung, zerschlägt das Gefäß mit dem Schwert und verweist seinen König auf den Rechtsbrauch, das Los über den ihm zukommenden Beuteanteil entscheiden zu lassen. Der König muss diesen Affront noch ungeahndet hinnehmen, und erst bei der nächsten Heerschau auf dem Märzfeld kann er den Gefolgsmann ob seiner Dreistigkeit erschlagen (*Gregor von Tours,* II, 27). Die Begebenheit hinterlässt mehr den Eindruck einer königlichen Rachehandlung als den einer peinlichen Bestrafung. Bereits für das frühe Mittelalter macht sich freilich die von *Weitzel* zurecht kritisierte terminologische Unbestimmtheit des Begriffs der Strafe in der Forschungsliteratur (*Weitzel,* Erfolgshaftung, HRG 2. Aufl., Bd. 1, Sp. 1397) nachteilig bemerkbar. Verlangt man hierfür ein Subordinationsverhältnis, haben im Wege der Selbstverpflichtung bei der Versühnung ausbedungene Selbstdemütigungen oder kirchliche Bußwerke von vornherein außer Betracht zu bleiben. Verlangt man dies nicht, kann man bereits der compositio eine Konnotation mit Strafe beimessen. Ist bereits fraglich, ob die "Strafe" terminologisch zur Abgrenzung überhaupt taugt, so sieht sich zugleich die "voreilig" (*Willoweit,* 2009, 14) so titulierte "Strafrechtsgeschichte" kontaminiert.

In Gregors Bischofssitz Tours und der ihn umgebenden Grafschaft führt ein gewisser *Sichar* (585 n. Chr.) eine verheerende Fehde, nachdem auf einen Priester, dem er aufgrund eines Freundschaftsbündnisses (amicitia) verpflichtet war (vgl. *Patschovsky,* 149), ein Anschlag verübt worden war. Im Verlaufe der Fehde kommt es zu mehreren Tötungshandlungen. Sichar akzeptiert die vom Volksgericht vorgeschlagene Bußsumme zunächst nicht, bevor er letztlich einlenkt und 15 sich gegen Bezahlung einer hohen Buße, zu der die Kirche beisteuert, mit dem Überlebenden der Opfersippe aussöhnt. Bei einem Trinkgelage äußert Sichar seinem früheren Fehdegegner und jetzigen Freund *Chramnesind* gegenüber, dessen Wohlhabenheit verdanke sich der von ihm geleisteten Bußzahlung. Die hierin liegende Kränkung beantwortet dieser umgehend mit der Tötung Sichars, und hängt die Leiche an einen Zaunpfahl, um den Verdacht eines Mordes, der sich durch die Verheimlichung der Tat auszeichnet, abzuwenden (*Gregor von Tours,* VII, 47; IX, 19). Kritik hieran sucht man im Bericht Gregors vergebens, eher findet sich Genugtuung, denn in seinen Augen handelt es sich bei Sichar ohnehin nur um einen nichtsnutzigen Heißsporn. Ob es sich hier um regelrechte eine Fehde handelt, ist umstritten und hängt vom terminologischen Vorverständnis des Betrachters ab (vgl. hierzu Rn. 6). Daß Gregor die Geschichte erfunden haben könnte (*Bernoth*, 271) bleibt bloße Spekulation. Die Detailliertheit der Schilderung und das wiederholte Aufgreifen entsprechend dem zeitlich unterbrochenen Fehdeverlauf sprechen gegen eine fiktive Erzählung. Daß er sie der Selbststilisierung halber berichtet, ist dagegen um so wahrscheinlicher.

16 Die zu erbringenden Bußen sind so hoch, dass ein Freier sie nicht ohne weiteres allein aufzubringen vermag (vgl. Rn. 8, a. A. *Nehlsen,* 1983, 5 f.), weswegen die Kirche sich erbietet, die Buße aufzubringen, um einem ansonsten dem Tod verfallenen Fehdeführer das Leben zu retten (*Gregor von Tours,* VII, 46). Bei einer funktionstüchtigen Strafverfolgung in dem von *Weitzel* angenommenen Umfang hätten sich hier zuhauf Anlässe für strafrechtliche Interventionen gefunden, nur gibt es dafür keinerlei Anhaltspunkte, und es bleibt bei der primären Konflikterledigung unter Freien, dem Alternieren zwischen Fehde und Versühnung (*Pitz,* 275). Dabei zeichnet sich die Fehde durch ihre öffentliche Führung aus. Unter welchen Voraussetzungen Schädigungen als Fehdehandlungen soziale Anerkennung erfahren, ist im Einzelnen nicht überliefert, es scheint aber darüber Konsens zu bestehen. Flankiert wird die Fehde von horizontalem Volks- und vertikalem Königsgericht. Vor letzterem unterwirft sich der Missetäter dem Willen des Herrschers – wenigstens rhetorisch – auf Gedeih und Verderb, insofern ein Vorläufer des *Richtens nach Gnade* (vgl. Rn. 72), ersteres wirkt auf eine Versühnung hin und verleiht oder entzieht gemeinschaftlichen Rückhalt.

17 Einerseits lässt die vor allem unter den Karolingern betriebene *Kapitulariengesetzgebung* (von *capitulum* als Untergliederungseinheit) viele peinliche Strafandrohungen für Missetäter, oft christlich ethisiert, in das Reich ergehen.

So orientiert sich die Strafbarkeit der Zauberei nicht mehr wie in den Volksrechten am schädlichen Erfolg, sondern unmittelbar an der Gesinnung, und ein Kapitular von 789 verbietet direkt heidnische Bräuche, hier das Aufstellen von Zetteln mit magischen Zeichen zum Schutz vor Hagelschäden.

Andererseits richtet *Karl d. Gr.* zum Ende seines Kaisertums hin an seine *missi dominici*, die Königsboten, die resignierte Nachfrage, was denn aus den unzähligen Kapitularien und deren Befolgung überhaupt geworden sei. Von einer geregelten oder gar institutionalisierten Strafrechtspflege wird man dementsprechend kaum ausgehen können, und die Aufzeichnung der komponierenden Stammesrechte gerade unter *Karl d. Gr.* ergibt durchaus einen praktischen Sinn.

Die Ausübung peinlichen Strafrechts gegenüber Romanen und ausnahmsweise auch freien Germanen wird man vornehmlich für die Reichsteile annehmen dürfen, die auf dem Gebiet des ehemals römischen Reichs liegen und römische Verwaltungsstrukturen beibehalten haben, sowie für den Königshof selbst und seinen unmittelbaren Einflussbereich (zur eigenständig auf das Zeugnis abgestimmten Folter im westgotischen Recht vgl. *Kimmelmann*). Römisch-christliche Provenienz peinlichen Strafrechts und dessen Ausübung als Ausfluss königlicher Fehde ergänzen sich, und aus beiden sollten auch wissenschaftlich keine sich ausschließenden Gegensätze konstruiert werden.

18 Wie die Ausübung peinlichen Strafrechts von der königlichen Gewalt in Anspruch genommen wird und gleichsam aus der königlichen Fehde erwächst, lässt sich anhand der *decretio Childeberti* von 596 n. Chr. ermessen, in der der merowingische König – der König Sichars! – verfügt, Tötungen künftig entsprechend dem *ius talionis* zu sanktionieren, denn „wer zu töten wisse, lerne zu sterben." Doch bezieht sich das Dekret nur auf grundlose Tötungen, also gerade nicht auf Fehdehandlungen, und bereits die Nachsätze zu diesem Strafgesetz verraten, dass es allein aus königlicher Machtvollkommenheit nicht durchsetzbar erscheint: Der Verwandtschaft des Täters wird bei Strafandrohung aufgegeben, den Täter nicht zu unterstützen. Der Freie soll also der verwandtschaftlichen Solidarität verlustig gehen, isoliert und damit seiner Freiheit entkleidet werden. Wird er aber mangels Fehdemächtigkeit gleichsam unfrei, steht der Verhängung einer peinlichen Strafe nichts mehr im Wege.

3. Rechtsgang und Gerichtsverfassung

Das Urteil ist „zweizüngig" ausgelegt und lautet auf Reinigung vom Verdacht oder Bußpflichtigkeit. Ursprünglich findet das Verfahren mehrmals jährlich auf der *Thingversammlung* (Ding, mallum) statt, wo der ihr an der üblichen Gerichtsstätte, der ‚Malstatt', beiwohnende ‚Umstand' das gefundene Urteil trägt. Zur Lage der Thingstätten vgl. die geographische Darstellung von *Lenzing*. 19

Veränderungen bewirkt die Zentralgewalt über das *Königsgericht*. Der Graf löst den „Thungin" ab (*Weitzel*, 1995, 464 ff.) und sitzt weiterhin dem Volksgericht vor, soweit diese Funktion nicht ein unmittelbar Beauftragter des Königs *(missus dominicus)* wahrnimmt. Schöffen finden das Urteil. Er verhandelt Delikte, die an Leib und Leben gehen, zu büßende Totschläge oder Grundstreitigkeiten *(causae maiores)*. Bei letzteren forscht und entscheidet der Richter nach der durch Wissens- oder Urkundenzeugnis nachzuweisenden Historizität des geltend gemachten Anspruchs. Klagen um Buß- und Geldschulden kommen als *causae minores* vor das Zentenargericht des Schultheißen (Zentenar als Unterabteilung des Gaus, ursprünglich die Vereinigung von 100 fränkischen Familienoberhäuptern), wo ein solches besteht. Häufig findet sich herrschaftlich gebotener Sühnezwang bei minderschweren, etwa fahrlässigen Ausgangstaten. Neben dem Grafen, später über ihm, übt der König durch Evokation die Hochgerichtsbarkeit im Königsgericht aus. Er urteilt nach aequitas, verstanden nicht als eine das Recht korrigierende Billigkeit, sondern als diskretionäre Gewalt, das Recht zu finden. Sie äußert sich in der Verhängung willkürlicher, d. h. nicht dem Volksrecht entnommener Bußen und Strafen. So ersetzen Verbannung und Einsperrung strengere Strafen an Leib und Leben, wobei gemilderte Sanktionen nicht zwangsläufig sind. 20

Soweit nicht der König und sein Gericht Straftaten inquisitorisch und unter Anwendung der Folter verfolgen, was vor allem in Hochverratsfällen in Anlehnung an das römischrechtliche *crimen laesae majestatis* vorkommt (zum Vordringen amtlich-inquisitorischer Befugnisse und Obliegenheiten bei der Verfahrenseinleitung vgl. *Huck)*, bleibt die Verbrechensverfolgung dem *Anklageprozess* mit dem Parteivorbringen vorbehalten. Der Kläger lädt den Beklagten vor Gericht und nötigt ihn, sich auf die Klage einzulassen. Weigert sich der Beklagte, vor Gericht zu erscheinen, kann er mit einem *Kontumazialurteil* (Säumnis) in Acht und Bann getan werden. Die Lex Salica versucht, mittels Strafandrohung den Ladungsgehorsam zu erzwingen. 21

Eine Vertretung ist ursprünglich ausgeschlossen. Das fränkische Recht kennt einen Sachwalter (*causedicus* von causam dicere: einen Prozess führen) nur für besondere Konstellationen (vgl. *Lass*).

22 Die Klage muss im Prozess mittels Eids bekräftigt werden. Hierzu sind *Eideshelfer* aufzubieten, deren Zahl von der Bedeutung der Rechtssache abhängt. Diese Eideshelfer sind aber keine Wissenszeugen nach modernem Verständnis, sondern bezeugen lediglich die Integrität des Klägers. Ansätze für das Eindringen des Prinzips der materiellen Wahrheit finden sich aber dort, wo dem Kläger aufgegeben wird, einen Teil der Eideshelfer nicht aus der eigenen verwandtschaftlichen Klientel beizubringen (Pactus Alamannorum X, 13; *Kroeschell,* 1, 42 f.). Die beklagte Partei kann sich, gleichfalls mit Eideshelfern, vom Tatvorwurf freischwören. Verwehrt wird dem Täter dieser *Reinigungseid* im Falle des sog. *Handhaftverfahrens,* bei dem der Täter in flagranti vom Opfer und etwaigen Anwesenden betroffen wird. Fehlen Zeugen, erhebt es das Gerüfte. Wird er nicht gleich, sei es nach heutigem Verständnis in Notwehr und Nothilfe, sei es auf der Flucht, getötet, sondern vor Gericht gebracht, muss er die Klage gegen sich gelten lassen und wird umstandslos verurteilt. Das ursprünglich umfängliche Tötungsrecht als Sofortvollzug der Strafe sieht sich schon in fränkischer Zeit auf schwere Delikte sowie nächtliche oder heimliche Begehung beschränkt (vgl. *Huck,* 194 f.).

Das Handhaftverfahren ist keine germanische Besonderheit. Laut einer kastilischen Quelle des 13. Jhs. ist, als eine nächtens bestohlene deutsche Reisegruppe den Täter ergreift und das Gerüfte erhebt, dieses Vorgehen dem spanischen Recht ohne weiteres vertraut, und es verfügt sogar über die einschlägigen Rechtsbegriffe (gerüfte = appellido). Tags darauf zum Tod verurteilt, wird der Dieb von seiner Familie in Vollstreckung des Urteils erdrosselt (vgl. *Dilcher,* 2002, 138). Gelingt es dem Täter, auf der Flucht in ein Kirchenasyl zu entkommen, so beruhigt das die affektive Aufwallung und rettet ihn davor, erschlagen zu werden. Das archaische Institut der *Spurfolge* erleichtert die Wiederinbesitznahme von abhanden gekommenem Vieh bei dessen Verfolgung binnen dreier Nächte (vgl. das Textbeispiel aus der Lex Salica bei *Kroeschell,* 1, 28 ff.). Außerhalb des Handhaftverfahrens ist der Prozess darauf angelegt, die Gegenseite zu ‚überzeugen'. Misslingt der ‚Beweis', etwa mangels Eidesfähigkeit oder weil die Eideshilfe nicht erbracht werden kann (*Schild,* 29), so verbleibt der beklagten Partei noch die Möglichkeit, den Unschuldsbeweis mittels eines *Gottesurteils* (ordal, angelsächsisch für Urteil) anzutreten.

4. Die Gottesurteile

23 Hinter dem *Gottesurteil* steht die Vorstellung, man könne mittels bestimmter Rituale Gott in seiner Allwissenheit dazu veranlassen, Schuld oder Unschuld des einer Missetat Verdächtigen zu offenbaren. Letztlich wurzelt das Gottesurteil im magischen Denken.

Bei der *Feuerprobe* muss der Proband über glühende Flugscharen gehen, und die zurückbleibenden Verletzungen sollen Aufschluss über Schuld oder Unschuld geben. Beim *Kesselfang* oder der *Heißwasserprobe* muss aus einem Kessel siedenden Wassers mit bloßen Händen ein Gegenstand geholt werden. Aus dem Heilungsverlauf der Brandwunden wird auf die Begründetheit oder Unbegründetheit der Anschuldigung rückgeschlossen. Nämliches gilt für die *Probe des glühenden Eisens,* bei der ein glühend gemachtes Stück Eisen über eine bestimmte Wegstrecke hin mit bloßen Händen getragen werden muss. Bei der bis ins 16. Jh. bezeugten *Kaltwasserprobe* soll der Umstand, ob der ins Wasser gestoßene Verklagte oder Verdächtigte untergeht oder nicht, über den Tatvorwurf entscheiden. Allerdings wird es uneinheitlich beurteilt, ob das Obenauf-Schwimmen den Schuldnachweis erbringe oder das Untergehen. Bei der ebenso zählebigen *Bahrprobe* wird der Mordverdächtige zur Leiche des Getöteten geführt. Fangen die Wunden zu bluten an, gilt er als überführt. Am verbreitetsten ist der *gerichtliche Zweikampf,* dessen Zuordnung zu den Gottesurteilen im Einzelnen streitig ist (*Schild,* 29, 68 f.). Wer hier obsiegt, bekommt Recht. Angesichts der offensichtlichen Missbrauchsmöglichkeiten, zumal nach der Einräumung der Möglichkeit der Stellvertretung (*Kämpe*), ruft das Gottesurteil des gerichtlichen Zweikampfes immer wieder den Widerspruch vor allem von Vertretern der Kirche hervor. Trotz erklärter Vorbehalte aufgrund des ungerechten Ausgangs vieler Zweikämpfe mag König *Liutprant* den Zweikampf mit Rücksicht auf den bei den Langobarden eingewurzelten Brauch nicht verbieten.

Das bekannteste Zeugnis für ein Gottesurteil dürfte der Fall der Königin *Theutberga* aus dem 9. Jh. sein, die sich ihrem Mann König *Chlothar* gegenüber im Wege des Kesselfangs vom Verdacht des Ehebruchs reinigt. Die Anwendung von Gottesurteilen bleibt beweisrechtlich aber die Ausnahme, und bei 600 Urteilen aus fränkischer Zeit finden sich nur in zehn Fällen Gottesurteile (vgl. *Köbler*, 104).

Gottesurteile sind flexibler zu handhaben, als es auf den ersten Blick scheint. Nicht zuletzt ist ihr Ausgang der Interpretation bedürftig und zugänglich. Überdies lassen sie eine Nähe zum Geständnis erkennen, das nach dem negativen Ausgang eines Gottesurteils erlangt wird (vgl. *Schmoeckel*, Glaube, 295, 299). Hier wirkt sich also das Gottesurteil wie die Folter aus, und durchaus konsequent wird die Freiwilligkeit eines solchermaßen erlangten Geständnisses angezweifelt. Prominente Vertreter von Theologie und Kirche kritisieren am Gottesurteil vor allem die ihm innewohnende Versündigung im Wege der Versuchung Gottes. Der Bedarf in praxi setzt sich aber immer wieder über solche Bedenken hinweg und sichert dem Gottesurteil ein, wenn auch zunehmend marginalisiertes, Fortleben bis in die frühe Neuzeit. Der Umschwung zur forensischen Delegitimierung der Gottesurteile erfolgt unter Papst *Innozenz III.* auf dem IV. Laterankonzil, wo dem Gottesurteil zwar Beweiskraft zugebilligt, aber als ungewiss ausgegeben wird, über welche Verfehlung sich Gott dabei auslasse. Diese Begründung vermag sich nicht auf den konkreten Fall zu beschränken und erfasst alle Ordalpraktiken. **24**

Insofern teilt das Gottesurteil das Schicksal des Orakels. Klerikern wird verboten, an der Abhaltung von Gottesurteilen mitzuwirken. Im kirchlichen Inquisitionsprozess ist das Gottesurteil damit unzulässig. Auch im weltlichen Recht wird es mit dem Vordringen der Folter entbehrlich, auch wenn es vereinzelt noch in der frühen Neuzeit zur Anwendung gelangt. Das Absenken der Anforderungen an den Überführungsbeweis wirkt in dieselbe Richtung. Die Persistenz des Gottesurteils auch nach der Zäsur von 1215 n. Chr. und dem *Liber Extra* (1234) wird von *Schmoeckel* überbewertet (*Hirte*, 158; zum Vordringen des Arguments der Beweisschwäche *Kéry*, 275).

Zwar sind im frühen Mittelalter Ansätze zu hoheitlich-königlicher Verbrechensverfolgung erkennbar (*Huck*, 196 ff.), wie auch *Karl d. Gr.* im Jahre 789 n. Chr. verfügt, Tötungsverbrechen seien vor Gericht zu bringen, doch wird über dem autokratischen Gestus der merowingischen und karolingischen Herrscher leicht übersehen, dass ihr Staatsgebilde auf dem Konsens der es tragenden Personenverbände beruht (vgl. *Pitz*, 430, 483; für die Ablösung der merowingischen Dynastie durch Pippins Inthronisierung *Schneidmüller*, 67). **25**

Deutlich zum Ausdruck kommt dies in dem Bericht *Gregors von Tours*, wie König *Chlothar I.* von seinen Gefolgsleuten zu einem Kriegszug gegen die Sachsen gezwungen wird. Nach der Niederlage muss der fränkische König um Frieden bitten und führt zur Begründung an, es habe sich um eine Heerfahrt wider Willen gehandelt.

Für die Durchsetzung einer öffentlichen Strafverfolgung unter königlicher Regie fehlt es in dem auf Gefolgschaft und Übereinkunft gegründeten Staatswesen dementsprechend (wie von *Weitzel*, 144 f. i. E. auch eingeräumt) an den strukturellen Voraussetzungen für eine Institutionalisierung. Nach den Teilungen des unter *Karl d. Gr.* vereinigten fränkischen Reichs verkümmern die Initiativen zur Etablierung einer öffentlichen Verbrechensverfolgung. In der auch quellenarmen Zeit vom ausgehenden 9. Jh. bis ins 11. Jh. n. Chr. kommen die Anstalten zu einer peinlichen Strafrechtspflege praktisch zum Erliegen, an deren Stelle tritt die herkömmliche und im Wesentlichen auch unbeeinträchtigt gebliebene Konfliktaustragung mittels Fehde und Versühnung. Um der Austarierung der Ehrwahrung willen werden Sühneverträge manchmal auf Gegenseitigkeit geschlossen: Die bußfällige Partei versichert, sie würde sich mit der zu erbringenden Buße auch begnügt haben.

Teil 2. Hohes und spätes Mittelalter

§ 1. Das kirchliche Recht und die Anfänge des Ius Commune

Quelle: Corpus Iuris Canonici, Tl. 1 (Decretum Magistri Gratiani), 2 (Decretalium Collectiones), hg. v. *Friedberg*, 1879, 1881.

Literatur: *Bermann*, Recht und Revolution: Die Bildung der westlichen Rechtstradition, dt. Ausg. 1991; *Bezler*, Les pénitentiels espagnols, 1994; *Blumenthal*, Papal Reform and Canon Law in the 11th and 12th Cenuries, 1998; *Borst*, Die Katharer, 1991; *Feine*, Kirchliche Rechtsgeschichte, 5. Aufl. 1972; *Fößel*, Denunziation im Verfahren gegen Ketzer, in: *Jerouschek* et al. (Hg.), Denunziation, 1997, 48 ff.; *Fraher*, Lateran's Revolution in Criminal Procedure, in: *Lara* (Hg.), Studia in honorem Eminentissimi Cardinalis Alphonsi M. Stickler, 1992, 97 ff.; *ders.*, The Theoretical Justification for the New Criminal Law of the High Middle Ages, University of Illinois Law Review, 1984, 577 ff.; *Hattenhauer*, De arbore inciso hominеque occiso, in: Landwehr (Hg.), Studien zu den germanischen Volksrechten, 1982, 11 ff.; *Hergemöller*, Krötenkuß und schwarzer Kater, 1996; *Hirte*, Papst Innozenz III., das IV. Lateranum und die Strafverfahren gegen Kleriker, Diss. 2005; *Hohenlohe*, Beiträge zum Einflusse des kanonischen Rechts auf Strafrecht und Prozeßrecht, 1918; *Jacobi*, Der Prozeß im Decretum Gratiani und bei den ältesten Dekretisten, ZRG KA 34 (1913), 223 ff.; *Jerouschek*, Lebensschutz und Lebensbeginn, 1988, 2002; *Jerouschek*, ne crimina remaneant impunita, ZRG KA 2003, 323 ff.; *Jerouschek/Müller*, Die Ursprünge der Denunziation im Kanonischen Recht, FS Lieberwirth, 2000, 3 ff.; *Kerff*, Libri paenitentiales und kirchliche Gerichtsbarkeit bis zum Decretum Gratiani, ZRG KA 75 (1989), 23 ff.; *Kéry*, Gottesfurcht und irdische Strafe, 2006; *Koch*, Denunciatio, 2006; *Kuttner*, The Revial of Jurisprudence, in: *Benson/Constable* (Hg.), Renaissance and Renewal in the Twelfth Century, 1982, 299 ff.; *ders.*, Kanonistische Schuldlehre von Gratian bis auf die Dekretalen Gregors IX., 1935; *Landau*, Kanones und Dekretalen, 1997; *Liebs*, Römisches Recht, 5. Aufl. 1999; *Lipp*, Die Zurechnungslehre bei Aristoteles und Thomas von Aquin, 1950; *Meyer*, Die Distinktionstechnik in der Kanonistik des 12. Jahrhunderts, 2000; *Molnár*, Die Waldenser. Geschichte und Ausmaß einer europäischen Ketzerbewegung, 1993; *Müller*, Schuld-Geständnis-Buße, in: *Schlosser/Sprandel/Willoweit* (Hg.), Herrschaftliches Strafen seit dem Hochmittelalter, 2002, 403 ff.; *dies.*, Der Einfluß der Kirche, in: *Lüderssen* (Hg.), Die Durchsetzung des öffentlichen Strafanspruchs, 2002, 69 ff.; *Neumann*, Von der Kirchenbuße zu öffentlicher Strafe, in: *Schlosser/Sprandel/Willoweit* (Hg.), Herrschaftliches Strafen seit dem Hochmittelalter, 2002, 159 ff.; *Pahud de Mortanges*, Strafzwecke bei Gratian und den Dekretisten, ZRG KA 109 (1992), 121 ff.; *Pennington*, Popes, Canonists and Texts 1150–1550, 1993; *Plöchl*, Geschichte des Kirchenrechts, 2. Aufl. Bd. 1–3, 1960 ff.; *Schlosser*, Grundzüge der Neueren Privatrechtsgeschichte, 9. Aufl. 2001; *Schild*, Folter, Pranger, Scheiterhaufen, 2010; *Schmoeckel*, Humanität und Staatsraison, 2000; *Schwaibold*, Mittelalterliche Bußbücher und sexuelle Normalität, Ius Commune 15 (1988), 107 ff.; *Thier*, die päpstlichen Register im Spannungsfeld zwischen Rechtswissenschaft und päpstlicher Normsetzung: Innozenz III. und die Compilatio Tertia, ZRG KA 2002, 44 f.; *Trusen*, Der Inquisitionsprozeß, ZRG KA 105 (1988), 168 ff.; *v. Schulte*, Die Geschichte der Quellen und Literatur des canonischen Rechts, Bd. 1, 1875, Nachdr. 1956; *Wasserschleben* (Hg.), Die Bußordnungen der abendländischen Kirche, 1851; *Winroth*, The Making of Gratian's Decretum, 2000.

1. Die Beicht- und Bußpraxis

Im Zuge der Missionierung der noch heidnischen oder zunächst arianisch geworde- 26
nen germanischen Stämme seit dem 5. Jh. entstehen die auf die Beicht- und Bußdisziplin zugeschnittenen sog. *libri poenitentiales (Bußbücher).* Sie dienen der Ausforschung der Sündenschuld (Beichtinquisition) der neu bekehrten Gläubigen, viel-

leicht auch der bischöflichen Jurisdiktion (vgl. *Kéry,* 119 ff.), und fassen, häufig in Frageform, die gängigsten Sünden zusammen. Damit stellen sie zugleich eine unentbehrliche Quelle für die Alltagsgeschichte des frühen Mittelalters dar. Nur auf den ersten Blick folgen sie, wie ihre weltlichen Pendants – die *leges barbarorum* – einem ausgeprägten Tarifbußensystem, das für jede Sünde den ihr zukommenden Bußsatz auswirft. Trotz der kasuistischen Aufbereitung finden sich in auffälligem Gegensatz zu den *leges,* die lediglich zwischen Vorsatz und Fahrlässigkeit differenzieren, in den Beicht- und Bußbüchern vielfach schuldbezogene Bußzumessungsregeln inseriert, die die Motivation, aus der heraus eine Sünde begangen wird, als tragenden Gesichtspunkt für die Bußzumessung vorgeben (vgl. *Jerouschek,* 1988, 110).

27 Für die Verbrechensverfolgung von Belang sind dabei die aus karolingischer Zeit bezeugten *Sendgerichte.* Hier begibt sich einmal jährlich der Bischof, manchmal auch in Abwechslung mit ihm ein Vertreter, auf eine Visitationsreise durch das Bistum. Zweck der Rundreisen ist die Disziplinierung der Geistlichkeit und der christianisierten Bevölkerung, um auf die Einhaltung der christlichen Moralgebote zu dringen. Diese moralpolitischen Anstalten sind, vor allem nach der Einführung der jährlichen Beichtpflicht zu Ostern auf dem IV. Laterankonzil 1215 n. Chr., von kaum zu überschätzender Bedeutung. Vereidigte *Sendschöffen* bzw. *Sendzeugen* rügen dabei vor dem Visitator die ihnen in der Gemeinde zur Kenntnis gelangten Verfehlungen, die anfänglich auch Diebstahl, Mord und Totschlag umfassen. Für das Amt des Sendschöffen dürften nur unbescholtene und reputierliche Männer in Betracht gekommen sein (*Neumann,* 163).

28 Das *forum internum,* d. i. der innere Gerichtshof des Beichtinstituts, ist in seiner Bedeutung für das Eindringen des Schuldgedankens in die strafrechtliche Zurechnung von der Forschung lange Zeit vernachlässigt worden.

So finden sich bemerkenswerte konziliare Bestimmungen zur Erfolgszurechnung bei Fahrlässigkeit und Mitverschulden. In Abkehr von den überkommenen Grundsätzen der Erfolgshaftung setzt das Konzil von Tribur 895 n. Chr. fest, dass, wenn zwei Brüder einen Baum fällten und der eine zum anderen sage „paß auf oder renne weg", derjenige aber trotzdem im Stehen oder Weglaufen vom fallenden Baum erschlagen werde, den Überlebenden am Tod keine Schuld treffe (zur diskontinuierlichen Entwicklung vgl. *Hattenhauer,* 26). Im zweiten Fall legt eine Mutter ihr Kind in der Nähe einer Feuerstelle ab. Hänge ein Dritter einen Kessel übers Feuer und komme das Kind wegen des auslaufenden kochenenden Wassers zu Tode, so hafte die Mutter aufgrund ihrer Nachlässigkeit *(„negligentia")* für den Tod des Kindes. Der Dritte aber solle vor einer Strafverfolgung gefeit *(„securus")* sein.

29 Ebenso kommt dem kanonischen Recht der Kirche, benannt nach den *canones,* worin die Beschlüsse von Konzilien unterteilt waren, eine maßgebliche Transportfunktion für römischrechtliches Gedankengut zu: *ecclesia vivit lege romana,* die Kirche lebt nach römischem Recht, findet sich in der *lex ribvaria* niedergeschrieben, und *Regino von Prüm,* ein namhafter Kanonist zu Beginn des 10. Jhs., führt aus, römisches Recht und Kirchenrecht seien einander zum Verwechseln ähnlich. Wahrscheinlich bezieht er sich dabei auf römischrechtliche Exzerpte bzw. eine Kodifikation aus der Zeit des westgotischen Königtums in Spanien.

2. Verwissenschaftlichung des Rechts: Kanonistik und Rezeption des römischen Rechts seit dem 12. Jh.

30 Die entscheidenden Impulse für die Herausbildung einer Strafrechtswissenschaft erfolgen im 12. Jh. Es war dieses eines der innovativsten Jahrhunderte in der abendländischen Rechtsgeschichte. Die Grundlage hierfür schafft ein oberitalienischer Mönch namens *Gratian,* der um 1140 n. Chr. in einem *„concordantia discordantium*

canonum" betitelten Buch, gewöhnlich *Decretum Gratiani* genannt, den Versuch unternimmt, die bis dahin aus Bibelzitaten, Sätzen von Kirchenvätern, Konzilsbeschlüssen und päpstlichen Erlassen erwachsende Traditionsmasse des Kirchenrechts in ein System und die oft widersprüchlichen und unabgeglichenen Rechtssätze *(canones)* durch Auslegung in Übereinstimmung zu bringen. Hierzu bedient sich die Kanonistik der sog. Distinktionstechnik *(Meyer)*, die scholastische Methode (*Kuttner*, 1982, 310) liefert das theoretische Rüstzeug. Die Diskussion um die Rechtsquellenhierarchie führt zu einem Vorrang des späteren vor dem früheren Recht und insbesondere zu einem Primat päpstlich gesetzten Rechts. Die von *Gratian* noch vertretene Bindung des Papstes an selbstgesetztes Recht wird in der Folge und systemwidrig zugunsten der *plenitudo potestatis* aufgegeben (*Landau*, 220).

Ob sich das für die Kanonistik früh grundlegende Werk der Feder nur eines Autors verdankt, ist umstritten. *Winroths* Antwort auf die schon von *Kuttner* aufgeworfene Frage nach der Autorschaft zweier Gratiane, „Gratian's Decretum ist not one book, but two" (*Winroth*, 193), dessen erstes um 1139, das zweite 1156 fertig gewesen sei (*Winroth*, 142 ff.), ist gut begründet.

Wenn in diesem Jahrhundert der „Renaissance" die Kirche nunmehr in ihrer Selbst- 31
repräsentation als „etwas Sichtbares, Juristisches, Körperschaftliches, mit einer irdischen Mission zur Reform der Welt" (*Berman*, 259) imponiert, so markiert das *Decretum Gratiani* eine maßgebliche Voraussetzung für die Etablierung des Rechts als Leitdisziplin. Bußwerke verlieren ihre vornehmliche Zweckbestimmung als Gesten der Versöhnung und gewinnen vermehrt den Status von Strafen (*Berman*, 282 f.), bevor sich im 13. Jh. das kirchliche Strafverständnis dem weltlichen vollends angleicht (*Müller*, Schuld-Geständnis-Buße, 417).

Etappen auf diesem Weg der Verrechtlichung sind der *Dictatus Papae* Gregors VII., 32
das Pontifikat *Innozenz' III.* mit den Beschlüssen des IV. Laterankonzils 1215, sowie der Erlass des sog. *Liber Extra* durch Papst *Gregor IX.* im Jahre 1234, der mit dieser von ihm approbierten Dekretalensammlung den päpstlichen Kodifikationsanspruch unterstreicht (*Jerouschek*, 1988, 43 f.; *Thier*, 66). In der Forschung mehren sich die Stimmen, die gegenüber der juristischen Prägung der Kirche die reformtheologische Stoßrichtung betonen. Die Kanonistenquadriga *Rufinus, Stephan von Tournai, Faventinus* und *Sicardus von Cremona* propagiert gegenüber dem herkömmlichen und schwerfälligen Anklageprozess die Maxime *„ne crimina remaneant impunita"*, um den disziplinarrechtlichen Zugriff auch auf hochrangige Kleriker zu gewährleisten. Unter *Innozenz III.* wird der Satz in eine grundlegende Maxime des Kirchenstrafrechts transformiert (*Jerouschek*, 2003; relativierend *Hirte*, 195). Eine exzessive Schriftlichkeit garantiert instanzielle Kontrolle. In Parallele zum deutschrechtlichen Handhaftverfahren wird bei Notorietät umstandslos verurteilt. Eine ausgefeilte Schuldlehre bemüht sich nicht nur um eine Abgrenzung von Vorsatz und Fahrlässigkeit, sondern formuliert auch Rechtfertigungs- und Entschuldigungsgründe (Notwehr/Notstand, Trunkenheit, Affekt und Geisteskrankheit), und im Rahmen der Irrtumslehre werden Kriterien entwickelt, nach denen die Zurechnung zur willentlichen Begehung entfallen soll oder nicht.

Ist grundsätzlich eine Klage *(accusatio)* der geschädigten Partei Prozessvoraussetzung, 33
wozu es gegenüber höherrangigen Klerikern und Kirchenpotentaten oft genug erst gar nicht kommt, so genügen jetzt auch *Anzeigen (denunciationes)* Dritter, auch statusmäßig Minderer, um eine Strafverfolgung von Amts wegen *(Inquisitionsprozess)* auszulösen *(Jerouschek/Müller)*. Ebenso können darüber hinaus fama, Ruf, oder clamor, allgemeines Gerücht, die Rolle der denunciatio oder accusatio als Prozessvoraussetzungen übernehmen. Gegen *Trusen* legt *Hirte*, 176, 181 f. nahe, dass der Inquisitionsprozess nicht von Innozenz III. kreiert wird, sondern bereits um die

Jahrhundertwende bekannt ist und geübt wird. Der Papst knüpft damit an tradierte Verfahrensformen an, baut sie aus und geht evolutionärer vor als bislang angenommen. Nach *Hirte,* 192 wurzelt der innozentische Inquisitionsprozess im kirchlichen Disziplinarrecht und wird aus diesem herausgelöst, während das von *Trusen* postulierte Infamationsverfahren der quellenmäßigen Fundierung entbehrt. Entscheidendes Kriterium für die Einleitung eines Inquisitionsprozesses ist vielmehr der clamor, der mit der publica fama zusammenfällt (*Hirte,* 190 f.). Der Inquisitionsprozess bleibt subsidiär (*Hirte,* 181 f.), unterliegt weitgehend kirchenamtlicher Opportunität und gelangt vor allem zum Einsatz, wenn Ansehens- und Glaubwürdigkeitsverlust kirchlicher Institutionen drohen. Der Papst selbst bevorzugt Vergleichslösungen und fungiert als Mediator (*Hirte,* 52 ff.). Seine Rechtskenntnisse muss er nicht in einem Bologneser Rechtsstudium, sondern kann er auch als mit Rechtssachen befasster Kurienkardinal erworben haben.

Der Kampf gegen organisierte Kriminalität in Form von Fälscherbanden, die die Kirche schädigen, lässt Innozenz den Inquisitionsprozess auch auf den weltlichen Arm ausdehnen. Ob Innozenz' Rekurse auf überkommene Rechtsbestände mehr rhetorische Floskeln sind, um bei Neuerungen den Schein der Traditionsgebundenheit zu wahren, ist noch nicht hinlänglich geklärt. Die Bedeutung des unterschätzten Juristenpapstes Innozenz IV. unterstreicht *Koch,* 59 am Beispiel der denunciatio, für die der Papst 1251 n. Chr. die Überführungsmöglichkeit in einen Inquisitionsprozess klarstellt, wo bei Innozenz III. noch mehrere Anzeigen nötig sind.

Unter Zurechnungsgesichtspunkten kommt der Gedanke der *culpa praecedens,* des Vorverschuldens, insbesondere bei der Lehre vom *versari in re illicita* zum Tragen. Ausgehend vom Grundsatz, dass ein Priester der *Irregularität,* Ungeeignetheit zur Ordination, verfällt, wenn er eine Tötung begangen hat, unterscheidet die Kanonistik danach, ob die Handlung, die zum Tod geführt hat, erlaubt war oder nicht. War sie unerlaubt, verbleibt der Erfolg in der Sphäre des Widerrechtlichen, war sie erlaubt, muss den Priester ein zusätzliches, individuelles Fehlverhalten betreffen. Die Scholastik differenziert zwischen der beabsichtigten Erfolgsbewirkung, der sog. *intentio directa,* und den unbeabsichtigten Nebenfolgen, die lediglich von einer *intentio indirecta* getragen sind und den Vorsatz ausschließen. Diese Frage stellt sich vornehmlich bei Rechtsgutskollisionen, bei denen unterschiedliche Handlungs- bzw. Unterlassenspflichten miteinander konfligieren können und einen moraltheologisch zu lösenden Gewissenskonflikt ergeben.

34 Mit der Bedeutung des Decretum Gratiani für die Kanonistik vergleichbar, verfügt das weltliche Recht mit einer im 11. Jh. wiederentdeckten Handschrift des *corpus iuris civilis,* das 546 n. Chr. unter Kaiser *Justinian* in Ostrom redigiert worden war (*Liebs,* 107), über ein unter systematischen Gesichtspunkten konzipiertes Recht, das den neuen Auslegungsmethoden entgegenkommt. Die Rechtswissenschaft beginnt, auslegungsbedürftige Stellen zu kommentieren, indem dem Rechtstext Glossenapparate beigegeben werden. In der Wissenschaft wird eine Schule von Glossatoren im 12. und 13. Jh. *(z. B. Accursius)* von den sie ablösenden Postglossatoren (z. B. *Bartolus, Baldus* im 14. Jh.) geschieden (*Schlosser,* 37 ff.). Nach Anfängen in den 30er Jahren ist der Rechtsunterricht zu Bologna um die Mitte des 12. Jhs. ausgebildet und verschafft der Rechtsschule den legendären Ruf als *„nutrix legum"*, Amme des Rechts.

35 Ihre berüchtigsten Auswüchse erfährt die kirchliche Verbrechensverfolgung von Amts wegen im Rahmen der sog. Ketzerinquisition, bei der seit dem 13. Jh. Inquisitoren aus den Reihen der Bettelorden (Dominikaner, seltener Franziskaner) als spezielle Ketzerverfolger mit päpstlichem Auftrag neben den Bischöfen agieren. Aufgrund der gewähnten oder auch realen Bedrohung der Christenheit durch ketzerische Sekten wird für dieses Schwerstverbrechen mit dem vereinfachten summarischen Verfahren ein entformalisiertes Beweisrecht entwickelt, das eine umstandslose Aburteilung ermöglicht. Allerdings entspricht die Entbindung von der Einhaltung rechtlicher Vorgaben durchaus der seinerzeitigen Rechtsauffassung: Innozenz IV. formuliert den Grundsatz, dass vom gesetzlichen Strafmaß hier abgewichen werden könne, und die Gemeinrechtler verallgemeinern ihn zum Schlagwort: „*Propter enormitatem delicti … licitum est leges transgredi*“ (*Schmoeckel*, 276 f.). Die reguläre Strafe besteht im Verbrennen auf dem Scheiterhaufen. Die Denunziationsbereitschaft in der Bevölkerung, häufig getragen von egoistischen Motiven (*Fößel; Koch*, 49 ff.), sowie der Verfolgungswahn nicht weniger Inquisitoren konterkarieren oft die verbliebenen rechtlichen Kautelen. Kulminationspunkte der Ketzerverfolgung werden die Verfolgungen der Katharer/Albigenser (vgl. *Borst*), Templer (vgl. *Hergemöller*) und Waldenser (vgl. *Molnár*). Der päpstliche Inquisitor Konrad von Marburg aus dem Dominikanerorden wird 1233 n. Chr. erschlagen.

Das in praxi mitunter kaum mehr rechtsförmig zu nennende und dem Recht geradezu hohnsprechende Verfahren der Ketzerinquisition sollte aber das hinter der Einführung des Inquisitionsprozesses stehende Anliegen der Gleichheit vor dem Gesetz nicht völlig verdunkeln. Immerhin wird im kirchlichen Recht der Reinigungseid, der in der feudalen Hierarchie oben Stehenden eine billige und bequeme Möglichkeit bietet, sich von Verbrechensanschuldigungen freizuschwören, nunmehr in eine subsidiäre Rolle zurückgedrängt, und die statt dessen aufzubietenden Wissenszeugen leisten dem Prinzip der materiellen Wahrheit im Strafverfahren Vorschub.

§ 2. Weltliche Strafverfolgung

Literatur: *Blanshei*, Criminal Law and Politics in Medieval Bologna, CJH 2 (1981), 1 ff.; *Bohne*, Die Freiheitsstrafe in den italienischen Stadtrechten des 12.–16. Jahrhunderts, Tl. 1, 2, 1922, 1925; *van Caenegem*, Geschiedenis van het strafprocesrecht in Vlaanderen van de XIe tot de XIVe eeuw, 1956 [m. frz. Zus.]; *ders.*, Geschiedenis van het strafrecht in Vlaanderen van de XIe tot de XIVe eeuw, 1954 [m. frz. Zus.]; *Dahm*, Das Strafrecht Italiens im ausgehenden Mittelalter, 1931; *ders.*, Untersuchungen zur Verfassungs- und Strafrechtsgeschichte der italienischen Stadt im Mitelalter, 1941; *Diestelkamp*, Recht und Gericht im Heiligen Römischen Reich, 1999; *Dilcher*, Der mittelalterliche Kaisergedanke als Rechtslegitimation, in: *Willoweit* (Hg.), Die Begründung des Rechts als historisches Problem, 2000, 153 ff.; *Engelmann*, Die Schuldlehre der Postglossatoren, 2. Aufl. 1965; *Frenz*, Friede, Gemeinwohl und Gerechtigkeit durch Stadtherr, Rat und Bürger, in: *Schlosser/Willoweit* (Hg.), Neue Wege strafrechtsgeschichtlicher Forschung, 1999, 111 ff.; *dies.*, Frieden, Rechtsbruch und Sanktion in deutschen Städten vor 1300, 2003; *Hupe*, Falsum, fraus und stellionatus, Diss. 1967; *Jerouschek*, Lebensschutz und Lebensbeginn, 1988; *ders.*, Die Herausbildung des peinlichen Inquisitionsprozesses, in: *Nève/Coppens* (Hg.), Vorträge auf dem 28. Dt. Rechtshistorikertag, 1992, 95 ff.; *Kantorowicz*, Albertus Gandinus und das Strafrecht der Scholastik, Bd. 1, 2, 1907, 1926; *Kohler/degli Azzi*, Das Florentiner Strafrecht des XIV. Jahrhunderts, o. J. [1909]; *Magin*, „wie es umb der iuden recht stet“: der Status der Juden in spätmittelalterlichen Rechtsbüchern, Diss. 1995; *Meyer-Holz*, Collegia Iudicum, Diss. 1989; *Schmidt*, Vollgewalt, Souveränität und Staat, FS Moraw, 2000, 21 ff.; *Schminck*, Crimen laesae maiestatis, Diss. 1970; *Siems*, Die Lehre von der Heimlichkeit des Diebstahls, in: *Weitzel* (Hg.), Hoheitliches Strafen in der Spätantike und im frühen Mittelalter, 2002, 85 ff.; *Stern*, The Criminal Law Systems of Medieval and Renaissance Florence, 1994; *Wolf*, Gesetzgebung in Europa 1100–1500, 2. Aufl. 1996; *Zechbauer*, Das mittelalterliche Strafrecht Siziliens, 1908; *Zorzi*, The judical system in Florence in the fourteenth and fifteenth centuries, in: *Dean/Lowe* (Hg.), Crime, Society and the Law in Reaissance Italy, 1994, 40 ff.

1. Territorien

In seinem Erbkönigreich beider Sizilien kann *Friedrich II.* an die Tradition seiner normannischen Vorfahren anknüpfen und das Rechtswesen zu einer öffentlichen Domäne, verwaltet durch gelehrte Juristen an Königsgerichten, ausbauen (zur kaiser- **36** lich-königlichen plenitudo potestatis vgl. *Schmidt).* Die Gründung der Universität von Neapel 1226 n. Chr. dient der Rekrutierung juristisch geschulten Nachwuchses für Justiz und Verwaltung. Die 1231 erlassenen *Konstitutionen von Melfi (Liber Augustalis)* rezipieren römisches Recht, wirken auf eine straffe Verwaltungsorganisation zurück und ermöglichen im Kriminalrecht die inquisitorische Strafverfolgung. Bei *crimina laesae majestatis,* Hochverratsverbrechen gegen die königliche Majestät, fällt die Rechtsförmigkeit der politischen Verfolgungsopportunität zum Opfer (*Schminck,* 79). Außerhalb dieser Form ‚politischen' Strafrechts arbeitet die Justiz bemerkenswert unabhängig, und kirchliche Kläger obsiegen auch gegen königliche Ansprüche.

37 *England* schafft ebenfalls seit dem 13. Jh. mit dem Court of King's Bench ein königliches Zentralgericht, das mit Berufsrichtern besetzt und für schwere Verbrechen zuständig ist. Nach der *Assise von Clarendon* (1166, dazu *Wolf,* 339) können Juries bestimmte schwere Taten anklagen und später auch aburteilen, als das IV. Laterankonzil Gottesurteile verwirft.

38 Das *französische Königtum* im 12. und 13. Jh. wirkt weniger durch die Fixierung einzelner Rechtsgrundsätze, wie die königlichen Writs im englischen Recht, als vielmehr umfassend durch Berufsrichter. Sie erscheinen als Baillis (Amtmänner) in den unteren Instanzen und in der Appellationsinstanz beim Parlament von Paris, das als höchstes königliches Gericht auch die Strafrechtspflege wirksam kontrolliert.

39 Im *Flandern* des 12. Jhs. zeigen sich die neuen Formen in dem durch gräfliche Amtsleute durchgeführten Untersuchungsverfahren mit Kassationsmöglichkeit durch den gräflichen Gerichtshof, andererseits in den Städten in der Tatsachenermittlung durch Schöffen, notfalls in einem Geheimverfahren (enquête secrète).

2. Strafverfolgung in den oberitalienischen Kommunen

a) Schichtenspezifität und Strafverfolgung

40 Oberitalien mit seinen Stadtstaaten bildet die ökonomisch fortgeschrittenste Region und die Hochburg des Frühkapitalismus in Europa. Im Hochmittelalter beherbergt sie mit den Universitäten Bologna und Pavia zugleich die Zentren des Rechtsunterrichts, die am römischen Recht geschulte Juristen für ganz Europa ausbilden. Das Strafrecht sieht sich in den Dienst der kommunalen Ordnungspolitik gestellt. Noch übertroffen wird der weltliche Bedarf an Juristen durch den der Kirche mit ihrer rationalen Verwaltungsstruktur. Das an den Universitäten zugleich mit dem rezipierten römischen Recht gelehrte kanonische Recht ergibt mit ersterem zusammen das *ius commune,* das *gemeine Recht,* das das partikulare mittelalterliche Recht europaweit überwölbt. Die kommunalen Statutarrechte zeugen vom Vordringen des peinlichen Strafrechts, das mit seinen Körper- und Lebensstrafen ein drastisches Abschreckungspotential entfaltet. Ist der öffentliche Strafvollzug generalpräventiv motiviert, so folgen die vergeltenden Strafen entweder dem *Talionsprinzip* „Auge um Auge, Zahn um Zahn" oder dem *Spiegelungsgedanken,* nach dem die Tat am Körper des Verbrechers nachvollzogen wird.

Beispielhaft für die Theorie definiert *Albertus Gandinus* (Ende des 13. Jhs.) die Strafe als „satisfactio, que propter delicta imponitur a lege vel ministro legis", als Genugtuung, die vom Gesetz oder seinem Vollstrecker wegen der Delikte verhängt wird (Tractatus de maleficiis, Rubrica de poenis § 1, bei *Kantorowicz,* Bd. 2, 209). Diesen Gedanken setzt anschaulich das Statut von Tivoli (1305) um: es straft den Täter einer Verstümmelung nach Verfall der Geldstrafe in alttestamentarischer Manier „manu pro manu, oculo pro oculo, pede pro pede et membro pro membro" (Hand für Hand, Auge für Auge, Fuß für Fuß und Glied für Glied).

Allerdings ist über dieser Statuierung peinlicher Strafen nicht zu verkennen, dass diese häufig geldeswert ablösbar sind. Gegenüber der Geldstrafe wird die peinliche Strafe damit subsidiär, und das Strafrecht gerät bei genauem Hinsehen zu einem Zweiklassenstrafrecht: Der Bürger, der vermögend genug ist, die geschädigte Partei und die Obrigkeit finanziell zufrieden zu stellen, bleibt von der peinlichen Strafe verschont, solange dies politisch opportun ist; an der minderbemittelten plebs, an Randgruppen und Fremden hingegen wird die peinliche Strafe exekutiert. Die Ablösbarkeit der peinlichen Strafen kommt dabei dem Finanzbedarf der Kommunen entgegen, dürfte aber auch in der germanischen Tradition des Bußwesens stehen, wobei der der Obrigkeit zukommende Strafanspruch abgegolten wird. 41

Inwieweit in der nachweisbaren Strafhaft neben dem kanonischen Arrest und der späteren Zuchthausbewegung eine weitere Wurzel für die moderne Freiheitsstrafe liegt, ist noch nicht hinlänglich geklärt.

Da *Juden* außerhalb der christlichen Gemeinschaft stehen, bleibt ihnen die volle Rechtsfähigkeit verwehrt. Als sog. *kaiserliche Kammerknechte* werden sie gegen Übergriffe des Pöbels und lokaler Machthaber geschützt, was freilich während pogromhafter Umtriebe allzu oft nur auf dem Papier steht. Der verbreitete „Blutvorwurf", demgemäß Juden zu Ostern einen Christenknaben verzehrten und mit dem Blut Zauber trieben, wird im Jahre 1247 n. Chr. durch *Innozenz IV.* in einer an die Fürsten ergehenden Bulle für unglaubwürdig und forensisch unverwertbar erklärt, nachdem bereits *Friedrich II.* Juden vom Ritualmordvorwurf zum Zwecke der Blutmagie in einem Prozess aus dem Jahr 1235 freigesprochen hat (*Diestelkamp,* 31). 42

Wo trotzdem Rechtstexte diesen Ritualmordvorwurf verwerten, werden, wie im sächsischen Recht, kaum erfüllbare Beweisanforderungen an die Faktizität der Tat gestellt (*Magin,* 85 f.). Das königliche Sonderrecht des Verbots des Waffentragens für Juden wird im Spätmittelalter als Entehrung verkannt, ebenso wie die Kleidervorschriften, die zum Zeitpunkt ihres Erlasses im frühen 13. Jh. als äußere Kennzeichnung gedacht sind, damit Christen nicht unwissentlich mit Juden Umgang pflegten. Das betrifft insbesondere den sündhaft-sträflichen geschlechtlichen Verkehr zwischen Christen und Juden, für den der Berufung auf einen Irrtum zuvorgekommen werden soll.

Frauen werden beim Ehebruch gestraft, wo der Mann straflos bleibt. Im Rahmen der hausväterlichen Zuchtgewalt erlittene Verletzungen sind nicht ohne weiteres klagfähig. Angriffe auf Frauen verpflichten zu einer vom Inhaber der Hausgewalt zu beanspruchenden Buße, der im Rahmen dieser *patria potestas* auch leichtere Vergehen der Frau ahndet. Sind in den Kommunen private Erledigungen politisch nicht opportun, wird inquisitorisch vorgegangen (Bologna 1248, vgl. *Blanshei).* Das gleiche ist für Schwerverbrechen bezeugt (Pistoja 1284), um nicht die Rache Gottes wegen der saumseligen Strafverfolgung heraufzubeschwören, wie es bereits im römischen Recht heißt, desgleichen, wenn sich kein Kläger findet (Novara 1277) oder dieser trotz Ladung ausbleibt (Florenz 14. Jh.). 43

Zu dieser Zeit wird in Florenz noch die Hälfte der Verfahren, im 15. Jh. dagegen nur noch ein Viertel privat eingeleitet (*Stern,* 228 f.). Die Effizienz beruht auf einer Polizei, bei der ursprünglich ein Beamter auf 2000 Einwohner kommt, Ende des 14. Jhs. dagegen auf 150 (*Zorzi,* 49). Der Staat schafft auch prozessuale Mischformen mit öffentlichem Ankläger (vgl. Rn. 77). Der öffentliche Ankläger ist befreit von der Last des privaten, die Lauterkeit der Klage zu beschwören, für die Fortsetzung einen Bürgen zu stellen und dem Freigesprochenen Schadensersatz zu leisten, Gründe, die einer privaten Klage in der Praxis hinderlich sind. Maßgeblich gefördert wird das Inquisitionsverfahren wie allgemein im Mittelalter durch die neu auftretende Massenkriminalität. Das Verfahren richtet sich gegen Banden von Berufsverbrechern in den Städten, die, mit den Worten des Statuts von Bologna (1280), „magis credantur vivere de raptu quam de proprio" (wie man annehmen darf, mehr vom Geraubten als vom Eigenen leben). Gegen sie kann in weitem Umfang die Folter angewandt werden.

44 Ein statutarrechtlicher Strafprozess aus Bologna von Ende 1437 bis Anfang 1438 wird bei *Aretinus,* einem führenden italienischen Strafrechtler des 15. Jhs., beispielhaft angeführt (nach *Jerouschek,* 1992, 113): „Am 24. November ist die vorliegende Inquisition vom Podestà und seinem Strafrichter veranlasst worden. Am 25. November ist durch einen Gerichtsboten eine Kopie dieser Inquisitionsakte bei der öffentlichen Geschäftsstelle abgegeben worden. Am 26. November ist dem Gerichtsboten aufgetragen worden, die Inquisiten vorzuladen und ihnen eine Abschrift der inquisitio zu überreichen. An demselben Tage berichtet derselbe, dass er den Auftrag besorgt habe. Am 27. November ändert der Richter noch Einiges an der inquisitio und lässt diese Veränderungen sowohl bei der Geschäftsstelle, als auch den Inquisiten anzeigen. Am 3. Dezember erscheinen die Inquisiten nicht und werden deshalb gebannt und anderweitig vorgeladen durch öffentlichen Aufruf. Am 14. Dezember erscheinen sie und antworten auf die inquisitio, indem sie dieselbe entweder eingestehen oder leugnen. Zugleich wird ihnen ein Termin zur Verteidigung anberaumt und die Captur angeordnet. Am 25. Dezember führen die Inquisiten ihren Verteidigungsbeweis durch die Vorlage von Urkunden und Benennung von Zeugen. Am 2. Januar erhebt der Richter Beweis über die inquisitio durch Zeugen, welche von ihm aufgeboten und in Gegenwart der Inquisiten vereidigt werden. Am 6. Januar werden die Zeugnisse eröffnet und das Verfahren darüber angeordnet. Am 8. Januar bringen die Inquisiten ihre Einwendungen gegen die Zeugen vor. Am 12. Januar wird vorgeladen zum Gerichtstag, und an diesem wird das Urteil verkündet. Die Appellation, welche einer einlegt, wird als unbegründet verworfen und einem Diener des Gerichts die Urteilsvollstreckung aufgetragen. Über die Ausführung der letzteren reicht derselbe ein Dokument ein."

b) Der „mos italicus" – italienische Strafrechtswissenschaft

45 Zahlreiche Institute des heutigen Allgemeinen Teils werden im 14. Jh. in Umrissen sichtbar. Die italienische Lehre und Praxis kennen Unterlassungsdelikte, einen selbständigen Begriff des im Vergleich zur Vollendung milder bestraften Versuchs, und Einzelfälle des untauglichen Versuchs. Täterschaft, physische Beihilfe, *consilium* (für Anstiftung und psychische Beihilfe) sowie die dem Zivilrecht entlehnten Formen des Auftrags *(mandatum)* und der Genehmigung *(ratihabitio)* werden unterschieden. Äußere Voraussetzungen der Schuld sind Strafmündigkeit und Zurechnungsfähigkeit. Kinder unter 7 Jahren (infantes) bleiben strafunmündig, bis zu 14 Jahren *(impuberes)* bedingt strafmündig. Die Zurechnungsfähigkeit entfällt bei Geisteskrankheit, dagegen nicht bei der im Kirchenrecht entwickelten *actio libera in causa.* Ob Trunkenheit exkulpiert, wird in der Kanonistik z. T. abgelehnt, ohne dass sich dies in praxi durchsetzt. Psychologisch umfasst die Schuld *dolus,* der als *dolus malus* auch die Auflehnung gegen das Recht einschließt, und *culpa* im engeren Sinn (Fahrlässigkeit). Das Schuldprinzip kennt Ausnahmen bei bestimmten politischen Delikten und in der Dogmatik.

Z. B. haften Deszendenten für bestimmte gravierende Delikte: nach dem Statut von Pisa (1339) bleiben als Beleg für die Sonderrolle des *crimen laesae maiestatis* die Nachkommen von Hochverrätern geächtet, werden exiliert, und ihr Vermögen wird konfisziert.

46 Die *Abtreibung* wird nunmehr in Anlehnung an die von der Kanonistik entwickelte Beseelungsdoktrin als Tötungsdelikt behandelt. Nach der Kanonistik gilt eine männliche Leibesfrucht vom 40. Tag nach der Empfängnis an als beseelt, eine weibliche vom 80. Tag an, von wo an der Leibesfrucht Menschqualität zugesprochen wird. Das weltliche Recht belässt es aber bei einer 40-tägigen Beseelungsfrist. Größere Praxisrelevanz erlangt die Abtreibungsdelinquenz aber nicht (*Jerouschek,* 2002, 95).

47 *Diebstahl (furtum)* besteht römischrechtlich nach *Bartolus* objektiv in der Wegnahme (contrectatio) einer fremden beweglichen Sache; er erfordert keinen Gewahrsamsbruch und bezeichnet daher auch die heutige Unterschlagung. Subjektiv sind Vorsatz und Absicht der Gewinnerzielung nötig. Die Theorie sieht im *Raub* wie heute, im Gegensatz zur offenen Entwendung des deutschen Rechts, die gewaltsame Wegnahme; er gilt im Vergleich zum *furtum* als das schwerere Delikt, ohne dass das für die

Klage immer Folgen zeitigt (*Siems,* 99). Das Statutarrecht stellt Raub und Diebstahl dagegen weitgehend gleich. Die *Erpressung* erscheint noch nicht als allgemeiner Tatbestand, sondern ihrer Entstehung entsprechend als erzwungener Freikauf eines Entführten. Eigenartigerweise fehlt der *Betrug* im italienischen Recht. Größtenteils werden die einschlägigen Fälle erfasst vom Delikt des *falsum,* das Urkundsdelikte, das Vorbringen falscher Zeugen, Meineid und Münzdelikte umfasst. Einzelfälle, wie das mehrfache Einfordern der Schuld oder der Doppelverkauf, zählen zum Auffangtatbestand des *stellionatus.*

§ 3. Strafrecht und Strafverfolgung jenseits der Alpen

Quelle: Quellen zur deutschen Verfassungs-, Wirtschafts- und Sozialgeschichte bis 1250, hg. v. *Weinrich,* 1977.

Literatur: *Achter,* Die Geburt der Strafe, 1951; *Althoff,* Spielregeln der Politik im Mittelalter. Kommunikation in Friede und Fehde, 1997; *Åquist,* Frieden und Eidschwur, 1968; *Berman,* Recht und Revolution: Die Bildung der westlichen Rechtstradition, dt. Ausg. 1991; *Frenz,* Friede, Gemeinwohl und Gerechtigkeit durch Stadtherr, Rat und Bürger, in: *Schlosser/Willoweit* (Hg.), Neue Wege strafrechtsgeschichtlicher Forschung, 1999, 111 ff.; *Gernhuber,* Die Landfriedensbewegung in Deutschland, 1952; *Heydenreuther,* Kriminalgeschichte Bayerns, 2003; *Hergemöller,* Accusatio und denunciatio im Rahmen der spätmittelalterlichen Homosexuellenverfolgung in Venedig und Florenz, in: *Jerouschek/Marßolek/Röckelein* (Hg.), Denunziation, 1997, 64 ff.; *Hirsch,* Die hohe Gerichtsbarkeit im deutschen Mittelalter, 2. Aufl. 1958; *Holzhauer,* „Geburt der Strafe", 1992; *Irsigler,* Klugheit oder Feigheit, FS Schneider, 1999, 227 ff.; *Jansen,* Der gestörte Friede, in: *Schlosser/Sprandel/Willoweit* (Hg.), Herrschaftliches Strafen seit dem Hochmittelalter, 2002, 83 ff.; *Jerouschek/Blauert,* Zwischen Einigungsschwur und Unterwerfungseid, in: *Schlosser/Willoweit* (Hg.), Herrschaftliches Strafen seit dem Hochmittelalter, 2002, 227 ff.; *Klementowski,* Die Entstehung der Grundsätze der strafrechtlichen Verantwortlichkeit und der öffentlichen Strafe, ZRG GA 113 (1996), 217 ff.; *Nehlsen-von Stryk,* Die Krise des „irrationalen Beweises" im Hoch- und Spätmittelalter und ihre gesellschaftlichen Implikationen, ZRG GA 117 (2000), 1 ff.; *dies.*, Reinigungseid und Geständniserzwingung, FS Landau, 2000, 621 ff.; *dies.,* Parteienherrschaft und Strafverfahren: Das Folterbegehren der Prozeßparteien, FS Wadle 2008, 783 ff., *Pavone,* Gottesfrieden – Mechanismen zum Schutz der Schwachen im Hohen Mittelalter; *Pitz,* Die griechisch-römische Ökumene und die drei Kulturen des Mittelalters, 2001; *Richter,* Friedrich Barbarossa hält Gericht, 1999; *Schild,* Mittelalter, in: *Dinzelbacher* (Hg.), Europäische Mentalitätsgeschichte, 1993, 513 ff.; *Schorer,* Die Strafgerichtsbarkeit der Reichsstadt Augsburg 1156–1548, 2001; *Schuster,* Konkurrierende Konfliktlösungsmöglichkeiten, in: *Lüderssen* (Hg.), Die Durchsetzung des öffentlichen Strafanspruchs, 2002, 133 ff.; *Schüßler,* Verbrechen in Krakau (1361–1405) und seiner Beistadt Kasimir (1370–1402), ZRG GA 115 (1998), 198 ff.; *Wadle,* Landfrieden, Strafe, Recht, 2001 (Sammelband); *ders.,* Gerichtsweg und Fehdegang im Mainzer Reichsfrieden von 1235, FS Jung 2007, 1021 ff.; *Willoweit,* Die Sanktionen für Friedensbruch im Kölner Gottesfrieden von 1083, in: *Schlüchter/Laubenthal* (Hg.), Recht und Kriminalität, 1990, 37 ff.

1. Die Friedensbewegung

Eine neuerliche Initiative zur Eindämmung von Gewalttaten und Verbrechen geht 48
auf die sog. Friedensbewegung zurück. Ihren Ausgang nimmt die Friedensbewegung im 10. Jh. von Südfrankreich. Ihre Träger sind zunächst die Bischöfe in ihrer kirchlichen Oberhoheit über ihre Bistümer, zumal die Kirche im westfränkischen Raum ohnehin autonomer verfasst ist als im ostfränkischen. Hierin kommt auch die sich anbahnende Abkehr vom *Personalitätsprinzip* fränkischer Provenienz zum Ausdruck, demgemäß ein Freier nach dem für ihn einschlägigen Stammesrecht zu beurteilen ist. Frühere Initiativen wie die der langobardischen Könige gegenüber sächsischen Zu-

wanderern sind noch gescheitert. Die Diözesen hingegen unterliegen seit alters dem *Territorialprinzip.* Die Friedensbewegung breitet sich nach Osten hin aus und erreicht im 11. Jh. den ostfränkisch-deutschen Kulturraum. Territorialherren greifen die Idee der *Gottesfrieden* auf und überführen sie in die sog. *Landfrieden,* ohne dass eine exakte Scheidung möglich ist. Die Androhung präventiv motivierter peinlicher Strafen kennzeichnet die Frieden.

49 Hauptangriffspunkt der in den Frieden zusammengefassten Regelungskomplexe ist die Fehde. Für sie finden sich auch die Begriffe *reisa* (Reise, d. i. der Auszug zu einer Fehdeaktion) oder *werra,* d. i. Streit (vgl. verwirren, eng. war, span. guerra = Krieg). Den Frieden ist es nicht um die Abschaffung der Fehde an sich zu tun, vielmehr bemühen sie sich um eine rechtliche Einhegung der Fehdeführung. Unter der Begrifflichkeit von zunächst *Pax* und dann *Treuga* werden rechtliche Vorkehrungen getroffen, die Fehde auf die erste Wochenhälfte mit Rücksicht auf die Heiligung der Tage zum Sonntag hin zu beschränken (Treuga) und Personen wie Kleriker oder ökonomisch und kirchlich bedeutsame Örtlichkeiten, Gegenstände und Gebäulichkeiten von den Fehdehandlungen auszunehmen (Pax). Dies erstreckt sich etwa auf Mühlen, Kirchen oder Straßen zum Schutz der Handelswege. Personen können in weiterem Umfang attackiert werden als Sachen.

Königlicher Landfriede, sog. „Treuga Heinrici" von 1224 (nach *Sellert,* StQuB 1, 114):

Clerici, mulieres, moniales, agricole, mercatores, iusti venatores, piscatores, Iudei omni die et tempora firmam pacem habebunt in personis et in rebus. Ecclesie, cimiteria, aratra, molendina, ville infra sepes suas eandem pacem habebunt. Strate omnes cum in terra tum in aqua eandem pacem et ius habebunt, quod ab antiquo habuerunt. Quicumque habet manifestum inimicum, eum feria secunda, feria III, feria IIII, extra predictas res et loca, in persona et non in rebus ledere potest, ita quod eum non capiat. Feria V, feria VI, sabbato, die dominico omnis homo firmam pacem habebit in personis et in rebus. (Geistliche, Frauen, Nonnen, Bauern, rechtmäßige Jäger, Fischer, Juden sollen an jedem Tag und zu jeder Zeit gesicherten Frieden haben an Leib und Gut. Kirchen, Friedhöfe, Pflugäcker, Mühlen und Dörfer in ihrer Umzäunung sollen denselben Frieden haben. Alle Straßen zu Lande und zu Wasser sollen denselben Frieden und das Recht haben, das sie von alters her hatten. Wer einen offenbaren Feind hat, darf ihn am Montag, Dienstag oder Mittwoch außerhalb der genannten Anlagen und Orte an seinem Leib, nicht aber an seinem Gut schädigen, doch so, dass er ihn nicht gefangen nimmt. Am Donnerstag, Freitag, Samstag und Sonntag soll jedermann gesicherten Frieden haben.)

50 Nicht einmal das sich wie ein absolutes Fehdeverbot lesende Gesetz *Friedrichs I.* Barbarossa im Ronkalischen Frieden von 1158 vermag einer solchen Einschätzung gerecht zu werden: Dieses scheinbar auf Ewigkeit angelegte Friedensgebot des Kaisers muss alle fünf Jahre beschworen werden, um Geltung zu behalten (*Wadle,* 115). Am weitesten geht der unter *Friedrich II.* 1235 geschlossene und erlassene Mainzer Reichslandfrieden, der die Subsidiarität der Fehde gegenüber dem gerichtlichen Streitaustrag statuiert (*ebd.,* 23; die Regelungen bleiben zwar hinter dem *Liber Augustalis Friedrichs II.* für Sizilien von 1231 zurück, sind für die Subsidiarität der Fehde aber zukunftsträchtig, *Wadle,* 1021 ff., 1029). Erst die Beschwörung der Frieden durch die weltlichen und geistlichen Großen zusammen mit dem König vermag die Durchsetzung zu gewährleisten. Auch wo der äußere Anschein ein gesetzliches Gebot kraft königlicher Machtvollkommenheit suggeriert, ist von einer vorab getroffenen Übereinkunft auszugehen.

Insofern ist eine Korrektur der früher überwiegenden Ansicht, die auf den Gesetzescharakter abstellt (*Gernhuber,* vgl. auch noch *Berman,* 442, 745) vorzunehmen. Die Revision trifft sich auch mit der in der Geschichtswissenschaft vertretenen Ansicht (*Althoff,* für das frühe Mittelalter *Pitz,* 430 u. ö.), die die Beachtung des auf dem germanischen Gefolgschaftsgedanken beruhenden Konsenserfordernisses in weit größerem Ausmaß auszuweisen vermochte, als dies eine etatistisch ausgerichtete Historiographie ins Auge zu fassen im Stande war. Demgegenüber ist aber nicht zu verkennen, dass gerade Friedrich I. Barbarossa sein Selbstverständnis als oberster Strafrichter des Reichs tatkräftig umzusetzen trachtet *(Richter)*. Sein Rigorismus muss freilich von seinem Biographen zur herrscherlichen Ausnahmetugend stilisiert werden. Bei königlichen Auseinandersetzungen mit dem Hochadel kommt hofgerichtlichen Urteilen nur nachrangige Bedeutung zu. Kommt es im Laufe einer Fehde zu Geiselnahmen, werden durch Höherrangige Urfehden vermittelt, die durch deren Rückendeckung an Bestandskraft gewinnen *(Jerouschek/Blauert)*. Die Übernahme des Instituts auf die Freilassung aus obrigkeitlicher Untersuchungshaft erinnert an die ursprüngliche Parteistellung der Obrigkeit *(ebd.)*. Deshalb wird seit fränkischer Zeit der Urteilsvollzug durch Amtswalter von der Fehde ausgenommen, der mittelalterliche Weg zur Immunität von Gerichtspersonen.

2. Rechtliche und soziale Voraussetzungen

Dem Königtum gelingt es in Deutschland nicht, die zentrifugalen Kräfte der im Entstehen begriffenen Landesherrlichkeiten auf sich zu zentrieren und unter seine Hegemonie zu bringen. Es bleibt auf die Zustimmung der Großen des Reichs angewiesen und verfügt nicht über die Ressourcen, ihnen seinen Willen kraft königlicher Autorität aufzuzwingen. Der Antagonismus zwischen dem Königtum und der Aristokratie zeigt sich beispielhaft im *Investiturstreit,* wo die Aristokratie den päpstlichen Suprematsanspruch über den Kaiser zu Abfallbewegungen nutzt. Dementsprechend bildet das Königtum an der Spitze der mittelalterlichen Lehenspyramide auch mehr einen geistigen Bezugspunkt, als dass es ein eine Zentralisierung vorantreibendes Machtzentrum gewesen wäre. Die Gründe hierfür sind vielfältig. 51

So bleibt es in Deutschland bei einer Wahlmonarchie. Der Gewinn der sizilischen Erbmonarchie durch die Staufer seit *Heinrich VI.* stärkt zwar deren Machtbasis, bindet aber auch deren Engagement im Süden. Die Doppelwahl nach dem Tod des Kaisers, die das einzige Mal einem Welfen die Königskrone einträgt, und die Ermordung des obsiegenden staufischen Gegenkönigs *Philipp von Schwaben* 1208 verhindern eine Verstetigung, so dass die beiden Privilegien, die *Friedrich II.* 1220 den geistlichen und 1231 den weltlichen Großen im Reich erteilt, mehr eine Anerkennung der realpolitischen Verhältnisse im Reich darstellen als eine Preisgabe königlicher Vorrechte. Die Absetzung und Gefangennahme des rebellischen Sohns und deutschen Königs *Heinrich (VII.)*, der in Gefangenschaft in Kalabrien den Tod findet, durch *Friedrich II.* sowie besonders nachhaltig das Interregnum in der zweiten Hälfte des 13. Jhs. tragen zur weiteren Destabilisierung bei.

Zu Trägern der Kultur und damit auch der Rechtskultur geraten im hohen und späten Mittelalter die prosperierenden *Städte.* Mit dem aufstrebenden Bürgertum etabliert sich ein neuer Stand in der ständischen Verfassung des Mittelalters. Die Landesherren fördern die Gründung von Märkten und Städten, die sich auch für den stadtherrlichen Fiskus vorteilhaft auswirkt. Nicht wenige Städte vor allem im Süden Deutschlands als ehemals staufischer Machtbasis können sich dem landesherrlichen Zugriff während des Interregnums entziehen und bilden als Reichsstädte reichsunmittelbare Einsprengsel in der Feudalverfassung. 52

Die Bürgerschaft in den Städten bildet einen Schwurverband, der gleichsam ein artifizielles Gegenstück zur blutsverwandtschaftlich vermittelten Solidargemeinschaft darstellt. Um die Finanzkraft zu stärken, wird auch die Ansiedlung von Juden gefördert. Nach einem mittelalterlichen Rechtsgrundsatz macht Stadtluft frei, d. h. die persönliche Abhängigkeit (Leibeigenschaft, Hörigkeit) vom Grundherrn endet nach Jahr und Tag und entlässt den Bürger in die Solidarität der Stadtgemeinde. Zum Kernbestand der *Stadtrechte,* die, einmal verliehen, durch kommunale Satzungstätigkeit beständig erweitert werden, gehören von Anfang an auch strafrechtliche Regelungen, die den Stadtfrieden sichern. Auf ihn werden die Bürger einmal jährlich beim Schwörtag eingeschworen. Seit dem ausgehenden 13. Jh. etabliert sich das städtische Einungsrecht, das Friedbrüche regelmäßig mit Sühnung und Verbannung sanktioniert, als effektivstes Mittel zur Konfliktregelung neben und nicht selten im Zusammenwirken mit den hergekommenen stadtherrlichen Gerichtsbarkeiten (*Frenz,* 2003, 83). Der unter Vermittlung von Albertus Magnus zustande gekommene sog. Große Kölner Schied von 1258 verdankt sich der Sorge des erzbischöflichen Stadtherrn um die Nichtbestrafung vieler Delikte korrupter Patrizier,

„quod multa maleficia remaneant impunita" (vgl. Rn. 32), deren Opfer sich die Klage nicht leisten können (*Frenz,* 2003, 137 ff., 267 f.).

53 Die nach Opportunität mögliche amtliche Verfolgung schwererer Delikte, sei es durch städtische, sei es durch stadtherrliche Gerichte, unter dem Primat des Wissenszeugnisses sowie Klagezwang oder wenigstens das Verbot der sog. Hehlsühne, der außergerichtlichen Versühnung nach Klageerhebung oder überhaupt (*Frenz,* 2003, 145) seit dem 12. Jh., bahnen den Weg zu einem Konfliktaustrag unter öffentlichem Regime, bei dem die Strafe zunächst nur eine Option, namentlich bei Bußunfähigkeit oder Totschlag, darstellt. Seit dem 14. Jh. dringt, zunächst in den Bischofsstädten, die *Folter* in die städtische Strafverfolgung ein (vgl. Rn. 79 ff.). Ein peinliches Strafrecht mit einer Vielzahl von Leibes- und Lebensstrafen soll abschreckend wirken. In den Reichsstädten konkurriert der Rat mit Gerichtsbarkeiten des Reichs und der Stadtherrlichkeit (Schultheißen-, Vogtgericht), die er bei Verpfändung heimzuholen und unter sein Regime zu bringen trachtet (für Augsburg vgl. *Schorer,* 39). Die Tendenz geht vom *Bußenstrafrecht* (vgl. Rn. 63) zur Blutgerichtsbarkeit (vgl. immer noch *Hirsch,* zu dessen vorschneller Marginalisierung der Versühnung zurecht kritisch *Schuster,* 136).

Allerdings zeigt die Strafpraxis, dass das peinliche Strafrecht mit der Folter zunächst gar nicht auf die Bürgerschaft zugeschnitten ist, sondern auf die „schädlichen Leute" (*nocivi terrae* im Mainzer Reichslandfrieden von 1235), die als Desintegrierte von der Bürgerschaft auch nicht domestiziert werden können. Ansonsten versteht sich der Rat bis ins 15. Jh. mehr als subsidiäre Schlichtungs- denn als Strafinstanz (*Schuster,* 135 ff., 150; *Frenz* 2003, 192). Die Wiedererlangung „der friunde huld", das Plazet der Verwandtschaft, kann obrigkeitliche Voraussetzung für die Rückkehrerlaubnis nach Stadtverweis sein, zugleich ein probates Druckmittel für die Bußleistung. Dem entspricht die unterschiedliche Sanktionierung von gewalttätigem Konfliktaustrag, je nachdem ob dieser innerhalb oder außerhalb der Stadt erfolgt (*Jansen,* 130 f.; *Frenz* 1999, 140 f., 154 f.; 2003, 242), um die Friedensstörung zu exilieren. Handeltreibende Stadtbürger und Kaufleute werden vom rechtlichen Zwang, sich auf nicht nur für Leib und Leben gefahrträchtige, sondern auch ökonomisch riskante Beweismittel wie den gerichtlichen Zweikampf einzulassen, befreit (*Diestelkamp,* 44 f., 249 f.; *Nehlsen-von Stryk,* Die Krise, 9). Allenthalben überrascht, wie wenig Probleme städtische Verfahrensordnungen mit der Koexistenz aus heutiger Sicht rationaler und irrationaler Beweismittel bzw. statusbezogener Klageabwendungsmöglichkeiten wie dem Reinigungseid haben. Über das festzusetzende Quorum an Eideshelfern kann hier das Prozeßergebnis manipuliert werden. Das von *Schüßler* (231) zur Begründung des Rückgangs der Verbrechensrate in Krakau nach 1400 in Erwägung gezogene Vordringen der Verbrechensverfolgung von Amts wegen wäre nur triftig, wenn gleichzeitig Versühnungen nicht mehr aktennotorisch würden. Auch im akkusatorischen Verfahren kann auf Folter geklagt werden, über die dann interlokutorisch entschieden werden muss, und mitunter wird die Folterung des Klagegegners auf Gegenseitigkeit beantragt (*Nehlsen-von Stryk,* Reinigungseid, 639; *dies.,* 2008, zu z. T. aus den gleichen Erwägungen verweigerten Zweikämpfen vgl. auch *Irsigler).*

3. Rechtsaufzeichnungen

Quellen: Der Schwabenspiegel, hg. v. *Derschka,* 2002; Der Sachsenspiegel, hg. v. *Ebel,* 1999; Schwabenspiegel, Langform E, hg. v. *Karl August* und *Irmgard Eckhardt* (Studia iuris suevici, Bd. 3), 1976; bibliographisch: *Gengler,* Deutsche Stadtrechte des Mittelalters, 1866; Der Sachsenspiegel, hg. v. *Schott,* 3. Aufl. 1996.

Literatur: *Derschka,* Der Schwabenspiegel und die kognitive Entwicklung der Menschen, ZRG GA 118 (2001), 100 ff.; *Friese,* Das Strafrecht des Sachsenspiegels, 1898, Neudr. 1970; *Ignor,* Über das allgemeine Rechtsdenken Eikes von Repgow, 1984; *Janz,* Rechtssprichwörter im Sachsenspiegel, Diss. phil. 1989; *Johanek,* Was weiter wirkt. Recht und Geschichte in Überlieferung und Schriftkultur des Mittelalters, hg. v. *Sander-Berke/Studt,* 1997; *Landau,* Der Entstehungsort des Sachsenspiegels, Eike von Repgow, Altzelle und die anglo-normannische Kanonistik, Deutsches Archiv für Erforschung des Mittelalters (2005), S. 73 ff.; *Lieberwirth,* Eike von Repchow und der Sachsenspiegel, 1982; *Lück,* Beginn, Verlauf und Ergebnisse des „Strafverfahrens“ im Gebiet des sächsischen Rechts (13.–16. Jahrhundert), in: *H. K. Schulze* (Hg.), Sachsen und Sachsen-Anhalt, 1999, 129 ff.; *Nehlsen-von Stryk*, Die Krise des „irrationalen Beweises“ im Hoch- und Spätmittelalter und ihre gesellschaftlichen Implikationen, ZRG GA 117 (2000), 1 ff.; *Oesterdiekhoff*, Kulturelle Bedingungen kognitiver Entwicklung, 1997; *Posse*, Die Notwehr im Sachsenspiegel, Diss. 1937; *Reiß*, Die strafrechtliche Behandlung der Eigentums- und Vermögensdelikte nach den Strafurteilen der Praxis im Bereich der Hansestädte vom 13. Jahrhundert bis zum Erlass der Constitutio Criminalis Carolina im Jahre 1532, Diss. 1973; *Scheele*, Di sal man alle radebrechen, Diss. phil. Bd. 1, 2 1992; *Schroeder*, Eike von Repgow, Schöpfer des Sachsenspiegels, JuS 1998, 776 ff.; *Schuster*, Eine Stadt vor Gericht, 2000; *Siems*, Die Lehre von der Heimlichkeit des Diebstahls, in: *Weitzel* (Hg.), Hoheitliches Strafen in der Antike und im frühen Mittelalter, 2002, 85 ff.

a) Die Rechtsbücher

Das hohe Mittelalter entwickelt ein spezifisches Genre an Rechtsaufzeichnungen, die 54
sog. *Rechtsspiegel*. Die beiden wichtigsten Rechtsbücher sind der zeitgenössisch als Kaiserrecht bezeichnete *Schwabenspiegel* von ca. 1275 n. Chr. und vor allem dessen Vorlage, der zwischen 1220 und 1235 aufgezeichnete *Sachsenspiegel*. Von geringerer Bedeutung sind der *Deutschen-* und der *Frankenspiegel*.

b) Der Sachsenspiegel

Verfasser des Sachsenspiegels ist der sächsische Adlige *Eike von Repgow* (Reppichau), 55
der damit ein Rechtsbuch „von wahrhaft europäischem Ausmaß“ *(Ebel)* schafft. Der Anstoß hierzu geht von *Hoyer von Falkenstein* aus (*Johanek*, 106), sein Bezugsrahmen erwächst aus den gräflich-anhaltischen Diensten, in denen Eike steht (*ebd.*, 138). Dies gilt namentlich für die anzunehmende lat. Urfassung. Ob Eike hallischer Schöppe ist und die Kenntnis des sächsischen Rechts von daher bezieht, muss umso mehr Spekulation bleiben, als *Landau* das Zisterzienserkloster Altzelle, eine wettinische Gründung, als Entstehungsort postuliert, weil nach einer Bestandsaufnahme von 1514 für die dortige Bibliothek die meisten Bücher, deren Kenntnis für die Abfassung des Sachsenspiegels vorauszusetzen ist, nachweisbar sind und *Eike* Beziehungen zu den Wettinern und nach Altzelle hat.

Der Sachsenspiegel kennt peinliche Strafen aus der Landfriedenstradition und unter- 56
scheidet *Ungerichte* und *Unzuchten*, wobei Friedbrüche Leibes- oder Lebensstrafen nach sich ziehen. Herkömmlich wird gebüßt (*Lück*, 131), namentlich Körperverletzungen gem. Ldr. B. 2 Art. 16 §§ 5 f., und in praxi noch Ende des 16. Jhs. auch Totschläge (*Lück*, 143). Die peinlichen Strafen mit den *Spiegelstrafen* stellen eine Anreicherung dar (*Schroeder*, 779). Das Fehlen des Willens bei *Ungefährwerken* (Fahrlässigkeit) wird ausdrücklich hervorgehoben, wenn der Täter z. B. nach B. 2 Art. 38 auf einen Vogel zielt und einen Menschen trifft. Die Verantwortlichkeit von Knechten wird eigens festgehalten (B. 2 Art. 32 § 1), im übertragenen Sinn wird sie auch auf Tiere, gegen die man sich nach B. 2 Art. 62 § 2 zur Wehr setzen darf, und Sachen – etwa nach B. 2 Art. 72 § 5 die Burg, in die Räuber mit Beute zurückkommen – bezogen. Der *Versuch* kehrt als verselbständigtes Delikt wieder, die *Notwehr* gegen den seinerseits entrechteten Angreifer, B. 2 Art. 14, 69, führt zur Straflosigkeit des Notwehrers, belässt ihn aber bußpflichtig.

Die auf das Recht durchschlagende geminderte Ehre von Berufskämpfern, Spielleuten und unehelich Geborenen wirkt sich vornehmlich in der Zuerkennung von Scheinbußen aus, nach B. 3 Art. 45 § 9 zwei Besen und eine Schere für solche, die ihr Recht aufgrund von Diebstahl, Raub oder einer sonstigen Straftat verwirkt haben, oder die Büßung des Schattens bei Gauklern.

Als *Mord* gilt nur die heimliche bzw. verheimlichte Tötung, über das Vorliegen einer 57
Tötung oder einer *Körperverletzung* entscheidet der Erfolg: Eine versuchte Tötung

unterfällt der Körperverletzung, führt eine Körperverletzung zum Tode, so liegt eine Tötung vor. Nimmt man irrig statt eigener fremde Sachen weg, so kann man sich, wenn man diese „unverhohlen", d. i. offenkundig, behält, gem. B. 3 Art. 89 vom Vorwurf des *Diebstahls* oder des *Raubes* reinigen. Auf *Zauberei* steht gem. B. 2. Art. 13 § 7 die Strafe des Scheiterhaufens. Es genügt der Umgang mit Zauberei, ohne dass es zu einem schädlichen Erfolg gekommen sein muss. Die den überkommenen Schadenszauber transzendierende Strafbarkeit erklärt sich aus dessen Assoziation mit der Ketzerei.

58 In der Tradition des *Anklageprozesses* verhaftet, kann nach B. 3 Art. 35 § 2 der Kläger nicht zugleich Richter sein, im Beweisrecht kommen Gottesurteile nur noch für rechtlos gewordene Diebe und Räuber in Betracht, die sich nach B. 1 Art. 39 nicht mit ihrem Eid rechtfertigen können, bevor die romanistische Glossierung sie überhaupt nur mehr als ultima ratio anerkennt (*Nehlsen-von Stryk,* 29). In praxi behauptet sich aber die Bahrprobe bis ins 16. Jh. (vgl. die Nachweise bei *Lück,* 131). Prozessual wird seit der Glossierung des Sachsenspiegels der Übergang zwischen bürgerlicher und peinlicher Klage und vice versa möglich (*Lück,* 143). Der Vorbehalt der peinlichen Klage sichert die Versühnung. In süddeutschen Städten kommt diese Funktion der Aufspaltung der Bußenstrafe in eine solche obrigkeitshalber und eine dem Kläger *an gnade* (ein Erlass der Bußenstrafe – üblicherweise des Stadtverweises – hängt vom Belieben des Klägers ab, der damit die Respektierung seiner Ehre durch den Beklagten honorieren kann, *Schuster,* 301 ff., vgl. Rn. 53) geschuldete zu. Traditionelle Sonderformen bilden die Gerüfts- und die An(e)fangsklage, die sich vom Handhaftverfahren bzw. von der Spurfolge bei entfremdeten Sachen („fahrende Habe") herleiten (*Lück,* 135). Für die Bewertung des Rationalitätsfortschritts durch die Einbeziehung des Wissenszeugnisses in das Strafverfahren ist die unverhohlene Skepsis bedeutsam, die die Sachenspiegelglosse dem Zeugenbeweis im Vergleich zum Sachbeweis entgegenbringt. Dem entspricht der Rechtssatz, ein freier Sachse möge vor Gericht nicht „overtuget syn", d. h. mittels Zeugenaussagen überführt werden (vgl. *Nehlsen-von Stryk,* 31 f.).

4. Allgemeine Lehren

59 Die allgemeinen Lehren entwickeln sich kaum über den bisherigen Stand hinaus. Soweit das Recht Institute des heutigen Allgemeinen Teils erfasst, geschieht das ohne systematisches Konzept und orientiert sich an Äußerlichkeiten. Die Abgrenzung zwischen absichtlichen Taten und Ungefährwerken (im schwedischen Recht des 13. Jhs. viliaværk/Willenswerk und vaþaværk/Gefahrtat) bleibt deskriptiv; sie vertypt bloße Erfahrungssituationen. So nimmt das Groninger Stadtbuch (1425) ein Ungefährwerk an, wenn der Täter jemanden überfährt und auf dem Pferd sitzt oder neben dem Wagen steht. Dagegen soll die Tötung absichtlich sein, wenn er auf dem Wagen sitzt oder steht. Typische Erscheinungsformen werden fallweise als selbständige Versuchsdelikte erfasst: die Drohgebärde mit bewaffneter Hand, das Schwert- oder Messerzücken, als bloße Vorbereitungshandlung auch das Auflauern auf gemeinen Wegen. Nur vereinzelt, systematisch erst in städtischen Rechtsaufzeichnungen des 14. und 15. Jhs., begegnet die Absicht als entscheidendes Kriterium. Die *Anstiftung* bleibt grundsätzlich straflos; dagegen sieht die *Grágás* (Graugans), eine isländische Rechtsaufzeichnung vom Ende des 13. Jhs. für das Recht um 1200, bereits die Strafe des Täters vor. Das gilt vor allem für die Anstiftung zur falschen Aussage. Die *Beihilfe* wird nur als Hilfeleistung bei bestimmten Delikten erfasst. Als Beispiel sieht das Mühlhäuser Rechtsbuch aus dem 13. Jh. alle Hausbewohner, die einer Genot-

züchtigten nicht helfen, als verantwortlich an und lässt ihnen siedendes Blei in die Ohren gießen.

Mord ist mitunter nicht mehr nur die heimliche, sondern jede Tötung aus schlechter Gesinnung. *Körperverletzung* umfasst Lähmungen (Verstümmelungen und eigentliche Lähmungen), Wunden (Verletzungen mit Waffen) und Schläge (ohne Waffen). Der Erfolgsfixierung entsprechend gilt eine Körperverletzung mit tödlichem Ausgang als Tötung, wobei der Eintritt des Todes innerhalb einer kritischen Zeit, etwa „nach Jahr und Tag“, nicht nur indiziell wirkt, sondern den Nachweis der Kausalität ersetzt. 60

Diebstahl bleibt die heimliche Entwendung, wobei nach *Siems* die Heimlichkeit kein germanisch-deutschrechtliches Spezifikum darstellt. An der Heimlichkeit fehlt es z. B., wenn der Täter „mit klingender Axt“ fremdes Holz fällt. Der Gewahrsamsbruch ist demgegenüber nicht ausschlaggebend, so dass Diebstahl auch die heutige Unterschlagung umfasst. *Raub* als offene und regelmäßig gewaltsame Wegnahme wird milder bestraft. Auch hier bleibt die Abgrenzung äußerlich-konkretistisch. Nach einem Beispiel aus der *Grágás* fehlt die Heimlichkeit, wenn der Eigentümer seine Sache bei der vergeblichen Rückforderung vom Leiher sehen kann; bekommt er sie nicht zu Gesicht, soll Diebstahl vorliegen. Zum weiten Verständnis des Diebstahls als Sachentziehung zählen auch *Unterschlagung* und *Betrug;* die Sacherpressung wird als eigenständiger Typus noch nicht erkannt (vgl. *Reiß*, 71, 103, 129). Die für das Delikt der Hexerei konstitutive Subsumtion des Schadenszaubers unter die Ketzerei erfolgt erst im Laufe des 15. Jhs. und setzt sich im 16. Jh. allgemein durch, wobei man sich hierfür auf die gemeinsame Behandlung von Ketzerei und Zauberei im Sachsenspiegel beruft (vgl. Rn. 112, 146). 61

Aus kognitionspsychologischer Sicht herrschen im mittelalterlichen Rechtsalltag *konkret-operationale Denkvorgänge* – in der Terminologie *Piagets* – vor (vgl. zum Schwabenspiegel *Derschka*), die hinter dem Abstraktionsvermögen gelehrter, namentlich rechtstheologischer Produktionen zurückbleiben. Die magisch-ritualisierte Rechtsfindung und das unerschütterliche Vertrauen in Gottesurteile bei den Unterschichten erklären sich aus der Fixierung auf präoperationalem Niveau (vgl. *Oesterdiekhoff*). Logisch-rationale Operationalisierungsleistungen setzen demgegenüber eine mehrjährige Schulung voraus, ohne die das Denken magisch-konkretistisch bleibt. 62

5. Sanktionen

Literatur: *Achter,* Die Geburt der Strafe, 1951; *Bukowska/Gorgoni,* Die Strafe des Säckens, in: *Carlen* (Hg.), Forschungen zur Rechtsarchäologie und rechtlichen Volkskunde 2, 1979, 145 ff.; *Ebert,* Talion und Vergeltung im Strafrecht – ethische, psychologische und historische Aspekte, in: *Jung/Müller-Dietz/Neumann* (Hg.), Recht und Moral, 1991, 249 ff.; *Fenger,* Fejde og mandebod [m. dt. Zus.], 1971; *Frauenstädt,* Blutrache und Totschlagssühne im Deutschen Mittelalter, 1881, Neudr. 1980; *v. Hentig,* Die Strafe, Bd. 1, 1954; *His,* Geschichte des deutschen Strafrechts bis zur Karolina, 1928, Nachdr. 1967; *Horna,* Der Pranger in der Tschechoslowakei, 1965; *Jerouschek,* Geburt und Wiedergeburt des peinlichen Strafrechts im Mittelalter, FS Kroeschell 1997, 497 ff.; *Krause,* Geschichte des Strafvollzugs, 1999; *Maihold,* Strafe für fremde Schuld, 2005; *Schwerhoff,* Köln im Kreuzverhör, 1999; *Stratmann,* Die Scheinbußen im mittelalterlichen Recht, Diss. 1978; *Sturm,* Symbolische Todesstrafen, 1962.

a) Fehde und Buße

Gewalttätige Selbsthilfe in Form der Fehde bleibt ein Gravamen, dessen man mit den Mitteln des Strafrechts Herr zu werden versucht (für Dänemark vgl. *Fenger*). In die Konfliktbeilegung werden angesehene Vermittler einbezogen, die bei Ablehnung ihrer Vergleichsvorschläge der ablehnenden Partei künftig ihre Gewogenheit entzie- 63 hen. Der Schwerpunkt verlagert sich aber auf die Verfolgung von Missetaten überhaupt (vgl. Rn. 53). Oft wird die Versühnung von Amts wegen angeordnet, oft in Verbindung mit Stadt- oder Landesverweis auf Zeit oder unbeschränkt als Druckmittel, und enthält Elemente moralischer Genugtuung der Gemeinschaft gegenüber, wenn etwa der Bau einer Kapelle, das Aufstellen eines Sühnekreuzes, die Stiftung von Kerzen oder eine Wallfahrt als Bußleistung ausbedungen wird. Letzteres ist umso attraktiver, als der Täter für geraume Zeit aus dem Gesichtsfeld gerät und so den affektiven Anlass zum Ergreifen von retorsiven Maßnahmen beseitigt. Die Bußen erhalten damit Strafcharakter, weshalb der Terminus *„Bußenstrafen"* ihr Wesen durchaus zutreffend erfasst. Zur Geldstrafe im technischen Sinn gerät das zu erbringende *Friedensgeld* (fredus, lat. pena, dt. Brüche), das im Verhältnis zur Buße nachrangig bleibt. Im 15. Jh. wandelt sich das Selbstverständnis des Rates vom Versühnungsvermittler zur strafenden Obrigkeit, auch begrifflich eine Neuerung, er behält aber seine Funktion als Schlichtungsinstanz bei. Durch die Strafverfolgung soll die Rache des zürnenden Gottes abgewendet werden. Die *compositio* als Freienprivileg gegenüber dem peinlichen Strafrecht der Carolina wird von den Friesen noch in der zweiten Hälfte des 16. Jhs. reklamiert. Dringlicher noch als im Frühen Mittelalter stellt sich hier das terminologische Problem der mangelnden wissenschaftlichen Übereinkunft über den Strafbegriff (vgl. Rn. 14).

b) Peinliche Strafen

64 Peinliche Strafen gelangen häufig nur im Uneinbringlichkeitsfall zur Vollstreckung. Ehrenstrafen am Pranger breiten sich vor allem in der städtischen Strafpraxis des späten Mittelalters aus. Hier dominieren anfänglich die Verstümmelungsstrafen, bevor sich in der frühen Neuzeit das Verhältnis zur Todesstrafe umkehrt. Die genetischen Anknüpfungspunkte für das Vordringen des peinlichen Strafrechts sind wahrscheinlich nicht auf einen einzigen Nenner zu bringen. Einmal handelt es sich um eine Ausdehnung der ursprünglich grundsätzlich Unfreien vorbehaltenen peinlichen Strafe im Zuge der Novellierung des vormals scharfen Gegensatzes von frei und unfrei. Dann ist die peinliche Strafe ein Kennzeichen für den obrigkeitlichen Strafanspruch, der aus der königlichen Fehde bei Missachtung königlichen Gebots erwächst, und nicht zuletzt gewinnt die Strafe über ihre Rückbindung an das Fegefeuer eine metaphysische Dimension (vgl. Rn. 68). Bei der forensisch vorzunehmenden Reproduktion der Tat kann auch das Handhaftverfahren vorbildlich geworden sein.

65 *Spiegelnde Strafen* werden an dem Körperteil, der zur Tatausführung benutzt wurde, vollstreckt, wie z. B. das Abhauen der Schwurfinger oder das Herausschneiden der Zunge beim Meineid. Der Talionsgedanke steht bei der Androhung der Strafe, die bei einer falschen Anschuldigung dem Opfer zugedacht war, Pate (allgemein zur Talion *Ebert*).

Schwabenspiegel, § 176 a (Vergeltungsgedanke): „Bem der mund wirt ab gesniten oder dy augen aus gestochen oder dy oren ab gesniten oder dye zung wirt aus gesniten oder vnder den painen wirt gesniten oder im sunst der aines wirt uerderbet, wer dy ding dem andernn tut dem sol man das selbig hinbider tun" (nach *Sellert,* StQuB 1, 158).

66 *Todesstrafen* können im Mittelalter und in der frühen Neuzeit je nach der Qualität des Delikts verschärft werden. Die peinlichen Strafen werden seit dem späten Mittelalter auf dem sog. *endlichen Rechtstag* in einer regelrechten Hinrichtungszeremonie vollstreckt. Die in der fränkischen Zeit noch bezeugte Straffolter vor der Hinrichtung ist obsolet geworden, eine gegenüber dem Hängen, Enthaupten, Verbrennen, Ertränken und Pfählen erschwerte Form der Todesstrafe bildet das Rädern: Dabei zerbricht der Henker dem Täter mit einem speziellen Rad die Gliedmaßen und flicht den

Körper zwischen die Speichen, wonach der Hingerichtete samt dem Rad auf einem Pfahl ausgestellt wird. Die Richtstätten mit den Galgen befinden sich zumeist nach außerhalb der Stadt auf eine Anhöhe verlegt.

Ehrenstrafen werden vom Scharfrichter am *Pranger* – süddt. *Schreiat* – vollstreckt. 67
Freiheitsstrafen wie das Eintürmen und Einlochen oder der Hausarrest scheinen im Spätmittelalter nicht von der untergeordneten Bedeutung gewesen zu sein, wie dies allgemein angenommen wird (*Schwerhoff,* 125 ff., vgl. auch Rn. 41). Turm- und Lochstrafe kommen aber wegen der unerträglichen Haftbedingungen der peinlichen Strafe nahe (*Krause,* 18). Das verbreitete Brandmarken ersetzt das moderne Strafregister. Ist im peinlichen Strafverfahren der Verdacht nicht nachweisbar, wird dem Inquisiten ein Rache- und Appellationsverzicht in Form eines *Urfehdeschwurs* abverlangt, bevor eine *Verbannungsstrafe* ausgesprochen wird. Dass diese *extraordinäre,* d. h. außerordentliche Strafe den Täter sozial desintegriert und eine solche ‚Kirchturmspolitik' das Problem der Kriminalität eher potenziert als lösen hilft, wird selten reflektiert.

Zusammenfassend kann festgehalten werden, dass seit dem hohen Mittelalter das 68
peinliche Strafrecht wieder an Rückhalt gewinnt. Insofern im römischen Rechtskreis und, dadurch vermittelt, in der fränkischen Zeit peinliches Strafrecht bereits geübt wurde, kann man diesen Vorgang als „Wiedergeburt des peinlichen Strafrechts" bezeichnen. Die von *Achter* postulierte „Geburt der Strafe" im heterodoxen Milieu der Katharer lässt sich nicht halten. Vorschub geleistet dürfte diesem Vorgang der Punitivierung die Entwicklung der Vorstellung vom Fegefeuer mit seinen peinlichen Jenseitsstrafen in der christlichen Theologie des hohen Mittelalters haben (*Jerouschek,* 1997, 507 f.). In Heiligen-, namentlich Märtyrerviten überdauert die peinliche Strafe und bleibt präsent. Anstelle des älteren *wize* (vgl. Verweis) setzt sich seit dem 14. Jh. auch ein neues Wort für die peinliche Sanktion durch, eben der Begriff der ‚Strafe', der im 15. Jh. auch das Selbstverständnis der Obrigkeit zu prägen beginnt. Er bezeichnet im Fränkischen den ehrkränkenden Vorwurf.

6. Wandlungen des Beweisverfahrens

Quelle: *Claußen,* Freisinger Rechtsbuch, 1941.

Literatur: *van Caenegem,* Methods of Proof in Western Medieval Law, in: Legal History, 1991, 71 ff.; *Chmurzinski,* Die Kurkölnische Rechtsreformation von 1538, Diss. 1988; *Fricke,* Die westfälische Veme, 1985; *ders.,* Verfolgt, verachtet, vervemt, 1995; *Gimbel,* Die Reichsstadt Frankfurt am Main unter dem Einfluß der Westfälischen Gerichtsbarkeit (Feme), Diss. phil. 1990; *Hanisch,* Anmerkungen zu neueren Ansichten über die Feme, ZRG GA 102 (1985), 247 ff.; *v. Kries,* Der Beweis im Strafprozeß des Mittelalters, 1878, Neudr. 1975; *Schild,* Folter, Pranger, Scheiterhaufen, 2010; *Schüßler,* „Vagati" und „Vagatae" als Täter und Opfer in spätmittelalterlichen deutschen Achtbüchern, ZRG GA 124 (2007), 301 ff.; *Wakasone,* Zur Entstehung des Übersiebnungsverfahrens gegen die landschädlichen Leute in Süddeutschland, FS Carlen, 1989, 211 ff.; *Weizsäcker,* „Nárok" und „sok" im böhmisch-mährischen Landrecht, ZRG GA 53 (1933), 300 ff.; *Willoweit,* Richten nach Gnade, in: *Schlosser/Sprandel/Willoweit* (Hg.), Herrschaftliches Strafen seit dem hohen Mittelalter 2002, 189 ff.; *v. Zallinger,* Das Verfahren gegen die landschädlichen Leute in Süddeutschland, 1895.

a) Das herkömmliche Beweisrecht

Das im hohen Mittelalter notorische Phänomen einer Massenkriminalität bewirkt 69
einschneidende Veränderungen im Rechtsgang und beeinflusst vor allem das Beweisrecht. Das herkömmliche Verfahren mit privater Klage und der Möglichkeit des Reinigungseides für den Bezichtigten versagen wie auch der Stadt- oder Landesver-

weis gegenüber den randständigen „unehrlichen“ und „schädlichen“ Leuten des Mittelalters: zu vagierenden Landsknechten, Spielleuten, Scholaren, Bettlern, fahrendem Volk (*Schüßler*, 301; zu den landschädlichen Leuten *Kroeschell/Cordes/Nehlsen-von Stryk*, 2, 220 ff.). Dem Ziel der Effektivierung der Kriminalitätsbekämpfung dienen Schuldvermutungen sowie formlose *Übersiebnungs-*, *Leumunds-* und *Achtverfahren*. Grundsätzliche Wandlungen im Beweisrecht im Zuge einer Rationalisierung durch das Aufkommen des Zeugenbeweises und der Folter lassen nach Ansätzen in den Gottes- und Landfrieden ein öffentliches Strafrecht wiederentstehen.

70 Für das alte Recht hat der *Augenscheinsbeweis*, die „leibliche Beweisung“ (*lifleke bewisinge* nach der Glosse zum Sachsenspiegel) oder „scheinbare Tat“ (nach dem Sachsenspiegel ersichtliche Tat), zentrale Bedeutung. Die unmittelbare, durch jedermann nachvollziehbare sinnliche Wahrnehmung gilt nicht nur als augenfällige Erkenntnis von Indizien, sondern als wirklicher Beweis. Der Augenscheinsbeweis bezieht sich auf allgemeine Strafbarkeitsvoraussetzungen (Strafmündigkeit, Zurechnungsfähigkeit) sowie auf besondere Merkmale einzelner Delikte. So wird die Heimlichkeit beim Mord und beim Diebstahl durch das Messer (im Gegensatz zum Schwert als ehrlicher Waffe des freien Mannes) bewiesen, das man dem gefesselten Täter an die Hand bindet, oder die Nachtkleidung des Getöteten beweist die nächtliche, heimliche Tat.

71 Stets wird der unmittelbare sinnliche Eindruck der Tat für deren Reproduktion vor Gericht konserviert und entfaltet dort Beweiskraft. Die zugrunde liegenden Vermutungen stützen sich auf einen zunächst plausiblen Verdacht. Sie können zu Fiktionen gesteigert werden, wenn z. B. die bloße Entdeckung einer bestimmten Menge Falschgeldes die Verurteilung wegen Falschmünzerei trägt. Art. 135 des Rechtsbuchs *Ruprechts von Freising* aus dem 14. Jh. bestimmt: „Wo ein Wechsler falsche Pfennige oder wertloses Silber für ein Gut gibt, ist das über 12 Pfennige wert, so soll man ihm die Hand abschlagen. Ist es über 72, man soll ihn hängen“ (bei *Claußen*, 147).

72 Das für Zuschreibungen offene Prozedieren findet sein Gegenstück im *Richten nach Gnade*. Dieses Institut ermöglicht willkürliche Strafen als Sanktionen für gesetzlich nicht verbotenes Tun, andererseits Milderungen, indem z. B. Freiheitsstrafen körperliche Sanktionen ersetzen. Auch Anlässe für eine Begnadigung nach dem Urteil erscheinen uns heute willkürlich. In ihnen lebt mythisches Denken fort: so hat der Henker ein „Recht auf den zehnten Mann“, oder der Verurteilte gewinnt Straffreiheit, wenn sich eine Jungfrau erbietet, ihn zu heiraten bzw. wenn die Verurteilte den Henker heiratet. Das ausufernde Gnadenbitten, z. T. durch hochmögende Persönlichkeiten, wird für städtische Gerichtsbarkeiten zum Problem und mit Nichtgehör normativ sanktioniert. Unterwirft man sich der Gnade des Herrn, so bedeutet die Ambivalenz der Gnade zwar nicht von vornherein eine mildere Sanktion, sie erlaubt aber flexible Reaktionen und Sanktionen etwa auf die Vernachlässigung einer Bauernstelle (vgl. *Willoweit*, 204 f.).

b) Erleichterungen des Überführungsbeweises

73 Das herkömmliche Beweisrecht stößt ersichtlich an seine Grenzen. Als Ausweg kommen zunächst Jury-ähnliche Verfahren in Betracht.

Übergänge zwischen der herkömmlichen Eideshilfe und neuen Formen der Tatsachenfeststellung durch übereinstimmendes Zeugnis zeigen sich in zahlreichen Rechten: im jütischen Recht von 1241 durch Wahrmänner (sannænd mæn), die im Auftrag des Königs bei schweren Verbrechen schwören (B. 2 Art. 2, 4), in Friesland im Zeugnis von sieben Notabeln (Seventing), in Skandinavien durch Zwölferspruch durch 12 mit Namen benannte Männer und vor allem in England durch die Jury, nachdem das IV. Laterankonzil sich gegen den traditionellen Beweis durch Gottesurteile gewandt hat (*van Caenegem,* 95 f.). Entsprechend zeigt sich die Wandlung von Eideshelfern über eine Zeugengenossenschaft zur Beweisjury auch in Böhmen *(Weizsäcker).*

Teilweise bedient man sich des *Übersiebnungsverfahrens,* das der Form nach bis in die fränkische Zeit zurückreicht, seine Bedeutung aber gewandelt hat. Ein bayerischer Landfriede von 1281 und im 14. Jh. städtische Privilegien erlauben zur Überführung eines Verdächtigen das *Übersiebnen,* demzufolge die Schädlichkeit bzw. Täterschaft als nachgewiesen gelten, wenn der Kläger sie zusammen mit sechs Eideshelfern beschwört. Die Umständlichkeit führt mitunter zur förmlichen Abschaffung (vgl. das Privileg für Würzburg 1504, *Schild,* 81). Größere Bedeutung erlangt das *Richten auf Leumund,* das auch in Kombination mit dem Übersiebnungsverfahren auftritt. Der Leumund kann sich dabei sowohl abstrakt auf die Schädlichkeit wie auch konkret auf die Tatberüchtigung beziehen. Städte erlangen kaiserliche Privilegien zu ratsherrlichen Mehrheitsentscheiden anstelle des Einstimmigkeitserfordernisses bei der Feststellung der Schädlichkeit oder solche zur Fällung geheimer Urteile „bei beschlossener Tür". Weder bedarf es hier eines privaten Klägers noch der Wahrung bestimmter Formen. 1320 wird Nürnberg vom König verstattet, Schädliche zu richten, wenn der böse Leumund so schwer wiege, dass es besser sei, sie seien tot als lebendig. 74

Art. 16 des Landfriedens von 1281 bestimmt (nach *Wakasone*): „Swer einen schedlichen man oder einen diup für geriht gevangen bringet, derselbe oder der rihter sol swern, daz er ein so schedlich man si, daz man ze reht über in rihten sol, und süln dann sechs swern, daz der ait war si. Darnach sol man fragen, wi man über in rihten sul".

Das Richten auf Leumund hat sich am wirksamsten in der geheimnisumwitterten westfälischen *Veme* behauptet. Sie entsteht im 13. Jh. in Westfalen. Die dortigen Freigerichte, bei denen jeder Freie mit gutem Leumund Schöffe werden kann, richten unter Königsbann. Dieser Ursprung ist so lebendig, dass sie beanspruchen, als königliche Gerichte im ganzen Reich urteilen zu können. Das ursprünglich königliche Ernennungsrecht für die Freigrafen wächst dem Landesherrn zu und bleibt nur für den Statthalter unberührt (*Fricke,* 1995, 100). 75

„Veme" bedeutet „Verurteilung, Strafe", doch steht der Begriff bis heute für eine heimliche Selbstjustiz, wie für die berüchtigte Femejustiz der Schwarzen Reichswehr in der Weimarer Zeit (Rn. 265 f.). Die Heimlichkeit bezieht sich mit einigem Recht auf das geheime Erkennungszeichen, das einen neuen Freischöffen „wissend" macht, und auf die *Verfemung:* missachtet der Angeklagte die Ladung vor den Freistuhl, spricht das Gericht im geheimen Verfahren die Acht aus und nimmt ihm dadurch die Möglichkeit, sich wirksam der Vollstreckung zu unterziehen. Jeder Wissende kann das Urteil vollziehen, ein Notgericht mit drei Schöffen auch sofort.

Die ordentliche Gerichtsbarkeit der Territorialherren und die reichskammergerichtliche Rechtsprechung sprechen den Freistühlen die Legitimität ab (*Fricke,* 1995, 133 f.) und drängen sie auf die niedere Gerichtsbarkeit zurück. Als Feld- und Forstgerichte halten sie sich vereinzelt bis 1806.

c) Eideshilfe und Wissenszeugnis

Literatur: *Bellamy,* Criminal Law and Society in Late Medieval and Tudor England, 1984; *Drüppel,* Iudex Civitatis, 1981; *Fricke,* Verfolgt, verachtet, vervemt, 1995; *Fried,* Wille, Freiwilligkeit und Geständnis um 1300, Hist. Jahrbuch 1985, 388 ff.; *Hennings,* Das hamburgische Strafrecht im 15. und 16. Jahrhundert, 1940; *His,* Das Strafrecht des deutschen Mittelalters, Bd. I, 1920, Nachdr. 1964; *Jerouschek,* Diabolus habitat in eis, in: *Bachorski* (Hg.), Ordnung und Lust, 1991, 281 ff.; *Kannowski,* Der König und der Kohlenträger, ZRG GA 116 (1999), 498 ff.; *Letto-Vanamo,* Vom archaischen Gerichtsverfahren zum staatlichen Prozeß, in: Vorträge zur Justizforschung, Bd. 2 1993, 97 ff.; *Magin,* „wie es umb der iuden recht stet": der Status der Juden in spätmittelalterlichen Rechtsbüchern, Diss. 1995; *Müller,* Schuld-Geständnis-Buße, in: *Schlosser/Sprandel/Willoweit* (Hg.), Herrschaftliches Strafen seit dem Hochmittelalter, 2002,

403 ff.; *Reiß,* Die strafrechtliche Behandlung der Eigentums- und Vermögensdelikte nach den Strafurteilen der Praxis im Bereich der Hansestädte vom 13. Jahrhundert bis zum Erlass der Constitutio Criminalis Carolina im Jahre 1532, Diss. 1973; *Röhrkasten,* Die englischen Kronzeugen 1130–1330, Diss. phil. 1990; *Schmoeckel,* Humanität und Staatsraison, 2000.

76 Die Eideshilfe entstammt dem germanischen Rechtskreis und ist bereits in den Stammesrechten nachweisbar. Sie erwächst aus der Bedeutung der Ehre für den Status eines Freien. Im Kirchenrecht verknüpft sie sich mit der *purgatio canonica,* dem kanonischen Reinigungseid und später der Famapurgation, dem Eid zur Reinigung von einem unbewiesenen Verdacht. Im Mittelalter wandeln sich die Integritätszeugen, die mit ihrem Eid für die Lauterkeit und Reputierlichkeit einer Partei eintreten, zu *Wissenszeugen* im heutigen Verständnis, wobei das Leumundszeugnis als Bindeglied fungiert haben dürfte. In der Aufwertung des Wissenszeugnisses unter *Innozenz III.* auf dem IV. Laterankonzil 1215 n. Chr. drückt sich das egalitäre Rechtsverständnis des Inquisitionsprozesses aus, der zugleich im Zeichen einer „Triangulierung des Rechts" steht. Anstelle der Parteien übt die Obrigkeit das Regime über das Verfahren aus, und schon bei Gratian beleidigen falsche Zeugen mehr das Gericht als die Partei. Die Ermittlung der Faktizität einer historischen Tat und deren Ahndung nach Maßgabe individueller Schuld tritt im 15. Jh. als Prozessziel neben und schließlich vor die Befriedung von Parteiinteressen.

Die Doppelnatur des Verbrechens gelangt im Schwabenspiegel z. B. bei der Notwehr zum Ausdruck: § 233 „Wil mich ain man rauben auf der strasse vnd wer ich im das vnd slach ich in ze tod ich puss in weder freunden noch dem richter nicht" (nach *Sellert,* StQuB 1, 138). Dieser Prozess setzt im 11. Jh. ein, ist 1349 in England für die Überführung von Vagabunden nachweisbar (*Bellamy,* 34, 39) und Ende des 15. Jhs. abgeschlossen (zum schwedischen Reichsgesetzbuch von 1734 noch *Letto-Vanamo,* 130). Er erfasst allgemein Delikte, die nicht sinnfällig als handhafte Tat auftreten können *(delicta facti transeuntis),* wie Beleidigung und Meineid. Ein Sachbeweis durch Zeugen ermöglicht wie im England des 16. Jhs. (*Bellamy,* 49 f.) auch einen mittelbaren Urkundenbeweis durch Einführung eines Vernehmungsprotokolls in den Prozess, ebenso durch Kronzeugen. Sie treten seit dem 12. Jh. häufig nach eigener Ergreifung auf handhafter Tat als Kläger *(probatores regis)* auf und bereiten das neuzeitliche Verfahren mit plea bargaining vor (*Röhrkasten,* 115 ff., 417 ff.).

77 Vom fränkischen Rügeverfahren beeinflusste Rechte gestatten daher schon früh bei leichteren Delikten die Überführung des Beklagten durch *Wahrnehmungszeugen* (vgl. Rn. 22). Österreichische Stadtrechte benutzen den Ansatz, dass die Bekundungen von Schöffen für den Augenscheinsbeweis genügen, und lassen ihr Zeugnis auch über andere Umstände ausreichen.

Teilweise gelingt es, durch Ansätze einer öffentlichen Klage bedenkliche Lücken im System der privaten Klage zu schließen. Ein *Offizialverfahren* tritt an die Stelle des Akkusationsprozesses, wenn sich kein Kläger findet: Stadtrechte kennen den Richter als Kläger beim „Elendenmord", wenn das Opfer ohne Angehörige und Freunde ungerächt bleibt, später allgemein bei gemeinschädlichen Taten wie Tötung, Vergewaltigung und Diebstahl *(Drüppel).* In Wismar hat ein Kohlenträger die königsgerichtliche Anklage zu vertreten *(Kannowski),* in Franken und im benachbarten bayerischen Umland obliegt die Anklageerhebung dem Gehilfen des Scharfrichters (*His,* Bd. I, 380). Wie schon das Kirchenstrafrecht ermöglicht die Praxis bei unbekannten Tätern oder einer aus Furcht vor Repressalien unterbliebenen Anzeige die öffentliche Klage *(Reiß).* Städtebündnisse des 13. Jhs. verordnen eine Pflicht zur öffentlichen Klage, um des übermächtigen See- und Straßenraubs Herr zu werden *(Hennings).* Da herkömmlich Versühnung und private *accusatio* die Konfliktregelung beherrschen und die Verfolgung von Amts wegen die Ausnahme bleibt, firmiert letztere als *processus extraordinarius* (außerordentlicher Prozess). Die Terminologie bleibt erhalten, auch nachdem sich das Verhältnis umgekehrt hat.

78 Die Fixierung auf das Geständnis als Beweismittel ist nicht nur von seiner prozessentscheidenden Bedeutung im akkusatorischen Verfahren her zu verstehen, sondern auch vor dem Hintergrund der metaphysischen Überhöhung der *confessio* in der

Beicht- und Bußdisziplin, in der das Einbekenntnis der Sünden ins Zentrum der Beichtinquisition rückt (*Jerouschek,* 285; *Müller,* 415 f.). Das freiwillige Geständnis ist hier wie dort Zeichen der Unterwerfung unter das Gesetz und Voraussetzung für Reue und Versöhnung. Das Verständnis der Willensfreiheit gehorcht aber anderen Gesetzen als heute (zu entfremdend *Fried*). Eine Erklärung wirkt auch dann als „freiwillig" getätigt gegen den Sprecher, wenn der Wille durch Drohung und Anwendung von körperlicher Gewalt gebeugt oder gebrochen und sie ohne den unmittelbaren Zwangseindruck ratifiziert wird. Erst diese Grundsätze, die ähnlich auch bei der Konversion zum christlichen Glauben Beachtung finden (*Magin,* 167), lassen es nachvollziehen, dass auf die sich im Geständnis offenbarende Läuterung notfalls mit Gewalt hin gearbeitet wird. Das theoretische Ziel bleibt aber das metanoische Geständnis kraft besserer Einsicht. Ein Übriges tut das formelle Beweisrecht, das im Einklang mit dem Alten Testament für eine Verurteilung mindestens zwei Tatzeugen voraussetzt. Auch noch so überzeugende Indizien können ein Beweisdefizit an Tatzeugen nicht ausgleichen (a. A. *Schmoeckel,* 575 ff. u. ö.).

d) Die Tortur

Quelle: *Wackernagel,* Das Landrecht des Schwabenspiegels, 1840 (bei Eckhardt, Der Schwabenspiegel, 1972).

Literatur: *van Caenegem,* La Preuve dans le droit du moyen âge occidental, in: RecSocJB Bd. XVII, La Preuve: moyen âge et temps modernes, 1965, 691 ff.; *Fiorelli,* La tortura giudiziaria nel diritto commune, Bde.1, 2, 1953, 1954; *Hagemann,* Basler Rechtsleben im Mittelalter, 1981; *Hageneder,* Zum ersten Zeugnis für die Anwendung der Folter in Deutschland, FS Hausmann, 1987, 143 ff.; *Harmening,* Superstitio, 1979; *Jerouschek,* Die Herausbildung des peinlichen Inquisitionsprozesses, in: *Nève/Coppens* (Hg.), Vorträge auf dem 28. Dt. Rechtshistorikertag, 1992, 95 ff.; *ders.,* „Mit aller Schärpffe angegriffen undt gemartert", FS Sellert, 2000, 351 ff.; *v. Kries,* Der Beweis im Strafprozeß des Mittelalters, 1878, Neudr. 1975; *Liebs,* Lateinische Rechtsregeln und Rechtssprichwörter, 1998; *E. Peters,* Folter, 1991; *Schmoeckel,* Die Tradition der Folter vom Ausgang der Antike bis zum Ius Commune, FS Kleinheyer, 2001, 437 ff.; *ders.,* Humanität und Staatsraison, 2000; *Schünke,* Die Folter im deutschen Strafverfahren des 13. bis 16. Jahrhunderts, Diss. 1952; *Trusen,* Strafprozeß und Rezeption, in: *Landau/Schroeder* (Hg.), Strafrecht, Strafprozeß und Rezeption, 1984, 29 ff.

Die *Folter* oder *Tortur* ist in Europa – nach Antike und fränkischer Zeit – wieder seit 79
dem 13. Jh. nachweisbar. Literarisch wird sie auch zuvor, und zwar fast ausschließlich negativ durch Verbote, greifbar, was immerhin die Erinnerung an sie wach hält. Hieraus aber auf ihre forensische Anwendung zu schließen (*Schmoeckel,* 2001, 464) ist nicht angängig, da dem Mittelalter bloße Repetitionen aus literarischen Quellentexten ohne Realitätsbezug keineswegs fremd sind *(Harmening).* Das gilt insbesondere für den Rekurs auf Augustinus, für den die Folter ein notwendiges Übel ist. Außerdem wäre auch nicht nachzuvollziehen, weshalb in Deutschland die Städte seit dem 14. Jh. bei der königlichen Kanzlei um die Erteilung von Folterprivilegien eingekommen sein sollten, wenn sie über das Institut bereits verfügten. Das gilt vice versa auch für die päpstlichen Torturermächtigungen seit Mitte des 13. Jhs. Damit lässt sich die von *Schmoeckel* (ebd.) geforderte Beweislastumkehr zugunsten der Kontinuitätstheorie genauso gut umkehren.

In den Volksrechten wird vereinzelt die – römischrechtlich tradierte – Sklavenfolter 80
greifbar. Die fränkische Zeit kennt sowohl die *Straffolter* mit Eisenkrallen *(ungulae)* wie auch die Folter zur Geständniserzwingung. Sie wird – entsprechend dem römischrechtlich überkommenen *crimen laesae majestatis* – überwiegend in Hochverratsfällen eingesetzt. Mit dem peinlichen Strafrecht bricht auch die Tradition des Verfahrensinstituts der Tortur ab. Der systematische Rückgriff auf sie an der Wende

vom Hoch- zum Spätmittelalter ist von daher als neu einsetzende Entwicklungslinie zu verstehen, auch wenn sie sporadisch in Bischofsstädten mit ungebrochener römischer Tradition noch geübt worden sein mag. Wissenschaftliche Versuche, eine Kontinuitätslinie zu ziehen, vermögen nicht zu überzeugen.

81 Der früheste Nachweis (Verona 1228) beruft sich bezüglich ihrer Anwendung auf kriminalpolitische Notwendigkeiten, vagierendem und bandenmäßig organisiertem Räuberunwesen zu begegnen. Dem *Decretum Gratiani* wird früh schon ein allgemeines Folterverbot entnommen, wahrscheinlich handelt es sich aber eher um eine Fortschreibung der augustinischen Linie der Restriktion und Mäßigung (*Schmoeckel,* 2001, 458 ff.). Bereits 1231 setzen die Konstitutionen von Melfi, der sog. *liber augustalis Friedrichs II.* für das Königreich beider Sizilien die Folter, namentlich bei der Verfolgung von Majestätsverbrechen, ein. Oberitalienische Kommunen folgen noch in der ersten Hälfte des 13. Jhs., bevor die Tortur allgemein für Frankreich (Ordonnance von 1254) und Spanien (1265 in den „Sieben Rechtsbüchern" – las siete partidas – für Kastilien) nachweisbar und im letzten Viertel des 13. Jhs. auch für Deutschland anzunehmen ist.

Die frühesten eindeutigen Belege sind hier für Süddeutschland bezeugt und stammen bezeichnenderweise aus Bischofsstädten (Augsburg 1321, Straßburg 1322). Reichsstädte kommen bei der königlichen Kammer um Folterprivilegien, oft im Verein mit weiteren Beweiserleichterungen, ein. Sporadisch gibt es Hinweise dafür, dass Städte – wie z. B. Köln – das Folterinstitut schon vor einer ausdrücklichen Privilegierung usurpiert haben. Ist sie zunächst Teil der gegen die schädlichen Leute zu ergreifenden Maßnahmen, so kann sie sich im darauffolgenden Jahrhundert auch auf Bürger erstrecken.

82 Ein Bruch mit der kirchlichen Tradition erfolgt um die Mitte des 13. Jhs. im Zuge der kirchenrechtlichen Formierung der Ketzerverfolgung. Bemerkenswerterweise beruft sich *Innozenz IV.* 1252 nicht auf die gängige Analogie zwischen dem *crimen laesae majestatis* und dem *crimen laesae majestatis divinae,* der Beleidigung der göttlichen Majestät, um die in Hochverratssachen anerkannte Anwendung der Folter ‚erst recht' auch für die Ketzerverfolgung zu reklamieren, sondern auf die Räuberverfolgung des kommunalen Statutarrechts: Wie die Räuber in der Stadtgemeinde, so rauben schlimmer noch die seelenmordenden Ketzer die Sakramente des Herrn. Ermächtigt hier der Papst den weltlichen Arm zum Gebrauch der Folter gegenüber Ketzern, so wird 1257 Inquisitoren nachgelassen, sich gegenseitig von der Irregularität, der sie mit der Anordnung der Folter wegen des dabei vergossenen Blutes – ecclesia non sitit sanguinem (die Kirche dürstet nicht nach Blut, vgl. HRG, *Jerouschek* I, Sp.) – verfallen, zu dispensieren. Über die bischöfliche Ketzerverfolgung dürfte die Folter auch dem weltlichen Arm zugewachsen sein.

83 Die früher herrschende, namentlich von *Eb. Schmidt* vertretene Auffassung betont den deutschrechtlichen Ursprung und sieht als frühesten Beleg das Recht der Wiener Neustadt von 1221 an (vgl. nur *Eb. Schmidt,* 93). Kap. 101 lautet (nach *v. Kries,* 144): „Inhibemus etiam, ne aliquis captivus siti, fame, vinculis, calore, frigore crucietur vel verberbus compellatur ad aliquid profitendum" (weiter hindern wir, dass ein Gefangener mit Durst, Hunger, Fesseln, Hitze, Kälte gepeinigt oder durch Schläge zu einer Aussage gezwungen wird). Mit *Schünke* (29) wird die Quelle heute überwiegend auf die Zeit um 1300 datiert, kann also ohne weiteres auf rezipierte Folteranwendung rekurrieren, und überdies handelt es sich um ein wenig aussagekräftiges Folterverbot. Frühester Beleg im deutschrechtlichen Raum ist der Schwabenspiegel (1275/76; *Hageneder*): Einen ungeständigen Verdächtigen, zumal wenn es Augenzeugen für dessen Vergehen gibt, soll man nicht ziehen lassen, sondern „man sol in witzegen mit slegen an der sraiget vnd mit starker vancnvsse. vnd mit hvnger. vnd mit vroste vnd mit andern vbelen dingen. vnz er veriehe". (man soll ihn mit Schlägen am Pranger, strenger Fesselung, Hunger, Kälte und andern üblen Sachen zur Einsicht bringen, bis er gestehe.) Da der Passus sich nicht durchgängig in frühen Schwabenspiegel-Handschriften findet, kann auch ein späterer Einschub nicht ganz ausgeschlossen werden. *Schünke* und *Trusen,* die der Stelle die Eignung als Folterbeleg bestreiten, übersetzen unzutreffend und gelangen so zu unhaltbaren Ergebnissen (*Jerouschek* 1992, 116 f.).

Die Rezeption der Folter durch das gemeine Strafrecht ist nicht zuletzt auch von den beweisrechtlichen Änderungen her zu verstehen. Die verstärkte Propagierung der materiellen Wahrheit als Prozessziel seit dem IV. Laterankonzil einerseits und die Formalisierung des Überführungsbeweises mit dem *Zwei-Zeugen-Beweis* im Zentrum andererseits bilden so hohe Verurteilungskautelen, dass die Strafverfolgung leer laufen müsste, gäbe es keine weiteren Verurteilungsgrundlagen. Nachdem das Gottesurteil seit 1215 kirchenrechtlich diskreditiert ist und auch im weltlichen Recht an Rückhalt verliert, gewinnt das *Geständnis* seine verfahrensbeherrschende Stellung im inquisitorischen Beweisverfahren ("regina probationum"). Im Schlepptau des Geständnisses etabliert sich zugleich auch die Folter als Beweisgewinnungsmethode. 84

Sie substituiert den Überführungsbeweis, wenn der zur Verurteilung erforderliche Vollbeweis *(plena probatio)* durch die klassischen zwei Zeugen nicht erbracht werden kann, aufgrund von Indizien aber ein schwerer Verdacht, eine sog. halbvolle Beweisung *(semiplena probatio)* vorliegt, bei der man das Verurteilungsrisiko dem – und sei es unter Zwang – geständigen Inquisiten überantwortet. Anders als *Wesel* (335 f.) suggeriert, ist Folter nicht gleichbedeutend mit Inquisitionsprozess. Zum einen ist sie auch akkusatorisch vorgesehen, dann resultiert sie im inquisitorischen Prozess in erster Linie aus der Beweisformalisierung.

Teil 3. Gemeines Recht und Rezeption

§ 1. Die Rezeption in Deutschland

1. Iurisconsultus – der gelehrte Jurist

Literatur: *Braudel,* Sozialgeschichte des 15.–18. Jahrhunderts, dt. Ausg. 1985; *Burmeister,* Das Studium der Rechte, 1974; *Dahm,* Zur Rezeption des römisch-italienischen Rechts, 1955, Nachdr. 1960; *Dilcher,* Der mittelalterliche Kaisergedanke als Rechtslegitimation, in: *Willoweit* (Hg.), Die Begründung des Rechts als historisches Problem, 2000, 153 ff.; *van Dülmen,* Kultur und Alltag in der Frühen Neuzeit, 1990, *Franklin,* Das königliche Kammergericht vor dem Jahre MCDXCV, 1871; *ders.,* Das Reichshofgericht im Mittelalter, Bd. 1, 2, 1867, 1869; *Fried,* Die Entstehung des Juristenstandes im 12. Jahrhundert, Diss. phil. 1974; *Hegler,* Die praktische Thätigkeit der Juristenfakultäten, 1899; *Kohler/Lutz,* Alltag im 16. Jahrhundert, 1987; *Lange,* Die Universitäten des Mittelalters und das Römische Recht, 2006; *Männl,* Die gelehrten Juristen im Dienst der Territorialherren, in: *Schwinges* (Hg.), Gelehrte im Reich, 1996, 269 ff.; *Meyer-Holz,* Collegia Iudicum, Diss. 1987; *Radding,* The Origins of Medieval Jurisprudence, 1988; *Schikora,* Die Sprachpraxis an der Juristenfakultät zu Helmstedt, Diss. 1973; *Schilling,* Wider den Mythos vom Sonderweg – die Bedingungen des deutschen Weges in die Nazizeit, in: Heinig, 2000, 699 ff.; *Schott,* Wir Eidgenossen fragen nicht nach Bartele und Baldele ..., in: Gerichtslauben-Vorträge, 1983, 17 ff.; *Stölzel,* Die Entwicklung der gelehrten Rechtsprechung, Bd. 1, 2, 1901, 1910; *ders.,* Die Entwicklung des gelehrten Richterthums in deutschen Territorien, Bd., 1, 2, 1872; *Trusen,* Anfänge des gelehrten Rechts in Deutschland, 1962; *ders.,* Gelehrtes Recht im Mittelalter und in der frühen Neuzeit, 1997; *M. Weber,* Wirtschaft und Gesellschaft, 4. Aufl. 1956.

Kanonistik und *Legistik* entwickeln rationale Auslegungsmethoden. Hierzu gehört 85 die Fähigkeit zur begrifflichen Abstraktion und zur deduzierenden Ableitung von Schlussfolgerungen. Die Übernahme des fremden Rechts auch jenseits der Alpen wird gemeinhin als Rezeption bezeichnet. Dabei ist die ältere Vorstellung, die Rezeption habe sich en bloc im 16. Jh. vollzogen, aufgegeben worden zugunsten einer Sichtweise, die Rezeptionsschübe bereits im späteren Mittelalter einbezieht. So übernehmen Landfrieden als „Leumund“ die *infamia* aus den Beschlüssen des IV. Laterankonzils, mittelalterliche Kaiser adkapitulieren ihre Gesetze dem *corpus iuris civilis,* der *liber extra* Papst *Gregors IX.* von 1234 eröffnet mit älteres Recht derogierender Rechtssetzung die Kodifikationsbewegung (vgl. Rn. 32), und bischöfliche Offizialate sprechen europaweit nach Maßgabe der gelehrten Kanonistik Recht. Dies lässt auch das weltliche Recht nicht unberührt, zumal die Kirche über erheblich weitere Bereiche judiziert als heute. Anwendung und Übernahme des fremden Rechts mit seiner fachsprachlich-unverständlichen Terminologie weckt bei der Bevölkerung auch Argwohn und Misstrauen gegenüber den Juristen und ihrem Medium *(Schott).*

Produkt und Träger der Rezeption zugleich ist der neue Typus des professionellen 86 Rechtsanwenders (sozialgeschichtlich: *Fried; Lange;* zu Juristenkollegien vgl. *Meyer-Holz*). Deutsche Bürgerssöhne und junge Adelige studieren an den Rechtsfakultäten oberitalienischer Universitäten, namentlich Bolognas, bevor die deutschen Landesherren ebenso die Gründung von Universitäten zur Gewinnung von Nachwuchs für die territoriale Verwaltung betreiben. Den Beginn im Heiligen Römischen Reich deutscher Nation macht Kaiser *Karl IV.* mit der Gründung der Universität Prag für sein Königreich Böhmen im Jahr 1348 n. Chr. Es folgen Heidelberg 1386 und Erfurt 1378/92.

Die deutsche Nation in Bologna zählt von 1289 bis 1562 insgesamt 4400 Scholaren. In Padua immatrikulieren sich von 1530–1590 durchschnittlich 79 Deutsche pro Jahr. Die Annahme einer sachlich begründbaren Zäsur zwischen spätem Mittelalter und früher Neuzeit erweist sich als nachträgliches Konstrukt (*Schilling,* 700). Der Bedeutung der Kirche entsprechend übertreffen der Zahl nach zunächst die als Doktoren des kanonischen Rechts von den Universitäten abgehenden Juristen die doctores legum. Die Anwälte teilen sich nach dem Vorbild des fremden Rechts in Advokaten, die den Rechtsfall schriftlich vorbereiten, und Prokuratoren, die ihn entsprechend vor Gericht vertreten.

87 In Deutschland reist das mittelalterliche *Hofgericht* mit dem König, dessen rechtssetzende Gewalt erst mit der staufischen Zeit Anerkennung findet *(Dilcher).* Das Gericht amtiert da, wo der König ist, der entweder selbst oder durch den Reichshofrichter das Verfahren leitet und das Urteil von den versammelten Fürsten erfragt. Das reisende Hofgericht geht im 15. Jh. unter und wird durch die ständige Behörde des *königlichen Kammergerichts* abgelöst. Hier amtieren gelehrte Richter. Das königliche Kammergericht wird 1495 durch das *Reichskammergericht* ersetzt, das nicht mehr im Namen des Königs, sondern in dem des Reichs Recht spricht. Die an das Königtum geknüpfte persönliche Gerichtsbarkeit entsteht neu im *Reichshofrat,* der sich seit 1498 neben dem Reichskammergericht als zweite oberste Gerichtsbarkeit im Reich etabliert. Als die *Appellation* Eingang findet und das mündliche Verfahren dem schriftlichen weicht – auch hier war die Kirche seit dem 12. Jh. vorangeschritten –, treten graduierte Juristen (Doktoren und Lizentiaten) nach und nach an die Stelle ungelehrter Schöffen. Für den Brandenburger Schöppenstuhl ist die Entwicklung z. B. 1630 abgeschlossen, für die erzstiftisch-magdeburgischen Schöppenstühle bereits zu Beginn des 16. Jhs., wobei die Schöppen die ihnen landesherrlich zugewiesene Spruchtätigkeit in Strafsachen zunächst nur widerwillig akzeptieren. Für die Ausbreitung des gelehrten Rechts wird das in der Carolina in weitem Umfang vorgeschriebene Ratsuchen (Rn. 108) bedeutsam. Die *Aktenversendung* an Kanzleien und Juristische Fakultäten macht die Doktoren in einem geheimen und schriftlichen Verfahren zu Spruchrichtern; das Schöffengericht bleibt bestehen, sieht sich jedoch darauf beschränkt, den Spruch zu verkünden.

Die Entfaltung der Kanzleien, Hofgerichte und Fakultäten lässt das Ansehen früher bedeutender Oberhöfe wie der in Magdeburg, Lübeck oder Frankfurt schwinden. Im Zuge der fortschreitenden Verterritorialstaatlichung passt die Ratsuche bei auswärtigen Spruchkörpern nicht mehr ins Konzept der Landesherrn.

2. Die Reichsgerichte

Quellen: *Goethe,* Dichtung und Wahrheit (1811–1814), in: Hamburger Ausg. Bd. 9 1981; *Laufs,* Die Reichskammergerichtsordnung von 1555, 1976; *Sellert,* Die Ordnungen des Reichshofrates 1550 bis 1766, Bd. 1, 2 1980, 1990.

Literatur: *Battenberg/Schildt,* Das Reichskammergericht im Spiegel seiner Prozeßakten, 2010; *Diestelkamp,* Das Reichskammergericht im Rechtsleben des 16. Jahrhunderts, FS Erler, 1976, 435 ff.; *Duchhardt,* Das Reichskammergericht des konfessionellen Zeitalters als „Sozialkörper", FS Rabe, 1997, 387 ff.; *Eisenhardt,* Der Reichshofrat als kombiniertes Rechtsprechungs- und Regierungsorgan, FS Sellert, 2000, 245 ff.; *Götte,* Der jüngste Reichsabschied und die Reform des Reichskammergerichts, Diss. 1998; *v. Gschließer,* Der Reichshofrat, 1942; *Hertz,* Die Rechtsprechung der höchsten Reichsgerichte, Mitteilungen des Institut für österreichische Geschichtsforschung 69 (1961), 331 ff.; *Hillmann,* Territorialrechtliche Auseinandersetzungen der Herzöge von Sachsen-Lauenburg vor dem Reichskammergericht im 16. Jahrhundert, Diss. 1998; *Huneke,* "Von Execution und Vollnziehung der Urtheil", DGVZ 2010, 141 ff.; *Kampmann,* Reichsrebellion und kaiserliche Acht, Diss. 1992; *Müller-Tragin,* Die Fehde des Hans Kohlhase, Diss. 1997; *Nève,* Szenen aus den Anfangsjahren des Reichskammergerichtsprozesses (1512–1536), FS Sellert, 2000, 225 ff.; *Oestmann,* Hexenprozesse am Reichskammergericht, Diss. 1997; *Schroeder,* Das Reichskammergericht, JuS 1978, 368 ff.; *Sellert,* Prozeßgrundsätze und Stilus Curiae am Reichshofrat, 1973; *ders.* Über die Zuständigkeitsabgrenzung von Reichshofrat und Reichskammergericht, 1965; *Smend,* Das Reichskammergericht, 1911; *Stölzel,* Die Entwicklung der gelehrten Rechtsprechung, Bd. 1, 2, 1901, 1910; *Weitzel,* Der Kampf um die Appellation ans Reichskammergericht, 1976.

Zwar fördern die Reichsgerichte im Wege der Anwendung des gemeinen Rechts 88
nachhaltig die Rezeption, jedoch bleibt das Strafrecht aufgrund der hier unbedeutenden reichsgerichtlichen Zuständigkeiten hinter den anderen Rechtsmaterien zurück. Das 1495 errichtete Reichskammergericht (RKG) soll den im gleichen Jahr unter *Maximilian I.* verkündeten Ewigen Landfrieden mit seinem allgemeinen Fehdeverbot sichern. Zu wenig Stellen, eine unzulängliche finanzielle Ausstattung und ein umständliches Verfahren bewirken, dass es seiner Aufgabe nur höchst eingeschränkt nachkommen kann *(Götte, Nève).* Der adelige Reichskammerrichter repräsentiert den Kaiser, eine sachlich nicht mehr gerechtfertigte Reminiszenz an das königliche Kammergericht.

Die Fehde selbst wird endgültig erst mit dem flächendeckenden Ausbau des territorialstaatlichen Gewaltmonopols seit dem 16. Jh. überwunden (für das durch Kleist in die Literatur eingegangene Beispiel des Kohlhase vgl. *Müller-Tragin,* 12, 186), spielt aber für die Reformlegislativen keine maßgebliche Rolle mehr.

Die eigentliche Arbeit in den zwei, zeitweise vier Senaten tragen die Assessoren. 89
Nach der *Reichskammergerichtsordnung* von 1495 sollen die eine Hälfte Adelige, die andere Doktoren sein. Das Ansehen des Gerichts leidet darunter, dass viele der ursprünglich 16, später 41 Beisitzerstellen aus Geldmangel nicht besetzt werden. Im Verfahren siegt das gemeine Recht, wie die Entwicklung von der ersten Kammergerichtsordnung (1495) über die zweite (1521) bis zur dritten (1555) zeigt. Im schriftlichen, artikulierten Verfahren sind alle Schriftsätze in Artikel zu bringen, auf die der Gegner einzeln antwortet; streitige Einzelheiten werden in Nebenverfahren geklärt. Oft dürfte das Assessorat am Reichskammergericht auch lediglich als Durchgangsstation in landesherrliche oder städtische Dienste gedient haben (*Duchhardt,* 388 f.).

Die oft Generationen überdauernden Verfahren, deren Akten mit den Worten des Reichsabschiedes von 1654 „gleichsam unsterblich gemacht werden" (§ 34, bei *Laufs,* 23), und die ständige Überlastung des Gerichts prägen die allgemeine negative Wertung. Bekannt ist *Goethes* Darstellung, der 1772 als Praktikant an das Gericht kommt: „Zwanzigtausend Prozesse hatten sich aufgehäuft, jährlich konnten sechzig abgetan werden, und das Doppelte kam hinzu." (Dichtung und Wahrheit Tl. 3, B. 12).

Verselbständigungsbestrebungen sowie offensichtliche Mängel der Reichsjustiz be- 90
stimmen die Landesherren, die Zuständigkeit des Gerichts durch ein *privilegium de non appellando* zu beschränken und durch Supplikation an den eigenen Hof wirksamen Rechtsschutz zu gewähren. Immerhin bewirkt die Verwendung des gemeinen Rechts beim Reichskammergericht auch dessen Rezeption durch die territoriale Gerichtsbarkeit (*Hillmann,* 465 ff.). Es ist charakteristisch für das Ansehen des Gerichts im 16. Jh., wenn der Markgraf der Neumark 1552 Vorkehrungen dagegen trifft, dass die eine Partei die Gegenseite beim Reichskammergericht „nach ihrem Gefallen umzutreiben, auch mit unerträglichen Kosten auszuschöpfen, des Rechtens müde zu machen und davon abzuschrecken" versucht (nach *Stölzel,* Bd. 1, 372).

Das Reichskammergericht ist die einzige Instanz für Verstöße gegen Land- und 91
Religionsfrieden und in Verfahren gegen Reichsunmittelbare; es entscheidet in zweiter

Instanz über Appellationen in Verfahren gegen mittelbare Reichsangehörige, vorbehaltlich eines privilegium de non appellando. Als einschneidendstes Mittel kann das Reichskammergericht für todeswürdige Sachen (als Straffolge) und prozessualen Ungehorsam (als Sanktion eigener Art) die *Reichsacht* verhängen (zu Abgrenzungsschwierigkeitenn vgl. *Huneke*, 145).

Strafsachen sind schon grundsätzlich von der Appellation ausgenommen. Die allgemeine Zuständigkeit des Reichskammergerichts für Reichsunmittelbare wird in Strafsachen vom Reichshofrat wahrgenommen, der auch über bedeutend wirksamere politische Mittel der Durchsetzung verfügt *(Eisenhardt)*. Zur Reichsacht gegen *Wallenstein* wegen notorischer Reichsrebellion 1634 im Verfahren vor dem Reichshofrat vgl. *Kampmann*.

92 Dagegen gilt auch in Strafsachen die *Nichtigkeitsklage (Nullitätsprozess)*, wenn essentialia des Verfahrens, wie sie die gemeinrechtliche Theorie entwickelt hat, verletzt sind. Die Reichskammergerichtsordnung von 1555 spricht davon, dass „unerfordert und unverhört und also nichtigklich oder sunst wider natürlich vernunft und billigkeyt" verfahren wird.

93 Im Reichshofrat schafft *Maximilian I.* 1498 primär einen Staatsrat, der in Regierungs- und Verwaltungssachen votiert. Gleichzeitig berät er den Kaiser in Rechtssachen, die dieser als Ausfluss seiner persönlichen, obersten Gerichtsbarkeit entscheidet. Als konkurrierendes Reichsgericht wird der Reichshofrat im selben Umfang wie das Reichskammergericht für Strafsachen zuständig, damit auch für Nichtigkeitsklagen (Ordnung von 1654 Tit. 2 § 1, vgl. *Sellert*, 1965, 45 ff.), ohne dass sich seine Kompetenz klar abgrenzen lässt. Welches Gericht angerufen und zuständig wird, hängt stark von den politischen Einflussmöglichkeiten ab. Nach der Reformation behält der Reichshofrat in den altgläubigen Territorien größeres Durchsetzungsvermögen.

Umfassende Untersuchungen zur Praxis in Strafsachen fehlen. Einzelfälle lassen das Bemühen der Reichsinstanzen erkennen, vor allem in Hexensachen Missbräuche und willkürliche Justiz in den Territorien zu verhindern (*Oestmann*). Die Durchsetzung ihrer Mandate scheitert freilich oft am Widerstand selbstbewusster Reichsstände, die Rechtsfragen als Machtfragen betrachten. Mitunter wird sogar die Zustellung von Mandaten unterlaufen. Wiederholt weisen die Reichsgerichte in Strafsachen auf die Geltung der Carolina hin, suchen die Instanzen in den Territorien an die rechtlichen Kautelen des Gesetzes zu binden und wollen dem Betroffenen alle Rechte der Verteidigung erhalten.

3. Die peinliche Gerichtsordnung Karls V. von 1532 (Carolina)

Quellen: *Burret*, Der Inquisitionsprozeß im Laienspiegel des Ulrich Tengler, Diss. 2010; Praxis Rerum Criminalium (1555), hg. v. *Damhouder*, 1616; *Hellbling*, Grundlegende Strafrechtsquellen der österreichischen Erbländer vom Beginn der Neuzeit bis zur Theresiana (1948), hg. v. *Reiter*, 1996; *Köbler*, Der Statt Wormbs Reformation, 1985; Constitutio Criminalis Bambergensis (Die Bambergische Halsgerichtsordnung), hg. v. *Kohler/Scheel*, 1902; *dies.* (Hg.), Constitutio Criminalis Carolina (Die peinliche Gerichtsordnung Kaiser Karls V.), 1900; Die Peinliche Gerichtsordnung Kaiser Karls V. (Carolina), hg. v. *Fr.-Chr. Schroeder*, 2000.

Literatur: *Andrews*, Law, Magistracy, and Crime in Old Regime Paris, Bd. 1, 1994; *Blankenhorn*, Die Gerichtsverfassung der Carolina, Diss. 1939; *Deutsch*, Das schwere Schicksal der Henker, ZRG GA 118 (2001), 420 ff.; *ders.*, Der Klagespiegel und sein Autor Conrad Heyden, 2004; *Dreisbach*, Der Einfluß der Carolina auf die Rechtsprechung norddeutscher Oberhöfe, Diss. 1969; *van Dülmen*, Theater des Schreckens, 1985; *Güterbock*, Die Entstehungsgeschichte der Carolina, 1876; *Härter*, Polizey und Strafjustiz in Kurmainz, 2005; *Kleinheyer*, Zur Rolle des Geständnisses im Strafverfahren des späten Mittelalters und der frühen Neuzeit, Conrad zum Gedächtnis 1979, 367 ff.; *Jerouschek*, Wie frei ist die Beweiswürdigung, GA 189 (1992), 493 ff.; *ders.*, Die Carolina – Antwort auf ein "Feindstrafrecht"?, in: *Hilgendorf/Weitzel* (Hg.), Der Strafgedanke in seiner historischen Entwicklung, 2007, 80 ff.; *Koch*, Denunciatio, 2006; *Kusch*, Der Indizienbeweis des Vorsatzes im gemeinen deutschen Strafverfahrensrecht,

Diss. 1963; *Kwiatkowska*, Prawo karne w kodyfikacji rosyjskiej 1649 roku [m. engl. Zus.: Penal Law in the Russian Codification of 1649], 1984; *Landau/Fr.-Chr. Schroeder* (Hg.), Strafrecht, Strafprozeß und Rezeption, 1984; *Langbein,* Prosecuting Crime in the Renaissance, 1974; *Litewski,* Landrecht des Herzogtums Preußen von 1620, Bd. 1, 2, 1982, 1983; *Maes,* Die drei großen europäischen Strafgesetzbücher des 16. Jhs, ZRG GA 90 (1973), 207 ff.; *Malblank,* Geschichte der Peinlichen Gerichts-Ordnung Kaiser Karls V., 1783; *Mikołajczyk,* Na drodze do powslania procesu meiszanego [m. dt. Zus.: Auf dem Weg zum gemischten Prozeß], 1991; *Nowosadko*, Scharfrichter und Abdecker, 1994; *Polaschek,* „... und die Tortur soll auch aufgehoben werden", FS Kocher, 2000, 231 ff.; *Radbruch,* Lieb der Gerechtigkeit und Gemeiner Nutz, in: Elegantiae Juris Criminalis, 2. Aufl. 1950, 70 ff.; *ders.,* Der Raub in der Carolina, FS Pappenheim, 1931, 37 ff.; *Scheffknecht,* Scharfrichter. Eine Randgruppe im frühneuzeitlichen Vorarlberg, 1995; *Schild,* Der „endliche Rechtstag" als Theater des Rechts, in: *Landau/Schroeder* (Hg.), Strafrecht, Strafprozeß und Rezeption, 1984, 119 ff.; *ders.*, Folter, Pranger, Scheiterhaufen, 2010, 89 ff.; *Eb. Schmidt,* Die Carolina, ZRG GA 53 (1933), 1 ff.; *ders.*, Die Maximilianischen Halsgerichtsordnungen, 1949, Neudr. 1995; *Schoetensack,* Der Strafprozeß der Carolina, 1904; *Fr.-Chr. Schroeder* (Hg.), Die Carolina, 1986; *Schütz,* Johann von Schwarzenberg und die Bambergensis, Jura 1998, 516 ff.; *Siciliano,* Das Leben des fliehenden Diebes, Diss. 2003; *Spicker/Beck,* Räuber, Mordbrenner, umschweifendes Gesind, Diss. 1995; *Trusen,* Strafprozeß und Rezeption. Zu den Entwicklungen im Spätmittelalter und den Grundlagen der Carolina, in: *Landau/Schroeder* (Hg.), Strafrecht, Strafprozeßrecht und Rezeption, 1984, 29 ff.; *van de Vrugt,* De Criminele Ordonnantiën van 1570 [m. dt. Zus.], Diss. 1978; *v. Weber,* Die peinliche Halsgerichtsordnung Kaiser Karls V., ZRG GA 77 (1960), 288 ff.; *Wilbertz*, Scharfrichter und Abdecker, 1981.

a) Entstehungsgeschichte

Im späten 15. Jh. mehren sich die Klagen über willkürliche und uneinheitliche Strafverfolgung seitens der Obrigkeiten im Reich (*Schroeder,* 131 ff.), und das soeben ins Leben gerufene Reichskammergericht dringt bereits 1496/97 beim Reichstag zu Lindau auf die Abschaffung des Gravamens, dass Obrigkeiten „Leute unverschuldet on Recht vnd redlich Ursach zum tode verurteilen und richten lassen". Der bereits auf dem Freiburger Reichstag von 1498 gefasste Beschluss, „ein gemein reformation und Ordnung in dem Reich für zu nehmen, wie man in criminalibus procediren solle", gilt als die Geburtsstunde der Peinlichen Gerichtsordnung Kaiser *Karls V.* von 1532 (PGO), lat. *Constitutio Criminalis Carolina* (CCC). 94

Eine beigelegte und für die monierten Gebrechen der Strafjustiz beispielhafte Supplikation soll die Dringlichkeit des Anliegens unterstreichen. Hiernach hat das reichsstädtische Ratsgericht zu Nordhausen/Thüringen den Sohn der Supplikantin wegen Schreibens falscher Briefe – Urkundenfälschung oder Verfertigen von Schmähschriften – auf dem Scheiterhaufen hinrichten lassen, obwohl notorisch sei, dass der Verurteilte Analphabet gewesen sei. (*Jerouschek*, 2007, 92) Sämtliche Klageversuche seien fruchtlos geblieben und hätten sie in den Ruin getrieben. Den Anstoß zum Erlass der Carolina gibt damit ein „Justizmord". Das Gericht reagiert damit auf eine Strafverfolgung, die im Kampf gegen die „schädlichen Leute" praktisch alle formalen Fesseln zum Zwecke der Überführungserleichterung abstreift, im Leumunds- und Übersiebnungsverfahren umstandslos verurteilt und im Geständnisprozess exzessiv von der Folter Gebrauch macht (vgl. Rn. 74). Im Bambergischen werden noch 1503 Schädliche und Untertanen auswärtiger Herrschaften fast schon vorsorglich gefoltert. M. a. W. bildet sich im Kampf gegen die Schädlichen eine Art „Feindstrafrecht" heraus, das über seine ursprüngliche Zielgruppe hinaus expandiert und seinerseits zum Problem wird. Bambergensis und Carolina sind als Antwort darauf zu verstehen. 95

So kann man die Leistung der Rezeption für das Strafrecht und das Strafverfahrensrecht erst dann ermessen, wenn man von ihr unberührte zeitgenössische Strafrechtsordnungen zum Vergleich heranzieht. Die fast gleichlautenden Ordnungen *Maximili-* 96 *ans I.* für Tirol von 1499 und Radolfzell von 1506 etwa stellen dem Richter anheim, gegen den inhaftierten Verdächtigen „mit frag oder in ander weg" zu prozedieren. „Frage" bedeutet in diesem Zusammenhang die peinliche Frage, d. h. die Folter. Immerhin ist zur Vornahme der Folter bereits ein *Zwischenurteil*, ein sog. *Torturinterlokut* eines gerichtlichen Gremiums, erforderlich (*Polaschek*, 233).

Peinliche Strafen nach Art. 6–20 der Radolfzeller Halsgerichtsordnung (nach *Eb. Schmidt* 1949 [1995], 219 ff.): Ain yeder Mörder sol mit dem Rad gerichtet werden. Ain Verräter geschlaift vnd geuiertaylt. Rawber mit dem Swert. Kirchenprüchl/Prenner/Kätzer Velscher der Müntz Silbers oder Golds mit dem Pranndt. Ob ain Man zway Weyben nem/Oder ain Weyb zwen Mann/ denselben Man oder Frawen zuertrenncken. Ob ain Person vertrauts guet wegfüert/oder ain guet zwayen dreyen oder mer wissentlich vnd geüerlich verkaufft oder versetzt/vnd nit von der vordern versatzung meldung thuet/die söllen auch ertrennckt werden. Ob ain ain Frawen oder Junckfrawen benotzwung dadurch Sy beraubt wurd Irer Eeren (vnd dieselben anzaigen genugsam wären/dadurch oder veindschafft müet oder gab bescheche derselb sol ertrennckt werden. Welcher ain Vrfechd/so Er über sich geben hat/pricht/denselben mit dem Swert zurichten/vnd ain Weybs Pild zuertrenncken. Welche Fraw ain kind verthuet/die sol lebendig in das Erttrich begraben/vnd ain Phal durch Sy geschlagen werden. Welcher oder welche Person ainen Valschen Ayd swert/derselben die zungen abschneyden/mitsambt den zwayen Fingern damit Sy geswornn hat. Wer ain gelobten Frid pricht one mercklich vrsach In darzu bewegende/denselben mit dem Swert zurichten. Der aber sunst sein anloben nit halt den oder dieselben nach gelegenhayt der Sach an leib oder gut zustraffen. Welcher oder Welche Person Im selber den Tod tuet/seinen Herrn verrat Cristlichen glauben velaugnet/oder sein Vater vnd Mueter vmbpringt/vmb das Er die Erb/die sind leib vnd gut verfallen/ Der Laicherey [Betrug] halben/ Nach dem der menigerlay sind/sol in erkanntnuss des Richters nvd der Rechtsprecher sten/nach gelegenhyt aines yeden Laycherey/Ob dieselb Person den tod/oder annder straf an dem leibe verschuldt hab. Der Dieb halben die mit dem Stranngen zerichten vnd ain Weybs Person zuertrennkken/vnd ye nach gestalt der Person vnd Diebstal/alsdann nach erkanntnuss der Rät nach gelegenhayt seiner missetat zustraffen.

Von einem eigentlichen Indizienrecht, das dem Richter prozessuale Vorgaben an die Hand gibt und ihn dadurch zugleich bindet, kann man hier noch nicht sprechen, und von den ausgefeilten gemeinrechtlichen Kautelen findet sich kaum eine Spur. Es ist neben der Folter vor allem der späteren Zeiten so grausam erscheinende Strafenkatalog, wie er auch noch in der Carolina wiederkehrt, der dem Mittelalter in der Aufklärung sodann das Verdikt ‚barbarisch' einträgt. Unberücksichtigt bleibt dabei freilich, dass von der Härte des Strafgesetzes sozial Integrierten gegenüber nur ausnahmsweise Gebrauch gemacht wird. Hier bleibt es zumeist beim herkömmlichen Bußenstrafrecht. In der frühen Neuzeit ergänzen sich sodann „Polizey" und Strafrecht, womit das gern beschworene Norm/Praxis-Gefälle und der Topos vom „Vollzugsdefizit" der vormodernen Strafverfolgung fragwürdig werden (*Härter*, 184). Da mit der Strafrechtspflege noch kaum studierte Juristen betraut sind, sondern heimische Schöffen und Ratsverwandte, ist auch nicht davon auszugehen, dass in der forensischen Praxis gemeines Strafrecht mit seinem ausgefeilten Indizienrecht geübt wird.

97 So gesehen ist es für die Strafrechtspflege von epochemachender Bedeutung, wenn um die Wende vom 15. zum 16. Jh. das von der Legistik und im Kirchenrecht entwickelte gemeine Strafrecht systematisch auch in Deutschland Eingang findet. Verbreitete Handbücher wie der um die Mitte des 15. Jahrhunderts entstandene Klagspiegel des Schwäbisch Haller Stadtschreibers *Conrad Heyden* (*Deutsch*, 26 ff.) oder der erstmals 1509 aufgelegte Laienspiegel des pfälzisch-bayerischen Landvogts von Höchstädt und vormaligen Stadt- und Kastenschreibers *Ulrich Tengler* (*Burret*, 4 ff.) bereiten es für die forensische Praxis auf. Im Kollisionsfall genießt es den Vorzug. Den legislativen Anfang macht die *Wormser Reformation* von 1498, gefolgt von der Bamberger Halsgerichtsordnung (*Constitutio Criminalis Bambergensis*, abgekürzt CCB) von 1507. Die Bambergensis verfolgt auch den Zweck, die einheimischen

ungelehrten Schöffen und Urteiler mit der Begrifflichkeit des gemeinen Strafrechts vertraut zu machen und trifft sich insoweit mit den Verhältnissen im gesamten Reich. Dabei knüpft sie nach Möglichkeit an herkömmliche Institute an und übernimmt etwa den *endlichen Rechtstag*, obwohl dessen pompöse Inszenierung dem rationalen inquisitorischen Verfahrensduktus fremd bleibt. Entsprechend dem gemeinen Strafrecht handelt es sich im Wesentlichen um eine Verfahrensordnung. Bei den eingestreuten materiellrechtlichen Passagen finden sich neben typisierender, narrativer und exemplifizierender ausnahmsweise bereits Ansätze zu tatbestandlicher Definitionentechnik. Prozessrechtlich imponiert das Erfordernis der Verteidigung (Art. 58, 101, 176–182). Die zuvor ungeregelte *Tortur* wird an indizielle Voraussetzungen und allgemein an das Gebot der Verhältnismäßigkeit gebunden (Art. 14, 26 ff., 71 f.), und neben dem überkommenen *Akkusationsprozess* wird die *inquisitio* von Amts wegen etabliert.

Die Überlegenheit der Bambergensis wird schnell erkannt, und von 1521 an bildet sie 98
auch förmlich die Vorlage für die Redaktion eines Reichsstrafrechts. Ihr vergleichsweise hohes rechtliches Ethos kann man schon daran ermessen, dass 1522 sich Städte sorgen, der bislang gepflogene „kurze" Prozess werde nicht mehr möglich sein und Straftäter über Gebühr geschont. 1530 scheitert eine Verabschiedung der Entwurfsvorlage am sächsischen Rechtspartikularismus, für den die Territorien des sächsischen Rechtskreises eine Privilegierung einfordern, was wiederum kurpfälzisches Prestigedenken herausfordert. Folge ist die sog. *‚salvatorische Klausel'* am Ende der Vorrede zur CCC, die „Churfürsten Fürsten und Stenden" die Fortgeltung rechtmäßig-billiger Gepflogenheiten zugesteht. Die 1532 sodann unter *Karl V.* zu Regensburg ergangene *Carolina* folgt in allen wesentlichen Partien ihrem Vorbild, was die Bambergensis zur *„mater Carolinae"* werden lässt.

Als Schöpfer der Bambergensis und damit auch der Carolina galt bislang nahezu 99
unangefochten der fürstbischöflich-bambergische Beamte Freiherr *Johann von Schwarzenberg* (1465–1528), der auch dem fürstbischöflichen Gericht vorsitzt (so noch *Schütz*, mit Abstrichen auch *Schroeder*, 139 f.). *Trusen* hat demgegenüber daran erinnert, dass ein Nichtjurist wie Schwarzenberg kaum über die juristischen Detailkenntnisse verfügt, ein solches Gesetzeswerk zu formulieren. Im Einklang mit früheren Auffassungen ist damit der Anteil gelehrter Juristen an der Redaktion der Bambergensis beträchtlich höher zu veranschlagen. Schwarzenberg bleibt der politisch führende Kopf der Strafrechtsreform, federführend bei der Redaktion dürften aber Juristen wie *von Egloffstein* und *von Rotenhan* gewesen sein. Eine Einbeziehung *von Rotenhans* in die Schlussredaktion der Bambergensis darf man fast mit Sicherheit annehmen.

b) Materielles Recht

In der Straftheorie verfolgen CCB und CCC neben absoluten auch relative Straf- 100
zwecke, wenn der Strafausspruch „nach gelegenheit vnd ergernus der vbellthat, auss liebe der gerechtigkeit vnd vmb gemeines nuzt willenn" (Art. 104 CCC) erfolgt. Die strafrechtliche Zurechnung sieht sich auf die Schuld gegründet und bemisst sich nach vorsätzlich oder fahrlässig verschuldetem Tun. Als Schuldvoraussetzung ist die Zurechnungsfähigkeit bei Jugendlichen gesondert zu untersuchen (Art. 179), und einzelne Beteiligungsformen werden auseinander gehalten (Art. 177). Auf den Hinweis bei der Notwehrregelung in Art. 140 CCC, der Notwehrer dürfe dem Angriff zuvorkommen, kommt noch der BGH (NJW 1973, 255) zurück. Für die Notwehrvoraussetzungen ist der Notwehrer beweispflichtig.

Das gemeinrechtliche Standardproblem der Notwehrtötung bei bloßer Sachwehr kehrt auch in der CCC wieder: Art. 139 entschuldigt den Notwehrer nur bei Bedrohung seines Leibs und Lebens, Art. 150 CCC die Nothilfe auch bei bloßer Sachgefahr. Die Lösung erfolgt prozessual, indem ein bewaffneter Eindringling und ein nächtlicher Dieb immer erschlagen werden dürfen. Eine gewagte Analogie betrachtet eigentümliche Sachen als prolongierte Körperteile (*Siciliano*, 117ff.; 136f.). Bemerkenswert an der Regelung der Versuchsstrafbarkeit ist die Definition als stecken gebliebene Vollendung wider Willen (Art. 178). Versuch liegt vor, wenn sich „jemand einer Missethat mit etlichen scheinlichenn [für: augenscheinlichen] Wercken, die zu volbringung der Missethat diennstlichen sein mögen, vndersteet vnnd doch ann Volbringung derselben missethat durch anndere mittell wider seinen willen verhindert wurde". Im gemeinen Recht bleibt streitig, ob Art. 178 auch den untauglichen Versuch erfasst.

101 Für die Tatbestandstechnik vorbildlich wird die beispielsweise in Art. 111 CCC für die Münzfälschung vorgenommene abstrahierende Definition (Schlagen mit fremdem Namen, Zusetzen unrechter Metalle, Gewichtsverringerung), während an anderen Stellen (Art. 146 für die fahrlässige Tötung) der exemplifizierenden Technik gefolgt wird. Überwiegend folgt die CCC der CCB bis in die Einzelheiten, enthält aber charakteristische Abweichungen. Verschiedentlich mildert sie die Straffolgen und mit Rücksicht auf die Reformation streicht sie die Ketzerei. Delikte gegen den Staat, Körperverletzung, Beleidigung und das *crimen vis* fehlen ganz (zur Weiterentwicklung Rn. 111, 122ff.). Am eingehendsten werden Tötungs- und Diebstahlsdelikte behandelt.

102 Mord und Totschlag will die Carolina mit Blick auf die Strafe klar geschieden wissen, indem Art. 137 CCC Mördern die Radstrafe vorbehält und Totschägern die mildere Schwertstrafe androht. Beide Delikte erfordern Vorsatz, der Totschläger handelt aber in affektiver Aufwallung wie Zorn und Wut, der Mörder hingegen „mutwillig", was dem „bösen Vorsatz", dem Handeln im Bewusstsein der Auflehnung gegen das Recht, entspricht. Art. 250 CCB, der für Mord Vorbedacht *(praemeditatio)* voraussetzt, wird aber nicht übernommen, dafür erhellt aus Art. 34 CCC, dass für den Mord die heimliche Begehung typisch ist, für Totschlag die tumultuöse. Mord ist damit nicht auf die vorbedachte oder heimliche Tötung beschränkt, in den allermeisten Fällen konvergieren aber Mutwille bzw. böser Vorsatz, Vorbedacht und heimliche Begehung. Raub ist römischrechtlich als gewaltsame Wegnahme zu verstehen. Den Diebstahl regeln Art. 157 bis 171 CCC. Der Dieb selbst kehrt nur als Typus wieder. Art. 171 CCC definiert aber beim Diebstahl von Gegenständen des religiösen Kultus Tatbestandsmerkmale. Unterschieden werden Erschwerungen entsprechend dem Wert des Diebsgutes, kennzeichnend ist die Heimlichkeit, auch beim „öffentlichen" Diebstahl gem. Art. 158 CCC, der den öffentlich in flagranti betroffenen Dieb behandelt. Die Wegnahme von Sachen außerhalb des engeren häuslichen Gewahrsams (Feldfrüchte, Fische, Holz) werden dem Diebstahl gleich erachtet. Die Fehde ist nur mehr von nachrangiger Bedeutung, und Art. 129 gestattet sie nur mit Bewilligung des Königs und zur Verteidigung gegen Feinde.

c) Verfahrensrecht

103 Die deutsche Form des Gerichts mit getrennter Richter- und Urteilerbank hat sich in der CCC zum neuzeitlichen einheitlichen Kollegialgericht gewandelt. Der Richter leitet nicht mehr nur die Verhandlung und erfragt das Urteil von der Schöffenbank, sondern entscheidet als Vorsitzender mit: Art. 81 CCC geht davon aus, dass sich „Richter vnnd vrtheiller mit einnander vnnderreden vnd beschliessenn, Was sy zu recht sprechenn wollen".

104 Die Carolina behandelt in kanonistisch-gemeinrechtlicher Form den Akkusationsprozess (Art. 11ff.) zwar als die ordentliche Prozessform *(processus ordinarius)*,

jedoch gibt es Anhaltspunkte dafür, dass bereits die CCC dem ursprünglich subsidiären ‚außerordentlichen' Inqusitionsverfahren *(processus extraordinarius)* den Vorrang einräumt (Art. 6 ff., 214, vgl. Rn. 77). Dafür sprechen auch praktische Erwägungen, indem z. B. der private Ankläger im Gegensatz zum öffentlichen, dem *Schultheiß* oder *Fiskal,* Sicherheit leisten und sich in Gefangenschaft begeben muss sowie zivilrechtlich für den Prozessausgang haftet (Art. 12–14, 61).

Angelpunkt bleibt das Beweisrecht. Die CCC unterscheidet nach Maßgabe des gemeinen Rechts zwischen *Haupt-* und *Hilfstatsachen (Indizien),* wobei Art. 19 CCC die weitergehende gemeinrechtliche Ausdifferenzierung zugunsten der einheitlichen Terminologie „anzeygen" aufgibt. Erstere sind unmittelbar für die Schuld- und Straffrage erheblich (z. B. die Entwendung einer Sache), letztere gestatten bloße Schlüsse auf Haupttatsachen (z. B. das Wegtragen der Beute beim Diebstahl). Der Beschuldigte kann nur verurteilt werden, wenn er Haupttatsachen gesteht oder in diesen Punkten durch zwei unbescholtene Zeugen überführt ist. Indizien genügen nicht zur Verurteilung, berechtigen aber zur Tortur (Art. 22), um so zu einem Geständnis von Haupttatsachen zu gelangen. Art. 22 schließt den reinen Indizienbeweis aller äußeren und inneren Umstände aus. Steht jedoch die äußere Seite aufgrund unmittelbarer Erkenntnis fest, lässt die Theorie einen Indizienbeweis der subjektiven Seite zu und verurteilt auf dieser Grundlage zur vollen gesetzlichen Vorsatzstrafe *(poena ordinaria).* Der über diese Konstruktion eigentlich eröffnete Weg zur freien Beweiswürdigung erledigt sich jedoch bei an sich rechtswidrig-unerlaubten Taten durch eine formale Rechtsvermutung des Vorsatzes. Bereits in Kanonistik und gemeinem Recht ist der Grundsatz anerkannt, vom Äußeren auf das Innere zu schließen. 105

Die im italienischen Recht entwickelte *praesumtio doli ex illicito actu* wird als widerlegliche Rechtsvermutung angesehen und fällt erst 1828 bei *Feuerbach,* als sich der Gedanke der freien Beweiswürdigung endgültig wieder durchsetzt. Die normative Qualität der Handlung *(actus illicitus)* spielt eine vergleichbare Rolle wie beim *versari in re illicita* (Rn. 33).

Ein Mangel der CCC bleibt, dass sie Art, Intensität und Dauer der Folter nicht reglementiert, sondern der „Ermessung eins guten vernunfftigen richters" (Art. 58) anheim stellt, die damit nur instanzgerichtlich-interlokutär kontrollierbar ist. Die maßgebliche Kautel bildet statt dessen die indizienrechtliche Bindung der Tortur an gesetzlich vorgegebene Verdachtsschwellen. Auch von praktischer Bedeutung ist dabei die in Art. 28 enthaltene Anweisung, bei Zweifeln hinsichtlich der Abwägung be- und entlastender Momente – die Tortur ist nur bei einem Überwiegen ersterer zulässig – Rat gem. Art. 219 zu suchen. 106

Das inquisitorische ist mehr noch als das akkusatorische Prozedere auf die Erlangung eines Geständnisses hin zugeschnitten: „*confessio est regina probationum*", das Geständnis ist Königin der Beweise, lautet ein zeitgenössisch nicht überliefertes Schlagwort (*Burret*, 270, vgl. Rn. 84). Verweigert der Inquisit die Ratifizierung des unter der Folter abgelegten Geständnisses oder widerruft er vor dem endlichen Rechtstag, so führt dies gem. Art. 57 zur Fortsetzung des peinlichen Prozesses samt der Folter. Der Gemeinrechtswissenschaft, der Territorialgesetzgebung (Kursachsen) und der instanziellen Interlokutsindikatur bleibt es vorbehalten, die theoretisch endlose Abfolge von erfoltertem Geständnis und Widerruf auf zwei bis drei Mal zu begrenzen. Erfolgt der Widerruf auf dem sog. endlichen Rechtstag, ordnet Art. 91 die Ratsuche an, wenn zwei Schöffen oder Richter die Ablegung des vorgängigen Geständnisses auf ihren Eid nehmen. Um Widerrufen auf dem endlichen Rechtstag zuvorzukommen, werden die Geständnisse in der Folge durch Amtspersonen verlesen. Ob Art. 69, der für den Fall, dass zwei Wissenszeugen die Tat selbst unter Beweis stellen, die Verurteilung zur peinlichen Strafe „on eynig peinlich frage" ermöglicht, gem. Art. 8 auch für den von Amts wegen zu führenden Prozess gilt, ist umstritten. Die Praxis scheut davor zurück, ohne Geständnis auf eine sog. *poena ordinaria,* eine gesetzlich vorgesehene Leibes- oder Lebensstrafe zu erkennen. Zu Rechtsfolgen bei Ausbleiben des Geständnisses äußert sich die Carolina nicht. Klag- und Laienspiegel sehen hierfür den Reinigungseid mit Eideshelfern vor. (*Burret*, 284 ff.) Die als Behelf in Betracht kommende *poena extraordinaria*, zumeist Verbannung nach Urfehde – die Art. 20 CCC als Institut kennt – wird, wie auch die absolutio ab instantia, die Entbindung von der Instanz, die bei neuen Indizien die Wiederaufnahme des Verfahrens erlaubt, werden erst später entwickelt. Dabei ist die extraordinäre eine auf Indizien gestützte Strafe, wird aber in der Wissenschaft bis heute als *Verdachtsstrafe* denunziert. Da der Begriff aber auf das moderne Verdachtsverständnis rekurriert, ist er ahistorisch und sollte aufgegeben werden (*Jerouschek*, 1992, 501).

107 Unterschieden werden allgemeine Indizien und besondere, die sich auf bestimmte Verbrechen beziehen. Die allgemeinen genügen entweder alternativ, wie bei Art. 29, wenn der Verdächtige Gegenstände auf der Flucht vom Tatort verliert, oder kumulativ, wie bei Art. 26, wo zum schlechten Leumund spezifische Motive hinzutreten müssen, zur Verhängung der Folter. Besondere Torturindizien beim – heimlichen – Mord sind gem. Art. 33, wenn der Verdächtige zur Tatzeit mit blutbeschmierten Kleidern oder Waffen gesehen wird oder wenn er die Habe des Ermordeten weiterverkauft oder noch über sie verfügt. Allgemein soll die Statuierung einer hohen Verdachtsschwelle Fehlurteilen vorbeugen. Entsprechend der gemeinrechtlichen Lehre ist ein unter der Tortur erlangtes Geständnis nur verwertbar, wenn der Beschuldigte es außerhalb der Tortur – freiwillig – ratifiziert (Art. 8, 58 f., vgl. Rn. 78).

Es wirft ein bezeichnendes Licht auf die seinerzeitigen Haftbedingungen, wenn Art. 11 dazu anhält, dass die Gefängnisse der Untersuchungshaft vorbehalten bleiben und „nit zu schwerer geuerlicher peinigung der gefangen sollen gemacht vnd zu gericht sein". Im Dienste der materiellen Wahrheit als Ziel des Prozesses steht die Anweisung, Gefängnisse so einzurichten, dass eine Absprache unter den Gefangenen verunmöglicht wird.

108 Die PGO kennt keine Rechtsmittel (zum Nullitätsverfahren vgl. Rn. 92), hält aber mit der Ratsuche gem. Art. 219 ein Behelfsmittel bereit. Die territorial sehr unterschiedlich ausgestalteten Ratsuchepflichten führen zu einer uneinheitlichen Kontrollfunktion des Ratsucheinstituts. Die Tendenz verläuft aber in Richtung einer Verstetigung (*Koch*, 70 ff.). Die Voten sind keine bloßen Ratschläge, derer sich die Untergerichte bedienen können oder auch nicht, sondern nehmen den Charakter von instanzgerichtlichen Weisungen mit Bindungswirkung an. Über die Ratsucheinstanz trägt die CCC dazu bei, dass in die Urteilsfindung vermehrt gelehrtes Recht und gelehrte Richter, sei es an Oberhöfen oder Schöppenstühlen, sei es an Rechtsfakultäten, Eingang finden. Supplikationen an den Landesherrn sind häufiger und erfolgversprechender als bislang angenommen (*Härter*, 496 f., 498, 512).

d) Strafen, Strafvollstreckung und endlicher Rechtstag

109 Sowohl die Durchführung der Folter wie auch die Vollstreckung der peinlichen Strafe kommen seit dem späten Mittelalter dem sog. *Scharf-* oder *Nachrichter*, auch *Henker* genannt, zu. Zumeist versieht er auch noch das Amt des Abdeckers. Er zählt zu den ehrlosen Berufen, sein magieträchtiger Umgang mit dem Tod und seine Kenntnis des menschlichen und tierischen Körpers machen ihn jedoch zu einem gefragten Spezialisten auf dem Gebiet der Heilkunde. Aufgrund der marginalisierten Stellung in der spätmittelalterlichen und frühneuzeitlichen Gesellschaft bilden sich regelrechte Scharfrichterdynastien heraus. Archivalisch firmiert er zumeist lediglich als ‚Meister'. Sein Gestaltungsspielraum bei der Durchführung der Tortur wird noch im 16. Jh. durch Richterrecht und Ratsucheinstanzen nach Graden reglementiert. Ihm zeitgenössisch attestierte Charaktermängel wie Alkoholismus und Grausamkeit bis hin zum Sadismus sind mentalitätsgeschichtlich noch unzulänglich erforscht. Da die Arbeit an der Richtstätte nach verbreiteter Ansicht in der Bevölkerung ehrenrührig ist, müssen Art. 215 ff. CCC die beteiligten Berufe zu den Arbeiten verpflichten. Die

angenommene Kontaminierung geht auf magisches Denken zurück. Bei der vielfach kolportierten Scharfrichtermaske handelt es sich um eine Legende.

Die öffentliche Verkündung des Urteils und die Vollstreckung der peinlichen Strafe 110 findet auf dem *endlichen Rechtstag* statt (vgl. Rn. 66). Die von der CCB gegen diese Institution der vormodernen Strafrechtspflege geltend gemachten Vorbehalte werden von der Carolina nicht übernommen. Gem. Art. 79 ist dem Inquisiten bzw. Beklagten der Vollstreckungstermin drei Tage vorher zu verkünden, damit er in sich gehe. Der endliche Rechtstag vollzieht sich gemäß einem regelrechten Ritual, und der Vollzug der peinlichen Strafe wird festlich zelebriert. Wie in einer Prozession bewegen sich Vertreter der Obrig- und Geistlichkeit, Amtsleute sowie Abordnungen von Zünften zur außerhalb der Stadt gelegenen Richtstätte. Bei qualifizierten Todesstrafen wird der oder die Hinzurichtende auf einem Karren oder einer eigens hierfür angefertigten Schleppvorrichtung zur Richtstätte geschleift und dabei vom Scharfrichter mit glühenden Zangen gezwickt. Der endliche Rechtstag vermittelt ein archaisches Gepräge und versteht sich als anthropologisches Datum vor dem Hintergrund der Kategorie des Festes. Je nach Herkommen können auf zur Schau gestellte fußfällige Bittrituale hin Gnadenerweise erfolgen, das Erbieten einer Jungfrau, den Todgeweihten zu ehelichen, kann sein Leben retten, ebenso ein Fehlschlag des Scharfrichters. Die Inszenierung des „Theaters des Schreckens" *(van Dülmen)* verweist auf eine hochgradig ambivalente affektive Besetzung des Vorganges, und der Richter muss gem. Art. 97 CCC der schaulustigen Menge des Nachrichters Friede gebieten, um zu verhindern, dass sie einen Fehlschlag des Nachrichters gewalttätig-tumultuös vergilt.

An peinlichen Strafen hält die CCC Feuerstrafe, Schwerstrafe, Vierteilung, Rädern, Galgen, Ertränken und lebendig vergraben bereit, an Körperstrafen, die am Pranger zu vollstrecken sind, das Abschneiden der Zunge, Abhauen der Finger, Abschneiden der Ohren und Rutenstreiche bereit. Todesstrafen können durch Schleifen an die Richtstätte und Reißen mit glühenden Zangen verschärft werden.

e) Fortwirkung der CCC

Die CCC fügt sich in eine Reihe von Strafrechtsgesetzgebungen ein, die im 16. Jh. 111 erlassen werden. 1539 ergeht in Frankreich die „Ordonnance sur le fait de la Justice", gewöhnlich nach dem Ort ihres Erlasses Villers-Cotterêts benannt, für die spanischen Niederlande erlässt König *Philipp II.* 1570 seine Kriminalordonnanzen und Königin *Maria* 1554/55 Statuten für England (vgl. *Maes,* 207 ff.; *Langbein,* 5 ff.). Trotz der salvatorischen Klausel, die in weitem Umfang die Fortgeltung territorialen Rechts gewährleisten muss, findet die Carolina nach und nach in den weitaus meisten deutschen Territorien Anerkennung und gerät zur „Klammer, die die weitere Entwicklung des Strafrechts in Deutschland zusammenhielt" (*v. Weber,* 305). Überwiegend wird sie formell eingeführt, mitunter erfolgt ihre schlichte Anschaffung oder Übersendung an die Gerichte (*Härter,* 133, 176). Für die gemeine Strafrechtswissenschaft bedeutet sie zunächst aber wenig mehr als eine respektable weitere Quelle des gemeinen Rechts.

Unmittelbar beeinflusst sind die Kursächsischen Konstitutionen von 1572, deren Systematik dem Dekalog folgt, die Steirische Landgerichtsordnung von 1574 und noch die Ordnungen für Österreich unter der Enns sowie ob der Enns von 1656 bzw. 1675 (*Hellbling,* 182 ff.). *Litewski* zeigt am Beispiel des preußischen Landrechts von 1620, wie das Verfahren auf der Carolina und *Damhouders Praxis* beruht, dabei dem Akkusationsprozeß größere Bedeutung zumisst, und aus dem römischen Recht insbesondere die legale Beweistheorie übernimmt. Im Strafrecht, dessen Systematik auch auf den Dekalog gegründet ist, herrschen öffentliche und peinliche Strafen. Auch die Kriminalordonnanzen für die spanischen Niederlande nehmen sich die CCC zum Vorbild und betonen den inquisitorischen processus extraordinarius (*van de Vrugt,* 175 ff.). Der russische Kodex von 1649 zeigt unmittelbare Verwandtschaft mit der CCC in der Straftheorie und Betonung der Talion (*Kwiatkowska*, 143 ff.); Polen bildet im 16. Jh. einen aus akkusatorischen und inquisitorischen Elementen gemischten Prozess aus (*Mikołajczyk*, 136).

112 Die hervorragende Bedeutung des sächsischen Partikularrechts für die Strafrechtsentwicklung über den kursächsischen und sogar deutschen Rechtskreis hinaus unterstreichen die *Kursächsischen Konstitutionen* von 1572. Mit ihnen sollten Widersprüche in der Rechtsprechung der kursächsischen Rechtsfakultäten Wittenbergs und Leipzigs bereinigt werden. Im Gegensatz zur Carolina legen sie bei der strafrechtlichen Sanktionierung von *Zauberei* und *Hexerei* den Schwerpunkt auf die Apostasie, den Abfall von Gott und nicht mehr auf den angerichteten Schaden. Diese spiritualisierte Sicht der Hexerei beruft sich auf den Sachsenspiegel und knüpft an frühere rechtstheologische Konzeptionen an. Sie wird vom Reichskammergericht geteilt und setzt sich schließlich als gemeinrechtliche communis opinio nicht nur deutschland-, sondern europaweit durch (vgl. Rn. 144 ff.). Im Abtreibungsrecht verlassen die kursächsischen Konstitutionen den Standpunkt der Carolina, den Feten vom 40./80. Tag nach der Empfängnis für beseelt und belebt zu halten, und führen als Belebungsdatum die Schwangerschaftsmitte ein. Diese Abkehr vom gemeinen Recht verfolgt forensisch pragmatische Zwecke, indem von diesem Zeitpunkt an vermutet wird, die Schwangere habe von der Schwangerschaft Kenntnis gehabt. Auch diese Rechtsfortbildung durch die kursächsischen Kontitutionen findet im späten Gemeinrecht verbreitete Anerkennung.

§ 2. Die forensische Praxis

1. Allgemeine Lehren

Quellen: *Damhouder*, Praxis Rerum Criminalium (1555), 1616; *v. Boehmer*, Elementa jurisprudentiae criminalis, 1732, Nachdr. (d. 3. Aufl. 1743) 1996; *Carpzov*, Practica nova imperialis saxonica rerum criminalium, Tl. 1–3 (1635), 9. Aufl. 1695; Decianus Tractatus criminalis, 1590; Theodoricus Judicium Criminale (1618), Nachdr. (d. Ausg. 1671) 1996.

Literatur: *Boehm*, Der Schöppenstuhl zu Leipzig und der sächsische Inquisitionsprozeß im Barockzeitalter, ZStW 61 (1942), 300 ff.; *Boldt*, Johann Samuel Friedrich von Boehmer und die gemeinrechtliche Strafrechtswissenschaft, 1936; *Bollmann*, Die Stellung des Inquisiten bei Carpzov, 1963; *Dersch*, Begünstigung, Hehlerei und unterlassene Verbrechensanzeige in der gemeinrechtlichen Strafrechtsdoktrin, Diss. 1980; *Ebert*, Carpzov und Theodoricus: Zeitgenossen und wissenschaftliche Antipoden, in: *Jerouschek* et. al., 2000, 73 ff.; *ders.*, Die Strafvereitelung, ZRG GA 113 (1993), 1 ff.; *Falk*, Zur Geschichte der Strafverteidigung, ZRG GA 2000, 395 ff.; *Grunert*, Die Unterscheidung zwischen delictum publicum und delictum privatum in der spanischen Spätscholastik, in: *Schlosser/Sprandel/Willoweit* (Hg.), Herrschaftliches Strafen seit dem Hochmittelalter, 2002, 421 ff.; *Jerouschek/Schild/Gropp*, Benedict Carpzov, 2000; *Jerouschek*, Die Fürstlich-Magdeburgischen Schöppen zu Halle und der Hexenprozeß, FS Trusen, 1994, 273 ff.; *Koch*, Denunciatio, 2006; *Lück*, Benedict Carpzov (1595–1666) und der Leipziger Schöppenstuhl, in: *Jerouschek* et. al. 2000, 55 ff.; *Malblank*, Geschichte der Peinlichen Gerichts-Ordnung Kaiser Karls V., 1783; *Oehler*, Wurzel, Wandel und Wert der strafrechtlichen Legalordnung, 1950; *Rüping*, Carpzov und Thomasius, in: *Jerouschek* et. al. 2000, 81 ff.; *Schaffstein*, Die allgemeinen Lehren vom Verbrechen in ihrer Entwicklung durch die Wissenschaft des gemeinen Strafrechts, 1930, Neudr. 1973; *ders.*, Die europäische Strafrechtswissenschaft im Zeitalter des Humanismus, 1954; *Wilde*, Die Zauberei- und Hexenprozesse in Kursachsen, 2003.

113 Die gemeinrechtliche Theorie führt die allgemeinen Lehren wesentlich weiter. Ihre Ausbildung wird von verschiedenen Tendenzen getragen: zunächst von Auswirkungen des *Humanismus*, dann von der auf das Praktische gerichteten Persönlichkeit

Carpzovs und schließlich durch den *usus modernus.* Zum Ausklang der Ära des gemeinen Rechts setzt sich naturrechtliches Denken durch. Der Humanismus wirkt sich, ungeachtet seiner allgemeinen Bedeutung für die Rechtswissenschaft, im Strafrecht nur sekundär aus: in der *zunehmenden Begrifflichkeit* und einer *relativen Straftheorie.* Die Tendenz zur begrifflichen Entfaltung des Rechts wird sichtbar bei dem Italiener *Tiberius Decianus* (1509–1582). Er deduziert als erster systematisch allgemeine und besondere Lehren und zählt deshalb nach *Schaffstein* zu den bedeutendsten Juristen in der Geschichte der Rechtswissenschaft.

Das 1590 postum erschienene Hauptwerk des *Decian,* der *Tractatus criminalis,* entwickelt wesentliche Fragen des allgemeinen Teils aus der Bestimmung: „delictum est factum hominis ... dolo vel culpa a lege vigente sub poena prohibitum, quod nulla iusta causa excusari potest" (Delikt ist die Tat eines Menschen, vorsätzlich oder fahrlässig begangen, vom geltenden Recht unter Strafe verboten, aus keinem zureichenden Grund gestattet). Im Besonderen Teil werden Delikte nach der Angriffsrichtung und dem Täter geordnet (*Oehler* 1950, 40).

Didacus Covarruvias (1512–1577, zuletzt Bischof von Segovia und Präsident des 114
Rates von Kastilien), beeinflusst die allgemeinen Lehren durch die aus der thomistisch-kanonistischen Tradition erwachsene Begrifflichkeit und speziell in der Frage der voluntas indirecta. Sachlich, etwa in der Bestimmung der Strafe als Vergeltung, gehört er der spanischen Spätscholastik an, die in *Julius Clarus* (zu seiner Bedeutung *Koch,* 64 f.) und *Farinacius* ein Scharnier mit der italienischen Doktrin hat (*Grunert,* 422). Der Humanismus entnimmt dagegen der Antike, namentlich *Platos* „Nomoi", eine relative Straftheorie. Sie findet sich zuerst bei *Andreas Tiraquellus* (um 1480–1558, seit 1541 im Pariser Parlament) und beeinflusst später *Grotius.* Deutschlands Beitrag zum Humanismus im Strafrecht liegt im Judicium criminale (1618) des *Petrus Theodoricus* (1580–1640), zu dessen Hörern in Jena *Carpzov* zählt. Er begründet die präventiven Strafzwecke rationalistisch-areligiös (*Ebert,* 2000, 77 f.) und entwickelt unter diesem Gesichtspunkt eine Strafzumessungslehre.

Nach *Theodoricus* werden Strafen verhängt „ad emendationem, ad publicam tranquillitatem conservandam, ad alios per huiusmodi exemplum a consimili animi perversitate deterrendos nec non in solatium offensorum" (zur Besserung, zur Erhaltung der allgemeinen Sicherheit, zur beispielhaften Abschreckung anderer von entsprechender Verderbnis und auch zur Genugtuung der Verletzten). Sein Systematisierungsansatz, dem BT einen AT voranzustellen, wird erst nach *Carpzov* wieder aufgenommen (*Ebert,* 2000, 76).

Doch setzt sich zunächst die empirisch-praktische Richtung des gemeinen Rechts 115
durch. Sie verkörpert sich im bedeutendsten deutschen Juristen dieser Epoche, *Benedict Carpzov* (1595–1666, seit 1623 Beisitzer, 1633 Senior des Leipziger Schöppenstuhls, 1636 Assessor am Leipziger Oberhofgericht und Schöppe bis zu seinem Tod). Seine überdauernde Bedeutung liegt darin, dass er das gesamte am Schöppenstuhl bis dahin aufgelaufene Fallmaterial systematisch und mit Rücksicht auf die sächsische Praxis aufbereitet und mit dem Carolinischen Reichsrecht abgleicht. Ob der dadurch erreichte methodische Fortschritt zu dem Urteil berechtigt, *Carpzov* stehe am Beginn einer deutschen Strafrechtswissenschaft, ist fraglich, weil *Carpzovs* kriminalistisches Werk sich allein an den Bedürfnissen der forensischen Praxis ausrichtet. Prinzipien der Ordnung, materiale Inhalte und praktische Stellungnahmen sind uns fremd geworden und geschichtlich durch das kritisch orientierte Naturrecht der Aufklärung überholt.

Carpzovs Denken wurzelt im orthodoxen Luthertum seiner Zeit, das, gegen den Humanismus gerichtet, einem theokratischen Ansatz entgegenkommt. *Carpzovs* persönliche Erfahrung ist durch den 30-jährigen Krieg, Seuchen, Hungersnot, das Wegsterben der Kinder und die schwedische Besatzung geprägt. Die verhärtete Frontstellung innerhalb der Reformation zwischen Lutheranern, Calvinisten und Zwinglianern führt zu einer besonders unnachsichtigen Haltung vermeintlichen Glaubensfeinden gegenüber im Besonderen und zu einem autoritären Strafrechtsverständnis im Allgemeinen. Gott als vornehmster Schöpfer des Rechts hat seinen Willen in der Bibel, speziell im mosaischen Recht, geoffenbart. Die lex naturae bezeichnet bei *Carpzov* nicht die rationale Vernunfteinsicht des profanen Naturrechts, sondern steht für das nichtgeoffenbarte göttliche Recht und ergänzt die lex divina. *Carpzov* setzt eine nach diesen Normen bewusste Erkenntnis der Strafwürdigkeit voraus. Entsprechend bedeutet das positive Gesetz nur eine mit anderen konkurrierende Rechtsquelle. *Carpzov* an dem rechtsstaatlichen Gebot nullum crimen, nulla poena sine lege zu messen, wäre ahistorisch. In der Verbrechenssystematik führt der theokratische Ansatz zu dem Versuch, Delikte nach dem Dekalog zu ordnen, zur Strafschärfung bei Sittlichkeitsdelikten und zur Bemessung der Straffolgen an der Talion. Womöglich verdankt *Carpzovs* Werk mehr seinem mit ihm verschwägerten Vorläufer *Berlich* als es den Anschein hat.

116 In der Schlussphase des gemeinen Rechts trägt das naturrechtliche Denken die Tendenz zur Systematisierung weiter, während sich die kritischen Inhalte des Naturrechts erst später Bahn brechen. Methodisch machen das Naturrecht nutzbar *Antonius Matthaeus* (1601–1654) und der nach *Carpzov* bedeutendste Vertreter des gemeinen Rechts, *Johann Samuel Friedrich von Boehmer* (1704–1772). Er schafft mit den *Elementa iurisprudentiae criminalis* (1732) das erste Lehrbuch des Strafrechts von wissenschaftlicher Bedeutung.

117 Bereits der durchaus pragmatische *Thomasius* (*Rüping,* 86) stilisiert *Carpzov* zu seinem rückschrittlichen Gegner hoch (*Jerouschek,* et al. 2000, 12), und vor allem die späte Aufklärung verdunkelt – ahistorisch – sein Bild vollends. Er gerät zum Inbegriff eines grausam-inhumanen Strafrechts, und *Malblank* qualifiziert ihn als „unvergessliches Denkmal des menschlichen Unsinns" ab. Die auf *Oldenburger* zurückgehende Legende, die *Carpzov* 20.000 Todesurteile gegen Hexen anlastet, ist widerlegt (vgl. *Boehm; Wilde,* 417 ff.), auch wenn die meisten der in die Tausende gehenden Schöppensprüche, an denen *Carpzov* mitgewirkt hat (*Lück,* 66), nicht erhalten sind. Überdies gibt es Anhaltspunkte dafür, dass *Carpzovs* persönliche Judikatur in Hexensachen restriktiver verfährt als seine Theorie nahe legt (*Jerouschek,* 283). Bemerkenswert ist *Carpzovs* entschiedenes Eintreten für den *favor defensionis* und das Recht des Angeklagten auf Verteidigung, was insoweit ein Gegengewicht zum Verfolgungsgrundsatz *„ne crimina remaneant impunita"* bildet. Aus naturrechtlichen Grundsätzen heraus folgt für ihn, dass auch dem Teufel, so er straffällig würde, das Recht auf Verteidigung gebühre (*Falk,* 412 f.).

118 Fasst man die hauptsächlichen Ergebnisse zusammen, wertet das gemeine Recht das Verbrechen als rechtswidriges und schuldhaftes menschliches Verhalten. Sowohl der einzelne als auch ein Kollektiv (universitas) kann verantwortlich sein. Strafbares Verhalten schließt das grundsätzlich milder bestrafte Unterlassen ein; echte und unechte Unterlassungsdelikte werden erst im 19. Jh. begrifflich geschieden. Eine zusammenfassende Lehre der Rechtswidrigkeit fehlt, da Rechtfertigungs- und Schuldausschließungsgründe dogmatisch nicht geschieden werden. Häufige Erwähnung finden Notwehr und Notstand; ihre Voraussetzungen sind weitgehend geklärt.

Die Theorie arbeitet z. B. schon die Verhältnismäßigkeit deutlich heraus, verbleibt dabei aber stets innerhalb der Tötungsdelikte. Erst Ende des 18. Jhs. begegnet die Notwehr als Institut des Allgemeinen Teils. Der Notstand wird am Diebstahl entwickelt: Seit der Kanonistik erscheint hiernach nicht strafbar, wer sich einer Sache bemächtigt, um sein Leben zu retten (*Carbasse,* 291).

119 Deutlich erscheint die Schuld (*culpa* im weiteren Sinn) als Voraussetzung der Strafbarkeit. Sie fordert Zurechnungsfähigkeit nach den Grundsätzen der italienischen Lehre, entfällt z. B. wegen jugendlichen Alters und wird bei verschuldeter Unzurechnungsfähigkeit über die Rechtsfigur der *actio libera in causa* als Form des Vorverschuldens bejaht. Schuldarten sind Vorsatz *(dolus)* und Fahrlässigkeit (*culpa* im engeren Sinne),

die konstitutiv für eine Verurteilung sind. Der Irrtum über tatsächliche Umstände, nicht der *error in objecto* und die *aberratio ictus* bei gleichwertigen Tatobjekten, schließen den Vorsatz aus. Er enthält als *dolus malus* auch das Bewusstsein der Rechtswidrigkeit, doch hindern Beweisregeln und Vermutungen eine permissive Berufung auf Verbotsirrtümer. Die fahrlässige Verwirklichung eines Delikts gilt neben der vorsätzlichen allgemein als strafbar, wird jedoch als quasi-delictum milder bestraft.

Das gemeine Recht sieht sich wie bereits die italienische Lehre vor die Aufgabe gestellt, die kriminalpolitisch erwünschte Haftung für zufällige Erfolge mit dem Dogma der Willensschuld zu vereinbaren. Die Entwicklung verläuft in vier Stadien. Die Theorie setzt an bei der als *„doctrina Bartoli"* bekannten Konstruktion. Danach haftet der Täter bei einer *res illicita* für zufällige Folgen, wenn der Erfolg erfahrungsgemäß aus der Vortat entstehen kann. Als nächsten Schritt konstruiert *Covarruvias* eine eigentliche Willensschuld. Ist die Handlung objektiv gefährlich, „will" der Täter mittelbar auch alle nach allgemeiner Erfahrung aus ihr resultierenden Erfolge *(dolus indirectus). Carpzov* verbindet dann den ursprünglichen versari-Gedanken mit der Bildung eines *dolus indirectus* und prägt in dieser Form die gemeinrechtliche Lehre. Er will in allen Totschlagsfällen die *poena ordinaria* ermöglichen, die mildere Bestrafung der fahrlässigen Tötung als quasi-delictum vermeiden und weitet deshalb den Begriff des Vorsatzes aus: Der (in unseren Kategorien) fahrlässig herbeigeführte Erfolg ist „indirekt" gewollt, wobei das normative Kennenmüssen die reale Kenntnis ersetzt. Die Gemeinrechtswissenschaft greift hier auf von der Thomistik entwickelte Grundsätze der *intentio directa* bzw. *indirecta* zurück, die von der spanischen Spätscholastik juristisch transformiert werden. Besonders *Boehmer* fordert eine aktuelle „Einwilligung" in den Eintritt der konkreten Folge und führt zur Umschreibung den Begriff des *dolus eventualis* ein. Erst das Naturrecht überwindet die Lehre vom *dolus indirectus* ganz. In England beseitigt der Homicide Act von 1957 die Annahme eines *„constructive malice"*. 120

Das gemeine Recht bildet Begriff und Voraussetzungen des Versuchs näher aus und straft ihn bei allen Delikten, jedoch milder (*Damhouder,* 124 f.). Der untaugliche Versuch wird nur anlässlich einzelner Tatbestände erörtert und meist mit der subjektiven Theorie als strafbar angesehen. Die aus dem italienischen Recht bekannten Formen der Beteiligung erscheinen seit *Pufendorf* systematisiert. Täterschaft und Teilnahme werden im Sinne der modernen formal-objektiven Theorie danach geschieden, ob der Beteiligte eine tatbestandsmäßige Handlung vornimmt. Die für die Haupttat nicht kausale nachträgliche Unterstützung (auxilium post factum) verselbständigt sich zu Begünstigung und Hehlerei (*Ebert,* 1993). 121

2. Einzelne Straftaten

Literatur: *van Dülmen,* Frauen vor Gericht, 1991; *zu Dohna,* Erpressung und Betrug seit dem Zeitalter der Aufklärung, FS Zycha 1941, 469 ff.; *Drda,* Die Entwicklung der Majestätsbeleidigung in der Österreichischen Rechtsgeschichte, Diss. 1992; *Gleixner,* Der Mensch und der Kerl, 1994; *Janßen,* Der Diebstahl in seiner Entwicklung von der Carolina bis zum Ausgang des 18. Jahrhunderts, Diss. 1969; *Jerouschek,* Lebensschutz und Lebensbeginn, 2. Aufl. 2002; *Kausch,* Die Entwicklung des Falsum von der Carolina bis zur Partikulargesetzgebung der Aufklärung, Diss. 1971; *Kluge,* Eyn noch nit lebendig kindt, 1986; *Kretzschmer,* Der Grab- und Leichenfrevel als strafwürdige Missetat, Diss. 2002; *Kröner,* die vorsätzlichen Tötungsdelikte in ihrer Entwicklung von der Carolina bis zum Ausgang des 18. Jahrhunderts, Diss. 1958; *Landmesser,* Der Raub der Carolina bis zum Bayerischen Strafgesetzbuch von 1813, Diss. 1966; *Recktenwald,* Verbrechen gegen die öffentliche Ordnung in Kursachsen zur Zeit Benedict Carpzovs, Diss. 1956; *Schaffstein,* Vom Crimen vis bis zur Nötigung, FS Lange, 1976, 983 ff.; *ders.,* Das Delikt des Stellionatus in der gemeinrechtlichen Strafrechtsdoktrin, FS Wieacker, 1978, 281 ff.; *ders.,* Studien zur Entwicklung der Deliktstatbestände im Gemeinen Deutschen Strafrecht, 1985; *ders.,* Die vorsätzlichen Tötungstatbestände im Gemeinen Deutschen Strafrecht, in: Abh. zur Strafrechtsgeschichte, 1986, 103 ff.; *ders.,* Verräterei und Majestätsdelikt in der gemeinrechtlichen Strafrechtsdoktrin, FS W. Weber, 1974, 53 ff.; *Schuster,* Das Frauenhaus, 1992; *Ulbricht,* Kindsmord und Aufklärung in Deutschland, 1990; *Valentinitsch,* Zur Geschichte des Kindsmordes in Innerösterreich, FS Baltl 1988, 573 ff.; *Wächtershäuser,* Das Verbrechen des Kindesmordes im Zeitalter der Aufklärung, 1973; *Wittrock,* Abtreibung und Kindesmord in der neueren deutschen Literatur, 1978.

122 Die Theorie unterscheidet *Mord* und *Totschlag* zunächst nicht generell, sondern behandelt aus dem römischen Recht bekannte Einzelfälle der Tötung. Erst Ende des 18. Jhs. ist das bereits in Art. 250 CCB vorkommende Kriterium der Überlegung anerkannt, doch verbindet es sich mit dem dolus malus und ethisch fundierten Qualifikationsmerkmalen nach dem Grad der Vorwerfbarkeit. Unter die Tötung fallen auch der *Selbstmord* (mit der Folge der Vermögenskonfiskation) und die *Abtreibung.*

Die *communis opinio* hält zunächst an der mittelalterlich-gemeinrechtlichen Auffassung fest, die männliche Leibesfrucht vom 40. Tag nach der Empfängnis für belebt zu halten, die weibliche vom 80. Tag an. In Folge der kursächsischen Konstitutionen von 1572 setzt sich die Auffassung der Schwangerschaftsmitte als maßgebliches Belebungsdatum durch (vgl. Rn. 112). Die vom kanonischen Recht herrührende Fristenlösung im Rahmen des Abtreibungsverbots sieht sich damit fortgeschrieben.

123 Im englischen Recht bezeichnet *murder* im Unterschied zu manslaughter die Tötung mit Vorbedacht, im französischen *meurtre* (im Sinne des heutigen Assassinat). Nach den Rechtsgewohnheiten der Coutumes gilt eine Körperverletzung als Tötung, wenn das Opfer innerhalb von 40 Tagen nach der Tat stirbt; bei der Selbsttötung findet nach der Ordonnance Criminelle von 1670 ein Prozess gegen den Leichnam statt (*Carbasse,* 275, 281, 262).

124 Das spektakuläre und auch wissenschaftlich ertragreiche Forschungsgebiet der Hexenverfolgungen hat den Blick dafür getrübt, dass es daneben auch den Bereich der ‚ordinären' Kriminalität gibt. Hier bildet der Kindsmord ein weiteres Schlüsseldelikt für die frühe Neuzeit. Wird im späten Mittelalter von der Kindstötung, von moralischen und rechtstheologischen Stellungnahmen einmal abgesehen, wenig Aufhebens gemacht, so ändert sich dies im 16. Jh. Zumeist sind es die Ängste vor den Folgen unehelicher Schwangerschaften, die die Kindsmutter zur Tötung des Neugeborenen motivieren. Die uneheliche Mutter wird mittels Kirchenstrafen und weltlichen Sanktionen sozial diskriminiert und weiß sich, namentlich im unterschichtlichen Bereich, um ihre Heiratschancen gebracht. Ansonsten bestehen wenigstens kaum Aussichten auf Eingehung einer standesgemäßen Ehe. Die ungleichen Sanktionen in praxi für den Schwängerer und die Geschwängerte (vgl. Rn. 43) unterlaufen die präventive Wirkung der Strafandrohungen.

Womöglich steht die Zahl unehelicher Schwangerschaften auch mit der Kriminalisierung der Prostitution und Schließung der öffentlich konzessionierten Bordelle, der sog. *Frauenhäuser* (hierzu umfassend *Schuster*) seit der Reformation in Zusammenhang. Zuvor war die Prostitution auf augustinischer Linie als notwendiges Übel geduldet worden.

125 Erst die Aufklärung erkennt den dilemmatischen Zusammenhang zwischen rigider Stigmatisierung unehelicher Schwangerschaften und dem dadurch provozierten Nötigungsdruck, die Frucht abzutreiben oder das Neugeborene zu töten, um der Schande zu entgehen. Abtreibung und Kindstötung können angesichts der Sozialkontrolle dörflicher und städtischer Gemeinschaften kaum geheim bleiben *(Gleixner).*

126 Die *Beleidigung* richtet sich gegen die Ehre als äußere Dignität und kann daher auch Geisteskranke, Körperschaften sowie Tote (gleichzeitig die Erben) treffen. Verbal- und Realinjurien stehen gleich. Seit *Thomasius* löst sich die Körperverletzung von der tätlichen Beleidigung, die im römischen Recht den Oberbegriff bildet. Der Vorsatz *(animus iniuriandi)* wird, entsprechend dem für die Tötung Dargelegten, bei an sich unrechtmäßigen Handlungen vermutet (z. B. nicht bei bloßen Unhöflichkeiten).

Zusammenfassend betrachtet, erfasst das gemeine Recht mit dem *Diebstahl* im engeren Sinn die Wegnahme aus fremdem Gewahrsam, während zum Diebstahl im weiteren Sinn Fälle des Betrugs, der Untreue, Hehlerei und vor allem – wie im römischen Recht – der Unterschlagung zählen. Erst *Kleinschrod,* später *Feuerbach* sehen im Diebstahl ein Zueignungsdelikt; die bloße Gebrauchsanmaßung *(furtum usus)* genügt nicht. Für den Raub setzt sich die in der Carolina rezipierte Deutung des römischen Rechts als gewaltsame Wegnahme durch, seit *Boehmer* beschränkt auf Gewalt gegen Personen. 127

Die CCC nennt fünf Einzelfälle des crimen falsi (Art. 11–15), doch rezipiert die Theorie den weiten Begriff des italienischen Rechts. Davon ausgehend erörtert sie das falsum bei Verträgen (Doppelverkauf), durch Worte (falsche Anschuldigung, falsches Zeugnis, Rechtsbeugung), durch Schriftstücke (Urkundsdelikte), durch tatsächliche Handlungen (Münzdelikte) und durch Missbrauch (falsche Titel und Namen). Erst im 19. Jh. trennen sich die Sachfälschung (vgl. heute § 267 I StGB) und der Betrug als Schädigung durch Täuschung (vgl. § 263 I StGB). Das preußische StGB von 1851 sondert weiter die Aussage-, Rechtspflege- sowie Münzdelikte und bestimmt damit noch die heutige Anordnung. Die *Nötigung* als Angriff auf die Entscheidungsfreiheit entsteht erst Ende des 18. Jhs. unter dem Einfluss der Aufklärung und begegnet in dieser Form in Territorialrechten des 19. Jhs. Das gemeinrechtliche *crimen vis* erfasst als Auffangtatbestand Angriffe gegen die öffentliche Sicherheit und den allgemeinen Frieden: unerlaubte Selbsthilfe, Wegelagerei, Hausfriedensbruch. 128

3. Verfahren

Quellen: *Carpzov,* Practica nova imperialis saxonica rerum criminalium, Tl. 1–3 (1635), 9. Aufl. 1695; *Laufs,* Der jüngste Reichsabschied von 1654, 1975.

Literatur: *Bellamy,* Crime and Public Order in England in the Later Middle Ages, 1973; *Boes,* Crime and punishment in the city of Frankfurt am Main from 1562 to 1696, Diss. phil. 1989; *Döring,* Der Anklage- und Inquisitionsprozeß bei Carpzow, Diss. 1935; *Drüppel,* Iudex Civitatis, 1981; *Fiorelli,* La tortura giudiziaria nel diritto commune, Bde.1, 2, 1953, 1954; *Härter,* Zum Verhältnis von Policey und Strafrecht bei Carpzov, in: *Jerouschek/Schild/Gropp,* Benedict Carpzov, 2000, 181 ff.; *Hilger,* Begriff und Verfahren des summarischen Kriminalprozesses, Diss. 1963; *Ignor,* Geschichte des Strafprozesses in Deutschland 1532–1846, 2002; *Jerouschek,* Friedrich von Spee als Justizkritiker, in: ZStW 108 (1996), 243 ff.; *Kleinheyer,* Zur Rolle des Geständnisses im Strafverfahren des späten Mittelalters und der frühen Neuzeit, Conrad zum Gedächtnis 1979, 367 ff.; *Kolmer,* Ad capiendas vulpes, Diss. 1982; *Landwehr,* „… das ein nachbar uff den andern heimblich achtung gebe“, in: *Ross/Landwehr* (Hg.), Denunziation und Justiz, 2000, 25 ff.; *Lenman/Parker,* The State, the Community and the Criminal Law in Early Modern Europe, in: Crime and the Law, 1980, 11 ff.; *Oehler,* Zur Entstehung des strafrechtlichen Inquisitionsprozesses, H. Kaufmann zum Gedächtnis 1986, 847 ff.; *Paulus,* Rechtsstaatliche Übermaßverbote im gemeinrechtlichen Inquisitionsprozeß, FS Trusen, 1994, 285 ff.; *Poppen,* Die Geschichte des Sachverständigenbeweises im Strafprozeß, Diss. 1984; *Rublack,* Frühneuzeitliche Staatlichkeit und lokale Herrschaftspraxis in Württemberg, in: Zs. f. hist. F. 24 (1997), 347 ff.; *Sbriccoli,* Crimen laesae maiestatis, 1974; *Eb. Schmidt,* Inquisitionsprozeß und Rezeption, FS Siber, Bd. 1, 1941, 99 ff.; *Schmoeckel,* Benedict Carpzov und der sächsische Prozeß, ZRG GA 2009, 1 ff.; *Schnabel-Schüle,* Überwachen und Strafen im Territorialstaat, 1997; *Schünke,* Die Folter im deutschen Strafverfahren des 13. bis 16. Jahrhunderts, Diss. 1952; *Skedl,* Die Nichtigkeitsbeschwerde in ihrer geschichtlichen Entwicklung, 1886; *Spieß,* Rüge und Einung, 1988; *Trusen,* Der Inquisitionsprozeß, ZRG KA 105 (1988), 168 ff.; *Zopfs,* Der Grundsatz „in dubio pro reo“, 1999.

In der Theorie bezeichnet der Anklageprozess, der entgegen *Eb. Schmidt* nicht nur ein verkapptes Inquisitionsverfahren darstellt, traditionell bis in das 18. Jh. das reguläre Verfahren *(processus ordinarius).* In der Praxis dagegen herrscht der Inquisitionsprozess, wie *Carpzov* für das 17. Jh. ausdrücklich bestätigt, für den mit dem Torturinterlokut ein akkusatorisch begonnener Prozess in einen inquisitorischen übergeht. Das stark formalisierte Beweisrecht lässt für den Grundsatz *„in dubio pro reo“* nur 129 dort Raum, wo Verfahrensschritte der freien Beweiswürdigung offen stehen (*Zopfs*, 138 für die CCC). Die Gemeinrechtswissenschaft behält seine Geltung kasuistisch entwickelten Konstellationen vor, in denen er dem Inquisiten den status quo ante belässt (*ebd.*, 233 f.). Dies gilt vor allem für das Torturinterlokut (*ebd.*, 241, 247, 261). Wegweisend für das moderne Verständnis wird der vom gemeinen Recht her argumentierende Friedrich von Spee (ebd., 244 ff.; *Jerouschek*, 261). Ausgangspunkt ist die Frage nach der Gewichtung der be- und entlastenden Indizien bei der Entscheidung über die Tortur. Hier radikalisiert von Spee das bereits zugunsten des Inquisiten gewichtete Verhältnis (vgl. Rn. 106).

Die gemeinrechtliche Theorie kennt zahlreiche Immunitäten von der Folter, z. B. für Adelige, Kleriker und Doktoren der Rechte (*Fiorelli*, Bd. 1, 299 ff.). In der Praxis ist die Folter keineswegs die Regel (nach *Boes*, 362 kommen 1561–1696 in Frankfurt/Main 636 Fälle auf 1338 Verurteilungen). Dagegen neigen untere Instanzen, von der Ratsuche wenig wirkungsvoll kontrolliert, häufig dazu, gerade in Hexensachen auf „Teufel komm heraus" zu foltern, doch schaltet sich z. B. in Frankreich das Parlament in Paris in die Verfahren ein und lässt im 16. Jh. die Folter in etwa nur in ca. 20% der Fälle zu. Seit der Ordonnance Criminelle von 1670 ist in Foltersachen die Appellation an das Parlament obligatorisch (*Carbasse*, 142, 148 ff.). Auch die Vollstreckung peinlicher Strafen erfolgt bei weitem seltener als die ideologisch gefärbte Propaganda der Aufklärungsepoche glauben macht.

130 Der derzeitige Forschungsstand legt nahe, die Durchsetzung des Inquisitionsverfahrens und der Folter insgesamt als Rezeptionsergebnis anzusehen. Die ältere, namentlich von *Eb. Schmidt* vertretene Auffassung hat die selbständige Entwicklung im deutschen Recht betont, während die neuere Forschung (*Trusen*, *Kroeschell/Cordes/Nehlsen-von Stryk*, 2, 221 f., *Kleinheyer*, *Oehler*) fremdrechtliche, vor allem kirchliche Einflüsse für entscheidend hält. Freilich fügt sich die Verbrechensverfolgung von Amts wegen in die Tendenz zur Verobrigkeitlichung der Gesellschaftsverfassung ein, und mit Rücksicht darauf, dass vor Übernahme der Folter das Verfahren gegen die landschädlichen Leute von der Rezeption im Wesentlichen unberührt geblieben ist, stellt sich die Frage, ob die nach der entweder fremd- oder deutschrechtlichen Herausbildung des Inquisitionsprozesses nicht womöglich falsch gestellt ist. Dabei kann das Verfahren gegen die Schädlichen nicht einfach als „polizeilich" aus dem Strafecht ausgeblendet werden.

Das deutsche Recht kennt, beginnend mit dem fränkischen Rügeverfahren (Rn. 21) und dem Richten auf Leumund (Rn. 74 f.), Untersuchungen von Amts wegen, die sich an einem zunächst generellen Verdacht orientieren und der *inquisitio generalis* des fremden Rechts entsprechen. Rügeverfahren begegnen uns in mittelalterlichen Städten (vgl. *Drüppel* und *Hagemann*) und als Jury mit Rügegeschworenen in England (vgl. *Bellamy* und *Lenman/Parker*). Unabhängig davon entstehen im rezipierten Recht schon früh Amtspflichten, einem spezialisierten täterbezogenen Verdacht schwerer Delikte (des Mordes, der Ketzerei) mittels einer *inquisitio specialis* nachzugehen. Obrigkeitliche Anzeigepflichten als Ausgleich für die unzulängliche personelle Ausstattung (*Rublack*) sorgen für Loyalitätsprobleme und sind auf Dauer nicht durchzusetzen (*Landwehr*, 37). Als Sonderentwicklung wird in Württemberg im 16. Jh. das Rügeverfahren in den herkömmlichen Akkusationsprozeß eingebaut (*Schnabel-Schüle*, 110 ff.). Charakteristisch ist das Offizialprinzip mit dem Beweis durch Zeugen, welches besonders im mittelalterlichen Frankreich ein effektives System amtlicher Verbrechensverfolgung schafft. Die Folter ist nicht notwendiger Bestandteil dieses Verfahrens.

131 Die Theorie baut die Lehre von den Prozessessentialien aus und entwickelt einen Kanon grundlegender Verfahrensvoraussetzungen. Die allgemeinen Prozessprinzipien werden zunächst negativ greifbar, indem ihre Verletzung die Nichtigkeitsbeschwerde eröffnet. Das italienische Statutarrecht entwickelt dieses Rechtsmittel im 12. Jh. aus Ansätzen im römischen Recht (vgl. *Skedl*). Das gemeine Recht trägt die Lehre weiter. Die Theorie konkretisiert die Gründe der Nullitätsklage und die Substantialien, die in nichtförmlichen Verfahren, wie dem des Reichshofrats, stets zu

wahren sind. Seit dem sog. *Jüngsten Reichsabschied* von 1654 gelten heilbare Nullitäten (Verstöße gegen Formalien) als Gründe für die befristete Appellation; anders die unheilbaren Nullitäten „aus der Person des Richters oder der Partei oder aus den substantialibus des processus" (§ 122). Als Beispiel für die erste Gruppe dient das unzuständige oder falsch besetzte Gericht, für die zweite der Tod einer Partei.

Zu den Essentialien zählen ein ordnungsgemäßer Beweis, die Prüfung der Sach- und Rechtslage vor der Vollstreckung, vor allem aber das naturrechtlich begründete rechtliche Gehör für den Betroffenen. Obwohl sich der *Jüngste Reichsabschied* ausdrücklich nur auf den Zivilprozess bezieht, gilt die Lehre von den Nichtigkeitsgründen ebenso für den Strafprozess, trägt hier wiederum hauptsächlich das Recht auf Gehör und damit Nichtigkeitsklagen in Hexensachen (Rn. 145). Ein summarisches Verfahren ohne die diskriminierende Spezialinquisition gilt regional unterschiedlich für leichtere, mit Bußen geahndete Verstöße und für fiskalische Sachen.

Das Verfahrensrecht bleibt Teil des zeitgebundenen grundsätzlichen Verständnisses vom Recht. Davon ist nicht nur, wie in jeder Epoche, das politische Strafrecht betroffen, sondern generell die Gruppe besonders schwerwiegender Verstöße. Die Behandlung des Hochverrats *(crimen laesae maiestatis)* folgt dem gemeinrechtlichen Grundsatz, die Tat sprenge alle Grenzen, so dass auch die rechtliche Reaktion nicht die sonst bestehenden gesetzlichen Schranken beachten müsse (vgl. Rn. 35). Als Konsequenz wird materiellrechtlich bereits das Unternehmen bestraft, der Täter gevierteilt und über die – vermehrt bestrittene – Konfiskation des Vermögens sowie Verbannung der Angehörigen eine Gesamthaftung begründet. Verfahrensrechtlich ist die Denunziation Pflicht, die Folter ohne Rücksicht auf Immunitäten anwendbar, auch der sonst präkludierte Zeuge zugelassen, das Verfahren summarisch, geheim, ohne Verteidigung und Appellation. Für das normale Verfahren ist die verbreitete Sichtweise, die den Inquisiten zum Objekt des Verfahrens ohne Verteidigungsrechte degradiert, aber ideologisch verzerrt und unzutreffend (*Paulus; Ignor,* 110 ff.). 132

In der Praxis treffen rigorose Strafen öffentliche Personen. Bei einfachen Untertanen kann die Regierung dagegen, schon um den Wahrheitsgehalt von Äußerungen nicht nachzuprüfen, besser beraten sein, „über die ganze Sache zu Evitirung alles Eclats den Vorhang zu ziehen" (für das Herzogtum Württemberg im 18. Jh. *Schnabel-Schüle,* 239).

Die religiöse Fundierung macht auch Ketzerei und Hexerei zu *crimina excepta.* Wie verhängnisvoll sich die aus der Kanonistik überlieferte Formel auswirkt, „summarie [auch: simpliciter] et de plano, sine strepitu et figura judicii" zu verfahren (summarisch [einfach] und ohne Umstände, ohne Einreden und die Förmlichkeiten einer Gerichtsverhandlung), zeigen die Hexenverfolgungen. Kennzeichnend für die allgemeine Unsicherheit steht *Carpzov.* Er lässt für delicta atrocissima Abweichungen nur in der Strafe, nicht im Verfahren zu (Qu. 102 Nr. 67), erweitert jedoch z. B. für das *crimen laesae maiestatis* erheblich die Anwendung der Tortur und gestattet ausdrücklich ein „summarisches" Verfahren im eben erwähnten Sinne (Qu. 41 Nr. 5–8). Die Lehre von den „Singularien", den Abweichungen von der Regel des materiellen und des Verfahrensrechts, muss noch näher erforscht werden. Am unteren Ende der Deliktshierarchie zeichnet sich bei *Carpzov* eine „Verpolizeylichung" (*Härter,* 212) des Strafrechts ab; hier gehen *crimina extraordinaria* und *Polizeydelikte* ineinander über, ohne dass aber eine tragfähige Abgrenzungssystematik entwickelt worden wäre. 133

4. Kriminalität in der frühen Neuzeit

Literatur: *Blastenbrei,* Kriminalität in Rom 1560–1585, 1995; *Blauert,* Sackgreifer und Beutelschneider, 1993; *Blauert/Schwerhoff* (Hg.), Mit den Waffen der Justiz, 1993; *dies,* Kriminalitätsgeschichte, 2000; *Boomgaard,* Misdaad en straf in Amsterdam [betr. 1490–1552; m. engl. Zus.],

Diss. 1992; *Burghartz,* Leib, Ehre und Gut: Delinquenz in Zürich Endes des 14. Jahrhunderts, Diss. phil. 1990; *Dinges,* Frühneuzeitliche Justiz, in: Vorträge zur Justizforschung, Bd. 1, 1992, 269 ff.; *Garnot* (Hg.), Histoire et criminalité, 1992; *Gauvard,* „De Grace espécial": Crime, État et Société en France à la fin du Moyen Âge, Bd. 1, 2, 1991; *Härter,* Von der „Entstehung des öffentlichen Strafrechts „zur Fabrikation des Verbrechens": Neuere Forschung zur Entwicklung von Kriminalität und Strafjustiz im frühneuzeitlichen Europa, Rechtsgeschichte 1 (2002), 159 ff.; *Jerouschek,* Diabolus habitat in eis, RJ 9 (1990), 301 ff.; *Jütte,* Geschlechtsspezifische Kriminalität im späten Mittelalter und in der frühen Neuzeit, ZRG GA 108 (1991), 86 ff.; *Koch,* Denunciatio, 2006; *Landwehr,* „... das ein nachbar uff den andern heimblich achtung gebe", in: *Ross/Landwehr* (Hg.), Denunziation und Justiz, 2000, 25 ff.; *Lenman/Parker,* The State, the Community and the Criminal Law in Early Mondern Europe, in: Crime and the Law, 1980, 11 ff.; *Österberg/Lindström,* Crime and Social Control in Medieval and Early Modern Swedish Towns, 1988; *Petrovitch,* Recherches sur la criminalité à Paris dans la seconde moitré du XVIIIe siècle, in: Crimes et criminalité en France 17e-18e siècle, 1971, 187 ff.; *Sandnes,* Kniven, ølet og æren: Kriminalitet of samfunn i Norge på 1500- og 1600-tallett [betr. Kriminalität und Gesellschaft in Norwegen im 16. und 17. Jh.], 1990; *Schnabel-Schüle,* Institutionelle und gesellschaftliche Rahmenbedingungen der Strafgerichtsbarkeit in Territorien des Reiches, in: Vorträge zur Justizforschung, Bd. 2, 1993, 147 ff.; *Schwerhoff,* Devianz in der alteuropäischen Gesellschaft, Zs. f. hist. F., 1992, 385 ff.; *ders.,* Köln im Kreuzverhör, Diss. phil. 1991; *ders.,* Aktenkundig und gerichtsnotorisch, 1999; *Spicker-Beck,* Räuber, Mordbrenner, umschweifendes Gesind: Zur Kriminalität im 16. Jh., Diss. 1995; *Sundin,* För Gud, Staten och Folket [m. engl. Zus.: Crime and Local Justice in Pre-Industrial Sweden], 1992; *Ulbricht,* Von Huren und Rabenmüttern: Weibliche Kriminalität in der Frühen Neuzeit, 1995; *Weisser,* Crime and Punishment in Early Modern Europe, 1979; *Ylikangas,* Die Gewaltkriminalität in der finnischen Geschichte, in: Theatres of Power, 1991, 41 ff.

134 Vor allem seitens der zünftigen Geschichtswissenschaft wurde seit den 70er Jahren des 20. Jhs. angemahnt, dass die an restrospektiver Dogmatik ausgerichtete Strafrechtsgeschichte überholt sei und einer Modernisierung durch eine Historiographie der Kriminalität bedürfe, um die „Anschlussfähigkeit" (*Härter,* 159) an den internationalen Trend zu erreichen und zu behalten. Insofern solche Frontstellungen nach wie vor propagiert werden, dienen sie mehr der eigenen Profilierung als dass sie das derzeitige strafrechtsgeschichtliche Forschungsspektrum treffen. Inspiriert wird die neue Forschungsrichtung auch von der Alltagsgeschichte und Randgruppenforschung, die wesentlichen Impulse kommen von der Hexenforschung. Als Kontrastprogramm zur betont etatistischen Wahrnehmung des Strafrechts zu Zwecken der Sozialdisziplinierung etabliert sich eine solche, die die *„Justiznutzung"* durch die Unterschichten ins Blickfeld rückt. Die obrigkeitliche Verfolgungsintensität hängt maßgeblich von der Anzeigebereitschaft von Deliktsopfern, Betroffenen und Drittdenunziationen ab. Die denunciatio kann so als „Leitfossil" (*Koch,* 257) der Strafrechtsgeschichte gelten. Die Aussicht auf eine Belohnung vermag eine solche zu fördern, untergräbt aber horizontale Loyalitäten; hohe Gerichtskosten zeitigen den gegenteiligen Effekt und fördern die private Vergleichsbereitschaft (*Lenman/Parker,* 20).

135 Eine hohe Verfolgungsdichte, wie sie ein verwaltungsmäßig erschlossenes Territorium (für Württemberg *Schnabel-Schüle;* zur „dünnen Personaldecke" hingegen *Landwehr,* 31) und vor allem eine eigene Polizei (zuerst 1667 in Paris) ermöglichen, macht rigorose Strafen, die ein Exempel statuieren sollen (so wieder für das Paris des 18. Jhs. *Petrovitch,* 257), entbehrlich. Die Härte des Strafens trifft die Unterschicht, zunächst hinsichtlich der alltäglichen Gewalttaten (zu ihren Deutungen *Burghartz* für Zürich, *Sandnes* für Norwegen und *Ylikangas* für Finnland), später hinsichtlich der über arbiträre Strafen nachdrücklich verfolgten Vermögensdelikte (*Lenman/Parker,* 38, *Carbasse,* 287). Der Adel kann sich dagegen Reservate erhalten, mit Verschonung von der Tortur rechnen und evtl. auf bloße Verbannung hoffen (*Gauvard,* 944 ff.). Einzelne zumeist regionale Befunde an einer übergreifenden Theorie festmachen zu wollen, bleibt problematisch.

Von der Zivilisationsprozesstheorie *Norbert Elias*' inspirierte Ansätze wie die *Chaunus* oder *Foucaults,* demzufolge der gesellschaftliche und soziale Wandel die Gewaltkriminalität des Mittelalters mit dem Beginn der Industrialisierung zur Vermögenskriminalität sublimiert habe („de la violence au vol"), sind dabei zu abstrakt, um eine differenzierte Kriminalitätsgeschichte tragen zu können. Insbesondere *Foucaults* Diskurstheorie, die für den historischen Wandel bloße machtdiskursive Transformationen postuliert, bleibt ahistorisch, zumal Diskurse schon im Mittelalter anzutreffen sind (zum rechtstheologischen Sexualitätsdiskurs vgl. *Jerouschek*). Regionale Unterschiede und gleichzeitige Ungleichzeitigkeiten geraten über der Konstatierung einzelner Trends über Gebühr in den Hintergrund, da vor allem sie das Erscheinungsbild der vormodernen Kriminalität prägen. Weder können die Ergebnisse für einzelne Regionen (etwa Oberitalien, Nordfrankreich, die Niederlande, Südengland und einzelne Städte wie Augsburg, Köln, Nürnberg, Konstanz, Zürich) über ein europaweites Nord-Süd-Gefälle zunehmender Gewalt (*Blastenbrei,* 281) hinaus verallgemeinert werden, noch kann mit ihr z. B. geschlechtsspezifische Kriminalität hinlänglich erfasst werden (*Ulbricht,* 19). 136

5. Randgruppen: Juden und Zigeuner

Quellen: Bullaire de l'inquisiton française au XIVe siècle, hg. v. *Vidal,* 1913; Neue und vollständigere Sammlung der Reichsabschiede, Tl. 2, 1747; Gesetz zur Bekämpfung von Zigeunern, Landfahrern und Arbeitsscheuen (BayGVOBl 1926, 359 ff.).

Literatur: *Arnold,* Die Zigeuner, 1965; *Battenberg,* Des Kaisers Kammerknechte, HZ 245 (1987), 545 ff.; *ders.,* Die Juden in Deutschland vom 16. bis 18. Jahrhundert, 2001; *Döring,* Die Zigeuner im NS-Staat, 1964; *Eibach,* Stigma Betrug: Delinquenz und Ökonomie im jüdischen Ghetto, in: *Berding/Klippel/Lottes,* Kriminalität und abweichendes Verhalten, 1999, 15 ff.; *Härter,* Bettler-Vaganten-Deviante, Jus Commune 23 (1996), 281 ff. (ausl. Lit. übers.); *Hergemöller,* Randgruppen, 2. Aufl. 1994; *Höck,* Recht auch für Zigeuner?, FS Kramer, 1976, 77 ff.; *Kisch,* Forschung zur Rechts- und Sozialgeschichte der Juden in Deutschland während des Mittelalters, 1955; *Lucassen,* Zigeuner. Die Geschichte eines polizeilichen Ordnungsbegriffes in Deutschland, 1700–1945, 1996; *Overdick,* Die rechtliche und wirtschaftliche Stellung der Juden, 1965; *Segall,* Geschichte und Strafrecht der Reichspolizeiordnungen von 1530, 1548 und 1577, Diss. 1914; *Stobbe,* Die Juden in Deutschland während des Mittelalters, 1866; *Svoboda,* Kriminalrecht und Kriminalgerichtsbarkeit in der Kurpfalz, Mitt. d. Ges. d. Freunde der Univ. Mannheim 22 (1973), H. 1 Beil.; *Weiler,* Zur Frage der Integration der Zigeuner in der Bundesrepublik Deutschland, Diss. phil. 1979; *Willoweit,* Juden im Räderwerk des Rechts – Methodische Probleme und inhaltliche Fragen, 2004; *Zimmermann,* Rassenutopie und Genozid, 1996.

Erklärt bereits das spätrömische Recht *Juden* für untaugliche Zeugen in Verfahren gegen Christen und werden sie Zwangsmaßnahmen gegen Unfreie wie der Folter unterworfen, so kommt es im Zuge der Kreuzzugsbewegung seit dem 11. Jh. n. Chr. zu einem erneuten massiven Diskriminierungsschub. Ein solcher wiederholt sich aus Anlass der großen Pestepidemien um die Mitte des 14. Jhs. Gegen Juden werden Vorwürfe erhoben, die ihrerseits den frühen Christenverfolgungen zum Vorwand dienten, um sich in Pogromen der Glaubensfeinde, Konkurrenten und lästiger Gläubiger zu entledigen. Hierzu zählen die rituelle Kindstötung, das Trinken des Blutes des Kindes zu abergläubischen Zwecken, hinzu kommen Hostienschändung und Brunnenvergiftung. Der Ritualmordvorwurf ist durch *Friedrich II.* und *Innozenz IV.* im 13. Jh. für haltlos erklärt worden (Rn. 42). 137

Innozenz IV. stellt 1247 fest: ohne Anklage, Geständnis und Beweis beraubt man sie ihres Vermögens, bedrängt sie mit Hunger, Gefängnis und anderen Qualen, unterwirft sie den verschiedensten Strafen und tötet sie auf die schlimmste Weise. (nach *Stobbe*) Bullen *Innozenz' VI.* (1360) und *Gregors XI.* (1372) verpflichten Inquisitoren in der Provence ausdrücklich auf die Eröffnung der Verdachtsgründe, desgleichen die der Namen von Zeugen und Anklägern, und ihre Zulassung zur Verteidigung (bei *Vidal,* 344, 389). Die Rechtsstellung der Juden im Mittelalter bleibt aber unsicher. Sie gelten seit dem 13. Jh. als *königliche Kammerknechte,* die sich Schutzbriefe des Herrschers erkaufen müssen, doch dauert die persönliche Verbriefung nicht 138 länger als die Regierungszeit. Im 14. Jh. verspricht der Kaiser umgekehrt in Gnadenbriefen ganzen Orten Amnestie für alle künftigen Verbrechen an Juden! Begrenzte Gemeinschaften wie die Städte vermögen sie wirkungsvoller zu schützen und machen sie im 13. und 14. Jh. ohne besondere Befristung und Verbriefung, allerdings auch ohne Beschränkung auf finanzielle Leistungen, zu Schutzgenossen der Bürger. Später löst sich dieses Verhältnis auf und gestaltet sich entsprechend dem Reichsrecht, so in Mainz, Köln, Regensburg, Straßburg, Augsburg und Worms. Bereits unter Papst *Innozenz III.* auf dem IV. Laterankonzil 1215 und Gregor IX. 1233 werden für Juden besondere Kleidervorschriften erlassen (vgl. Rn. 42). Ob die normativ überlieferte diffamierende Form des Judeneids – er soll auf den Zitzen einer Schweinshaut erbracht werden – forensisch umgesetzt wird, ist fraglich. Erst die Aufklärung beseitigt das stigmatisierende Sonderrecht mit Rücksicht auf die natürliche Gleichheit der Menschen.

139 *Zigeuner* gelten seit jeher als Prototyp minderen Volks, zusammen mit Bettlern, Gaunern und Landstreichern. Die Entwicklung von der Ächtung im 15. Jh. über „Zigeunerjagden" im 18. Jh., einschneidende polizeiliche Eingriffe seit 1900 bis zu der als „rassische Absonderung" getarnten Liquidierung im Dritten Reich verläuft gradlinig und eskaliert.

Der Reichstag von 1498 verbietet den *Zigeunern* das Umherziehen und erklärt ihre Mörder für straffrei, damit die Opfer für vogelfrei (§ 46; Text in: Sammlung der Reichsabschiede, 38 ff.). Die Reichspolizeiordnung von 1530 unterstellt, dass sie „Erfahrer, Veräter und Ausspäher seynd, und der Christen Land dem Türcken und anderen, der Christenheit Feinden verkundschafften" (bei *Segall*). Die spezifischen Reaktionen auf die häufig aus Zigeunern zusammengesetzten Banden sind ein eigenes Thema der historischen Kriminologie.

140 Edikte des 18. Jhs. ermuntern zu förmlichen „Zigeunerjagden", die nicht nur dem Bandenwesen gelten, sondern auch der Rekrutierung von Soldaten (*Lucassen*, 74). Eine Verordnung des Oberrheinischen Rechtskreises von 1724 „wider das schädliche Diebs Raub und Zigeuner- ... gesind" straft sie, allein oder zu zweit angetroffen, mit Brandmarkung und Ausweisung, lässt sie jedoch, zu dritt oder viert betroffen, bei Widerstand sofort erschießen (bei *Svoboda, Kroeschell*, 3, 83 f., 104 f.). Als Beispiel für den Geist zu Beginn dieses Jahrhunderts sieht das bayerische Gesetz zur Bekämpfung von Zigeunern, Landfahrern und Arbeitsscheuen aus dem Jahre 1926 strenge Reise- und Aufenthaltsverbote sowie Meldepflichten vor; nach Art. 91 können erwachsene Zigeuner „aus Gründen der öffentlichen Sicherheit bis zur Dauer von zwei Jahren in einer Arbeitsanstalt untergebracht werden" (BayGVOBl 1926, 359 ff.). Die Verfolgung der Zigeuner im Dritten Reich, beginnend mit dem „Grunderlass" *Himmlers* über vorbeugende Verbrechensbekämpfung (1937), steigert sich über die Umsiedlung (1940) bis zum Massenmord in Auschwitz (1944).

6. Die Hexenprozesse

Quellen: Nürnberger Hexenhammer 1491 von *Heinrich Kramer* (Institoris), hg. v. *Jerouschek*, 1992; *Kramer* (Institoris), Malleus Maleficarum 1487, hg. v. *Jerouschek*, 1992; dt. Übers. v. *Heinrich Kramer* (Institoris): Der Hexenhammer Malleus Maleficarum, hg. v. *Jerouschek/Behringer*, 7. Aufl. 2009; *Spee*, Cautio Criminalis, hg. v. *van Oorschot*, 1992, dt. Übers. v. *Ritter*, 6. Aufl. 2000.

Literatur: *Ankerloo/Henningsen* (Hg.), Early Modern European Witchcraft, 1990; *Behringer*, Hexen, 1989; *ders.*, Hexenverfolgungen in Bayern, 3. Aufl. 1997; *Blauert*, Frühe Hexenverfolgungen, 1989; *Dienst*, Lebensbewältigung durch Magie, in: *Kohler/Lutz* (Hg.), Alltag im 16. Jahrhundert, 1987, 80 ff.; *Füssel*, Hexen und Hexenverfolgung in Thüringen, 2001; *Gehm*, Die Hexenverfolgung im Hochstift Bamberg und das Eingreifen des Reichshofrates zu ihrer Beendigung, 2000; *Golden*, Enzyclopedia of witchcraft, 2006; *Harmening*, Superstitio, 1979; *Jerouschek*, Die Hexen und ihr Prozeß, 1992; *ders.*, Die Hexenverfolgungen als Problem der Rechtsgeschichte, ZNR 1993, 202 ff.; *ders.*, Für und Wider die Hexenverfolgung. Zu Heinrich Kramers Malleus Maleficarum und Friedrich Spees Cautio Criminalis, in: *Kippenberg* (Hg.),

Europäische Religionsgeschichte, 2009, 253–287; *ders.*, Heinrich Kramer – Zur Psychologie des Hexenjägers, in: Mensching (Hg.), Gewalt und ihre Legitimation im Mittelalter, 2003, 113 ff.; *Kreuz*, Čarodejnické procesy na Nymbursku na počátku, in: Právnehistorické studie (Rechtshistorische Studien), 34 (1997), 127 ff., mit dt. Zusammenfassung; *Labouvie*, Zauberei und Hexenwerk, 1991; *Kyll*, Zum Fortleben vorchristlichen Aberglaubens im Trierer Land, Kurtrierisches Jahrbuch 5 (1965), 11 ff.; *Lambrecht*, Hexenverfolgung und Zaubereiprozesse in den schlesischen Territorien, in: Neue Forschungen zur schlesischen Geschichte, 1995, 283 ff.; *Lorenz*, Aktenversendung und Hexenprozeß, 1982; *Midelfort*, The Witch Hunting in Southwestern Germany 1562–1684, 1972; *Moeller*, Dass Willkür über Recht ginge. Hexenverfolgung in Mecklenburg im 16. und 17. Jahrhundert (=Hexenforschung 10), 2007; *Oestmann*, Literaturbericht, ZNR 2001, 254 ff.; *ders.*, Hexenprozesse am Reichskammergericht, Diss. 1997; *Rummel*, Bauern, Herren und Hexen, 1991; *Schild*, Die Maleficia der Hexenleut', 1997; *Walz*, Hexenglaube und magische Kommunikation im Dorf der frühen Neuzeit, 1993; *Wilde*, Die Zauberei- und Hexenprozesse in Kursachsen, 2003.

Herkunft und Ausgangsbedeutung des westgermanischen Begriffs ‚*Hexe*', ahd. *hagazussa* sind dunkel. Er bezeichnet wahrscheinlich einen weiblichen, auf Hecken und Einfriedungen spukenden Geist (vgl. *Hag*). Beim Hexereidelikt, lat. unspezifisch als *maleficium* bzw. *veneficium*, d. i. Giftmischerei, bezeichnet, handelt es sich um ein Kumulativdelikt, dessen Komponenten erst um die Wende vom 15. zum 16. Jh. zu einem einheitlichen gemeinrechtlichen *corpus delicti* verschmelzen. Der Begriff der ‚Hexe' bürgert sich erst im 16. Jh. ein, wobei oberdeutsch Unhold oder Trude, im niederdeutschen Töversche gebräuchlicher sind. Auch Zauberer und Zauberin sind bezeugt. 141

In seiner Vollform umfasst die Hexerei den Flug zum Hexensabbat, bei dem im Rahmen einer sakramentalen Zeremonialparodie die Abschwörung von Gott und die Huldigung an den Teufel als neuem Oberherrn erfolgt, die durch den Beischlaf mit dem Teufel oder einem Buhlen besiegelt wird. Vom Teufel mit magischen Fertigkeiten ausgestattet, wird die Hexe sodann in den Stand versetzte, Schaden zu stiften. Die Möglichkeit des Schadenszaubers wird bereits vom römischen Recht anerkannt *(Schadensrealismus)*, wobei der Glaube, mittels Magie auf die Außenwelt Einfluss nehmen zu können, ethnologisch ubiquitär bezeugt ist. Das römische Recht stellt entsprechend einem konstantinischen Gesetz schadensstiftende Magie unter Strafe, unschädliche, etwa zu Heilzwecken, ist erlaubt. Bereits im römischen Rechtskreis wird die Ausübung schadensstiftender Magie vornehmlich der Frau zugeschrieben. Hierfür dürften auch patriarchale Ängste, die Frau trachte sich für den ihr aufoktroyierten Inferioritätsstatus zu rächen, den Ausschlag gegeben haben, wobei Rückwirkungen auf die Praxis keineswegs auszuschließen sind.

Dem frühen Mittelalter werden griechisch-römische Vorstellungen von Strigen und Lamien, kinderverschlingenden oder blutsaugenden weiblichen Dämonen mit Vogelattributen, überliefert, die sich mit einheimisch-paganen anthropophagen Vorstellungen vermengt haben dürften oder als *interpretatio romana* wiederkehren. Das frühmittelalterliche Recht verhält sich dem gegenüber zwiespältig: Wird das eine Mal – unter christlichem Einfluss – der Glaube daran unter Strafe gestellt, so wird das andere Mal die Tat verboten. 142

Ähnlich verhält es sich mit dem später in das Sabbatszenario integrierten Flugmotiv. Im Zusammenhang mit der Bekämpfung der Magie anathematisiert das *Decretum Gratiani* (um 1140, vgl. Rn. 30), das erste der kanonischen Rechtsbücher, im sog. *canon episcopi* den Glauben an nachtfahrende, den heidnischen Göttinnen Diana und Herodias huldigende und nach dem Satan rückwärtsgewandte Weiber als von teuflischen Mächten her rührende Eingebungen. Erstmals Anfang des 10. Jhs. n. Chr. bei *Regino von Prüm* bezeugt und wohl auf moselromanische Vorstellungen zurückgehend (*Kyll*, 13 f., 18 f.) – Gegor von Tours VIII 15 berichtet von einem Dianakult mit der Verehrung eines imposanten Götzenbildes in der Gegend um Trier –, von *Ivo von Chartres* mit einer Fehlzuschreibung auf das frühchristliche Konzil von Ancyra (Ankara, 314 n. Chr.) versehen, begründet das capitulum die sog. ‚canon-episcopi- 143

Tradition', die Flug- und Sabbatszenario als imaginäres Trugbild ausgibt. Dieser Ansatz wird auch auf den Schadenszauber übertragen, dergestalt, dass der Teufel den Hexen nur vorspiegele, mittels magischer Handlungen Schaden verursacht zu haben. In Wirklichkeit habe der Teufel kraft seiner höheren Einsicht in die Naturgeschicke lediglich früher Kenntnis von einem drohenden Schadenseintritt und zur Vornahme magischer Handlungen angestiftet *(Schadensfiktionalismus).* Die dieser Tradition eigentümliche fiktionale Deutung des Schadenszaubers bleibt auch während der Hochzeit der Verfolgungen im 16. und 17. Jh. so virulent, dass sich die Strafrechtspflege zum Ende der Verfolgungen hin auf sie zurückziehen kann, um den Hexenprozess rechtsdogmatisch zu konterkarieren.

Auch bei der Durchsetzung des Verfolgungskonzepts spielt der canon insofern eine Rolle, als seine normative Beachtlichkeit das ganze Hexereikonstrukt als Wahngebilde der Inquisitoren und Kläger diskreditiert. Neben der mitunter abenteuerlichen Argumentationsweise, dem canon seine Beachtlichkeit zu bestreiten – käme ihm eine solche zu, so müssten zahllose von Inquisitoren geführte Prozesse falsch und sinnlos gewesen sein –, ist historiographisch vor allem der Einwand von Bedeutung, dass es sich bei den Hexen um eine neue Sekte handle, für die das Decretum dementsprechend auch nicht einschlägig sei. Durchaus zukunftsträchtig ist auch das Argument, dass es auf den Realitätsgehalt nicht entscheidend ankomme, wenn man die Verfolgungen auf die in der Hexerei zum Ausdruck gelangende häretische Gesinnung gründe.

144 Die frühesten, wenn auch unsicheren Hinweise auf Verfolgungen vermeintlicher Hexen und Zauberer beziehen sich auf das letzte Viertel des 14. Jhs. Das Entstehungsgebiet der neuen Häresievariante ist der romanisch-alemannisch geprägte Kulturraum um den Genfer See. Literarisch vorformuliert findet sich das Hexereikonzept bei *J. Nider O. P.* (gest. 1438), wobei das Baseler Reformkonzil (1431–1449) dem Informationstausch über die neue Hexensekte gedient haben dürfte *(Blauert).* Für das 15. Jh. werden zwei idealtypische Ausgangspunkte greifbar. Eine deutsche Traditionslinie mit *Nider* als frühem Exponenten legt den Akzent auf den Schadenszauber, wohingegen das Sabbatszenario in den Hintergrund rückt. Die frankophone Tradition verfährt umgekehrt, wobei eine Verknüpfung beider Traditionslinien erst im späten 15. Jh. erfolgt. Ein weiterer Schritt zur Verfestigung des Verfolgungskonzepts ist die Bulle *Summis desiderantes Innozenz' VIII.* vom 5. 12. 1484, durch die der dominikanische Inquisitor *Heinrich Kramer* (lat. *Institoris*) und zwei weitere Inquisitoren zu Hexereiinquisitionen im Heiligen Römischen Reich Deutscher Nation ermächtigt werden. Das Scheitern der sich anschließenden Inquisitionsbemühungen Kramers, bei dem sich Anhaltspunkte für eine perverse Persönlichkeitsstruktur aufzeigen lassen (*Jerouschek,* 2003), am Widerstand des Bischofs von Brixen *(Dienst)* gibt den Anlass zur Abfassung eines der verhängnisvollsten Bücher der Literaturgeschichte, des *Malleus Maleficarum (Hexenhammer)* von 1486/87. Über die Salemer Verfolgung von 1692 wirkt er bis in die Vereinigten Staaten (*Golden,* Stichwort Salem).

In ihm erfolgt zum einen die Assoziation der Hexerei mit dem weiblichen Geschlecht, zum anderen die Konstruktion des Hexereidelikts als *crimen mixti fori,* die die Zuständigkeit der geistlichen wie der weltlichen Gerichtsbarkeit für Hexensachen begründet. Ist erstere durch die apostatische Komponente der Hexerei vorgegeben, so kommt Letzterer zugute, dass mit der Rezeption des römischen Rechts seit dem Hochmittelalter die schadensrealistische Position an Rückhalt gewinnt, zumal auch das kanonische Recht die Möglichkeit schadensstiftender Magie bei der sog. *impotentia ex maleficio,* der angezauberten Zeugungsunfähigkeit, anerkennt.

145 Die Inquisitoren entwickeln bereits im 15. Jh. eine rege Verfolgungstätigkeit mit wenigstens einigen hundert Opfern. Das Haupthindernis für die Durchsetzung überlokaler Verfolgungskampagnen besteht aber darin, dass das Verfolgungskonzept ausgangs des 15. Jhs. noch nicht konsensfähig ist und gerichtsherrliche Obrigkeiten an der Existenz einer weltweit operierenden Hexensekte zweifeln. Ohne den Einsatz des Inquistionsprozesses, der eine Verbrechensverfolgung von Amts wegen ermöglicht, sind Hexenverfolgungen aber zum Scheitern verurteilt, da das *corpus delicti,* hier der Tatbestand des Verbrechens der Hexerei, zur Überzeugung des Gerichts feststehen muss. So enden bis über die Mitte des 16. Jhs. hinaus Hexereianschuldigungen unter dem Regime des überkommenen Akkusationsprozesses, bei dem der Kläger den Beklagten der geziehenen Straftat zu überführen hat, oft mit einer Verurteilung des Klägers wegen Verleumdung, da im Zweifel die Beweisführung misslingt.

Findet sich nach dem Vorbild der *Bambergensis* in Art. 109 CCC in römischrechtlicher Tradition lediglich der Schadenszauber unter die Strafandrohung des Scheiterhaufens gestellt, so finden sich im Indizienrecht des Art. 44 Anklänge an den *Malleus Maleficarum.* Bereits zu Beginn des 16. Jhs. findet auch Kramers Hexereikonzept in die gemeinrechtliche Literatur Eingang, so in die späte Summistik, in *Tenglers Laienspiegel* oder *Damhouders Praxis Rerum Criminalium.* Von maßgeblicher rechtsfortbildender Bedeutung sind die kursächsischen Konstitutionen vom 1572, in denen die Hexerei nun ganz auf den Teufelspakt zugeschnitten ist. Die unterschichtlich dominant bleibende Vorstellung eines Schadenszaubers bildet den Ausgangsverdacht für einen Hexenprozess, der im Laufe des 16. Jhs. obrigkeitlich in eine säkularisierte Ketzerverfolgung transformiert wird. Hier schafft dann das zumeist abgefolterte Besagungsgeflecht die sich selbsterzeugende Voraussetzung für die ausufernden Prozessserien. Grauenvolle Ausmaße erreichen die Verfolgungen in den fränkischen Hochstiften (für das Fürstbistum Bamberg vgl. *Gehm*). Sie bilden die katholische Misere der Gegenreformation. **146**

Beginnend mit den 60er Jahren des 16. Jhs., abflauend seit den 30er und auslaufend in den 60er Jahren des 17. Jhs., erschüttern mehrere Prozesswellen, deren Opfer jeweils in die Tausende gehen können, das Heilige Römische Reich. Die Obergrenze der Zahl der Todesopfer dürfte europaweit bei 100.000 liegen, der Anteil an Frauen beträgt ca. 75%. Die Zahl derjenigen Prozessopfer, die mangels Geständnisses oder infolge sonstiger Überführungsdefizite nicht zur Feuerstrafe verurteilt werden können und freigesprochen oder zu einer sog. *extraordinären Strafe* wie Verbannung verurteilt werden, liegt in manchen Regionen mit funktionierender Ratsuche bei 50%. Gut die Hälfte sämtlicher Hexenprozesse dürfte auf das Konto von Verfahren gehen, die im Heiligen Römischen Reich stattfinden, wobei an der nördlichen, nord- und sudostlichen Peripherie eine zeitliche Verschiebung des Verfolgungszeitraums bis ins 18. Jh. hinein zu verzeichnen ist. Für Südwestdeutschland ergibt sich eine konfessionelle Korrelation der Verfolgungsintensität, wonach im 16. Jh. protestantische und katholische Territorien keine signifikanten Unterschiede aufweisen, während im 17. Jh. die katholischen Verfolgungen bei gleichzeitigem Rückgang protestantischerseits zunehmen (*Midelfort,* 32 f., 64 ff.). Verallgemeinern lässt sich dieser auch von den Basisdaten her nicht ganz gesicherte Befund aber nicht. So zählen Italien und Spanien zu den verfolgungsarmen Gebieten, protestantische Territorien wie Thüringen *(Füssel)* und namentlich Mecklenburg *(Moeller)* zu den verfolgungsstärksten. Kursachsen mit dem forensisch maßgeblichen *Carpzov* ist verfolgungsschwach *(Wilde).* **147**

Die Verfolgungen bestehen überwiegend aus Prozessserien, die aus unter der Folter erlangten Besagungen Dritter als Hexen resultieren. Die Opfer sind ganz überwiegend Unterschichtsangehörige. Mitunter werden die Verfolgungen – wie im Saar-, Mosel- und Naheraum sowie in Westfalen – auch von obrigkeitlich approbierten Inquisitionsausschüssen, die sich aus der Bevölkerung rekrutieren, durchgeführt (wegweisend *Rummel*). Bezeugt sind auch Fälle, in denen obrigkeitlich geführte **148**

Hexenprozesse die hochgerichtliche Kompetenz demonstrieren sollen, wenn diese von konkurrierenden Herrschaftsträgern angefochten wird. Mitunter werden sie in politischen Machtkämpfen instrumentalisiert. Regelmäßig bedürfen Verfolgungskampagnen des politischen Rückhalts, wie sich auch an deren Scheitern erweist. Insofern sind Hexenverfolgungen häufig zugleich ‚politische' Prozesse. Wenn sich Verfolgungskonjunkturen in auffälligem Generationsabstand wiederholen, so erklärt sich dies daraus, dass die bittere Lektion aus dem Zusammenbruch der vorgängigen Verfolgung der nachgewachsenen Generation keine Lehre mehr ist. Auch während des Jahrhunderts der Hexenverfolgung von den 60er Jahren des 16. bis ins letzte Drittel des 17. Jhs. bleiben Verfolgungen die schlimmstenfalls mehrjährige Ausnahmeerscheinung und sind nicht die kontinuierliche Regel. Im sog. artikulierten Verhör werden den Inquisitinnen und Inquisiten Fragenkataloge *(interrogatoria)* vorgelegt, die zusammen mit den Antworten von der Ratsucheinstanz torturinterlokutorisch beschieden werden. Abschlägige Interlokute oder ratssucheinstanzlich beanstandete, weil ohne Interlokut vorgenommene Folterungen und Hinrichtungen werden durch Mehrfachkonsiliierung unterlaufen, um von einem verfolgungsgeneigteren Spruchkörper Rückendeckung zu erlangen. Das Vorgehen wird z.B. für die hallische Juristenfakultät untersagt. Verhörsprotokoll mit den Antworten auf interrogatoria; Norddeutschland (Original im Besitz des Verf.):

Anno 1613, den 22. Septemb(er) hett

Wibke Bloidsell in ihren peinlichen Verhöunghen bekandt und zugestahn wie volgtt:

Zum Ersten hat Trineke Foß zue Westraede Ihr zum unterschiedlichen zeiten zue gast gehabt und ihr ein abgott mit Nahmen Matias in aller Teufel nahmen zugetrunken, daselbsten er auch in ein mans person erschienen mit einem Gehler bartt und von ihr begertt, dass sie sich von Gott zu ihm begebe, welches sie auch in aller Teufel nahmen gethaen hat.

Zum andern hatt ihr abgott domahls biehr zum besten gegeben und er auch zue vier unterschiedlichen zeiten Gelt gegeben. Das geltt ist aber bley gewesen, dass sie es nicht hatt ausgeben können.

Zum dritten hat Trineke Foß ihr einen Raedtt zu ihrem Butter gegeben, welches sie in aller Teufel nahmen anfangen solte, welches sie auch gethan, und hatt geholffen.

Zum Vierten hatt Trineke Voß ihr etliche Blomen gegeben, so sie Lödung sein tochter /: weilen sie wegen ungesetzliche scheldwortten unseins gewest :/ eingeben solte, welches sie ihr in ein warmbiehr eingegeben hatt und ist darüber kranck und unsinnig geworden und hatt ihr wiederumb mit fisch zue ihrer gesundheitt geholffen.

Zum fünften ist Trineke Voß sampt andern ofttmals mitgewesen, dass sie haben Gastbodt [Gelage] gehalten auf Wulffsbarch auff Schenckenberger heide.

149 Wichtigster Verfolgungskritiker im 16. Jh. ist der der Reformation zugewandte Arzt *Johann Weyer.* 1631 entlarvt der Jesuit *Friedrich Spee* das Hexereiverbrechen als prozessuale Schimäre, deren Existenz sich ausschließlich auf den Einsatz der Folter und den Hexenwahn der Verfolger gründet. Bedeutet nach *Spee* die Abschaffung des Hexenprozesses zugleich auch das Ende der Hexerei überhaupt, so unternehmen es endlich der reformierte Theologe *Balthasar Bekker* Ende des 17. Jh. und – verbindlicher – der hallische Frühaufklärer *Thomasius,* das *corpus delicti* der Hexerei auch von der materiellrechtlichen Seite her als jeglicher Vernunft widerstreitendes Monstrum auszuweisen. Indem *Thomasius* dem Teufel die physische Wirkmächtigkeit bestreitet, kann auch die Hexerei keinen Bestand mehr haben. Dabei gilt es aber zu berücksichtigen, dass die Rechtsprechung, vornehmlich der Rechtsfakultäten im Wege des Torturinterlokuts, bereits im 17. Jh. eine prozesskritischere Haltung einzunehmen beginnt, und über eine restriktivere Handhabung des Indizienrechts der endgültigen Eindämmung der Verfolgungen im letzten Drittel des 17. Jhs. Vorschub leistet (für die Fakultäten vgl. *Jerouschek,* 1992, 271; *Lorenz;* für das RKG *Oestmann,* 1997,

159 ff., 313 ff.). Dass Einzelprozesse bis weit ins 18. Jh. hinein vorkommen, darf diesen grundsätzlichen Befund nicht verdunkeln.

Die seit ca. zwei Jahrzehnten prosperierende Hexenforschung hat der historiographischen Aufarbeitung von deviantem und kriminellem Verhalten die nachhaltigsten Anstöße vermittelt, so dass sich der diesbezügliche Forschungszweig im Rahmen der Geschichtswissenschaft mittlerweile fest etablieren konnte. Rückwirkend profitiert hiervon auch die Strafrechtsgeschichte, deren Domäne die Hexenforschung früher gewesen ist, und sie ist auf dem Wege, wissenschaftlich den Anschluss an das internationale Niveau wieder zu gewinnen.

Teil 4. Reform und Revolution

§ 1. Naturrecht und Aufklärung

1. Grundlagen

Quellen: *Grotius,* De Iure Belli ac Pacis libri tres (1623), Nachdr. 2006; *Hobbes,* De Cive (1642), dt. Ausg. v. *Gawlick,* 1959; *ders.,* Leviathan, 1651, dt. Ausg. v. *Mayer-Tasch,* 1965; *Kant,* Was ist Aufklärung? (1783), in: Werke, hg. v. *Weischedel,* Bd. 6, 1964; *Pufendorf,* Über die Pflicht des Menschen und des Bürgers nach dem Gesetz der Natur, dt. Ausg. v. *Luig,* 1994. – *Vormbaum* (Hg.), Strafrechtsdenker der Neuzeit, 1998.

Literatur: *Denzer,* Moralphilosophie und Naturrecht bei Samuel Pufendorf, 1972; *Franke,* Sklaverei und Unfreiheit im Naturrecht des 17. Jhds., 2009; *v. Gierke,* Johannes Althusius und die Entwicklung der naturrechtlichen Staatstheorie, 6. Aufl. 1968; *Grunert,* Normbegründung und politische Legitimität, Diss. Münster, 2000; *Hammerstein,* Jus und Historie, 1972; *Hofmann,* Zur Lehre vom Naturzustand in der Rechtsphilosophie der Aufklärung, Rechtstheorie 13 (1982), 226 ff.; *Klippel,* Politische Freiheit und Freiheitsrechte im deutschen Naturrecht des 18. Jahrhunderts, 1976; *ders.* (Hg.), Legitimation, Kritik und Reform, 2000; *Rüping,* Theorie und Praxis bei Christian Thomasius, in: *J. Wolff* (Hg.), Stillstand, Erneuerung, Kontinuität, 2001, 35 ff.; *Schneiders,* Das Zeitalter der Aufklärung, 2. Aufl. 2001; *ders.* (Hg.), Lexikon der Aufklärung, 2. Aufl. 2001; *Tianen-Anttilla,* The problem of humanity: The Blacks in the European Enlightenment, 1994; *Welzel,* Die Naturrechtslehre Samuel Pufendorfs, 1958.

a) Die Methode des Vernunftrechts

Die Epoche des Vernunftrechts löst das mittelalterliche Denken ab. Das transzendente, auf Gott bezogene Weltbild weicht dem Versuch, aus der Natur des Menschen, verstanden als empirischen Individuums, materiale Inhalte für das Recht zu gewinnen. Die Schlagkraft des neuzeitlichen *Naturrechts* beruht auf der eigenen Methode, die es sich im 17. Jh. schafft. Vorbild wird das Verfahren der Naturwissenschaften, durch Analyse und Synthese einzelner Elemente der Erscheinungen sichere Erkenntnis zu gewinnen. Sie wird sichtbar in den revolutionierenden Entdeckungen *Galileis* (†1642) und *Newtons* (†1727). *Descartes* (1596–1650) setzt die klare und deutliche Vorstellung (clara et distincta perceptio) als Kriterium für die Erkenntnis des Wahren. In der Spätphase leitet das Naturrecht aus Axiomen, die der Natur des Menschen entstammen, more geometrico, d. h. durch rationale Vernunftschlüsse, die Einzelinhalte konkreter Folgerungen ab. Ohne strenge chronologische Bindung lassen sich, bezogen auf die Methode, in der Durchsetzung des Vernunftrechts die Begründung, die Systematisierung und das Bündnis mit der Aufklärung unterscheiden. 150

Hugo Grotius (1583–1645) gilt als Begründer des modernen Natur- und Völkerrechts. 151
Er knüpft an die spanische Spätscholastik an, die bei *Francisco Vitoria* (†1546), *Gabriel Vasquez* (†1604) und *Francisco Suárez* (†1617) nicht nur Prinzipien naturrechtlich legitimiert, sondern Schlussfolgerungen einbezogen hatte. Das setzt eine materiale Auffüllung der obersten Prinzipien voraus. Sie wird ermöglicht durch eine rationalistische Methode, die den Ausgangspunkt einer Unterwerfung unter göttliche Gebote zunehmend verblassen lässt. *Grotius'* Wirken steht vor dem Hintergrund der Glaubenskriege im 16. und 17. Jh. Soll sich eine Rechtsordnung durchsetzen, muss

sie säkularisiert sein, verstanden als Befreiung von konfessionellen Positionen, von den Fesseln der Moraltheologie und gerichtet auf eine profane Sozialethik.

152 In seinen berühmten *„Drei Büchern vom Recht des Krieges und des Friedens“*, den zuerst 1623 erschienenen *De iure belli ac pacis libri tres,* zieht er ausdrücklich die Folgerung, das Naturrecht gälte, selbst wenn es Gott nicht gäbe. Dieser epochemachende Ansatz macht den Weg frei, das Naturrecht über konfessionelle Auseinandersetzungen hinweg als universale Friedensordnung einzusetzen. Soll es wirklichkeitsmächtig sein, muss es sich auf ein möglichst breites Fundament stützen. Wenn *Grotius* materiale Inhalte aus dem übereinstimmenden Gebrauch zivilisierter Staaten induktiv erschließt, wird der *consensus omnium* profaner Geltungsgrund des Rechts. Die Verwertung der gesamten Traditionsmasse aus Antike, Christentum und Weltgeschichte gestattet, auch zahlreiche Einzelsätze als naturrechtlich auszugeben und macht *Grotius'* Werk zum „Steinbruch aller späteren Naturrechtsgebäude“ *(Welzel).*

153 Der nächste Schritt in der Entwicklung des neuzeitlichen Naturrechts, die Systematisierung, besteht darin, die naturwissenschaftliche Erkenntnismethode durchgehend auf die Soziallehre anzuwenden und *more geometrico* deduktiv ein eigentliches Naturrechtssystem zu schaffen. *Thomas Hobbes* (1588–1679) leitet in seiner Schrift *De Cive* (zuerst 1642) vor dem Hintergrund des englischen Bürgerkrieges den umfassenden Absolutismus im Staat aus der Notwendigkeit her, die Rechtlosigkeit des Naturzustandes und den ursprünglichen Krieg aller gegen alle mit einer wirklichkeitsmächtigen Friedensordnung zu überwinden. Die Friedensaufgabe, Ordnungsfunktion und naturrechtliche Rechtfertigung des positiven, durchsetzbaren Rechts werden entscheidend, um den Preis der inhaltlichen Richtigkeit.

154 „Der Herrscher muss sich also immer im Recht befinden. Er ist allein Gott untertan und einzig verpflichtet, die natürlichen Gesetze zu befolgen. Und so kann es geschehen – und es ist oftmals der Fall gewesen –, dass Unschuldige auf Befehl des Oberherrn zum Tode verurteilt werden, ohne dass ihnen dadurch ein Unrecht geschähe.“ Aber: „Selbst die größte Not eines Volkes – in welchem Staat es auch sei – ist nicht zu vergleichen mit dem qualvollen und schmerzensreichen Dornenweg eines Bürgerkrieges oder mit dem unsicheren Zustand der Herrenlosigkeit, in dem es keine Gesetze gibt und keine Gewalt, die schützt vor Raub oder Rachsucht“ (Leviathan Kap. 21, 18; De Cive Kap. 5 § 11, Kap. 6 § 13, Kap. 14 § 10).

155 *Samuel Pufendorf* (1632–1694), 1661 nach Heidelberg auf den ersten Lehrstuhl für Naturrecht in Deutschland berufen, schafft ein allgemeines naturrechtliches System. In seinem zuerst 1672 erschienenen Hauptwerk *De iure naturae et gentium libri octo* wird deutlich, wie ein bestimmtes, aus der Beobachtung und Erfahrung gewonnenes Bild des empirischen Menschen dazu dient, konkrete Naturrechtssätze abzuleiten. Aus der *imbecillitas,* der Hilflosigkeit des auf sich allein gestellten Menschen, folgt als Leitidee des Naturrechts die *socialitas:* die Pflicht, mit anderen im gesellschaftlichen Verband zu leben und die Gemeinschaftsinteressen zu fördern. *Pufendorf* benutzt dieses Prinzip, um, vom Einfachen zum Besonderen aufsteigend, Rechte und Pflichten des Individuums, für engere Gemeinschaften, im Staat und zwischen den Völkern zu bestimmen. Die Systematik dringt zu verschiedenen Abstrahierungen im Sinne heutiger allgemeiner Teile eines Gesetzes vor: im Privatrecht zum Begriff des Vertrages und der Stellvertretung, im Strafrecht zu dem der zurechenbaren Handlung.

156 *Christian Wolff* (1679–1754) und seine Schule *(etwa Daniel Nettelbladt* und *Joachim Georg Darjes)* führen die neue Methode im einzelnen durch. Aus dem obersten Prinzip, die eigene Vollkommenheit und die anderer zu fördern, werden am Faden fortlaufender Vernunftschlüsse (continuo ratiocinationis filo) Einzelsätze bis in letzte Verästelungen gefolgert. Spätere Kodifikationen, wie das ALR (Rn. 242), machen sich die hier ausgebreitete Systematik mit ihrer Begriffsjurisprudenz zunutze.

Bleibende Bedeutung sichert dem Vernunftrecht der dritte Schritt in der Entwicklungsgeschichte: das Bündnis mit der Aufklärung. Diese im 16. Jh. in ganz Europa einsetzende Strömung bedient sich im hier interessierenden Bereich des Vernunftrechts, um durch kritisches Denken in praktischer Absicht den „Ausgang des Menschen aus seiner selbst verschuldeten Unmündigkeit" vorzubereiten, wie *Kant* die Aufklärung charakterisiert hat. Die theoretische Richtung auf klare und deutliche Begriffe verkörpern *Wolff* sowie *Gottfried Wilhelm Leibniz* (1646–1716). Die praktische Richtung auf Durchsetzung eines vernünftigen Rechts hat gerade im Strafrecht durchschlagenden Erfolg. In Deutschland führt *Christian Thomasius* (1655–1728) von der 1694 errichteten Universität Halle bahnbrechend den Kampf gegen Vorurteile. Sein Hauptwerk, die *Fundamenta juris naturae et gentium* (zuerst 1705), trägt den Zusatz *ex sensu communi deducta:* eine auf Breitenwirkung angelegte Methode, die das rein deduktive Argumentieren in den Hintergrund treten lässt. Von Italien verbreiten sich die Lehren *Cesare Beccarias* (1738–1794), dessen Traktat *Dei delitti e delle pene* zuerst 1764 anonym erscheint, über Europa, weitergeführt von *Gaetano Filangieri* (1752–1788). Die französische Aufklärung spricht aus *Montesquieu* (1689–1755) und *Voltaire* (1694–1778); in Österreich setzt *Joseph v. Sonnenfels* (1733–1817) wirksam entsprechende Reformen durch. Die Folgen der Aufklärung für eine Freiheit auch der Sklaven zieht erst die abolitionistische Bewegung im 19. Jahrhundert als Konsequenz der veränderten wirtschaftlichen Verhältnisse. 157

b) Die naturrechtliche Soziallehre

Noch frei von einer historischen Sicht, geht das Vernunftrecht aus von der aus der philosophischen Staatslehre bekannten Vorstellung, Gewaltinhaber und Gewaltunterworfene hätten einen Vertrag geschlossen. Der *Gesellschafts- oder Vereinigungsvertrag,* durch den sich ursprünglich freie und gleiche Individuen in einem Staat zusammenschließen, bleibt in diesem Denkmodell ein Axiom. Der anschließende *Unterwerfungsvertrag,* die oberste Gewalt auf einen Herrscher übertragen zu wollen, gestattet die Legitimierung des Bestehenden und hat in der Theorie die Funktion, zwischen positiver Verfassung und vernunftgemäßer Einsicht zu vermitteln. 158

Für das Strafrecht werden folgende Ansätze bedeutsam: Der Staat als weltliche Anstalt bündelt die Kräfte der einzelnen, um wirksam die aufklärerischen Ziele Glück und Vollkommenheit erreichen zu können. Das Gemeinwohl als oberste Maxime, bei *Pufendorf* in der Form *Salus populi suprema lex esto* rechtfertigt Strafdrohung und Strafverhängung utilitaristisch (zu den Auswirkungen Rn. 206). Dem Vertragsgedanken entsprechend gewinnt die Beziehung zwischen Herrschern und Beherrschten zunehmend rechtliche Züge. Sie bereiten die Auffassung von einer Bindung der staatlichen Macht vor, wie sie später der konstitutionellen Bewegung zugrundeliegt und dem Rechtsstaatsbegriff entspricht. 159

Hobbes hatte den Gesellschaftsvertrag im Unterwerfungsvertrag aufgehen lassen und die Untertanen praktisch rechtlos gestellt. *Pufendorf* lehnt zwar noch ein Widerstandsrecht gegen unrechtmäßige Amtsausübung ab, hält jedoch verfassungsmäßige Beschränkungen der Souveränität für möglich und folgert aus der Natur des Staatsvertrages unvollkommene, gegen den Souverän nicht erzwingbare Pflichten (JNG, Tl. 7, Kap. 6, § 10). 160

Die spätere konstitutionelle Lehre macht vertragliche Rücksichten auch gegen den Souverän erzwingbar, beantwortet Verletzungen mit aktivem Widerstand und beschränkt den Staat auf die Sicherung natürlicher, vorgegebener Rechte des Menschen. Sie dienen in der deutschen Entwicklung als Ersatz für Verfassungsbestimmungen, 161 wie sie z. B. die Französische Erklärung von 1789 enthält, und gelten auch grundsätzlichen Anforderungen an eine gerechte Strafrechtspflege.

2. Die Theorie der weltlichen Strafe

Allgemeine Quellen: *Cattaneo,* Aufklärung und Strafrecht, dt. Ausg. 1998; *van Dülmen,* Theater des Schreckens: Gerichtspraxis und Strafrituale in der frühen Neuzeit, 3. Aufl. 1988; *Evans,* Rituale der Vergeltung, dt. Ausg. 2001; *Hartl,* Das Wiener Kriminalgericht, 1973; *Kremkus,* Die Strafe und Strafrechtsbegründung von Thomas Hobbes, Diss. Frankfurt/M., 1998; *Laingui,* La responsabilité pénale dans l'ancien droit, 1970; *Martschukat,* Inszeniertes Töten, 2000; *Moos,* Der Verbrechensbegriff in Österreich im 18. und 19. Jahrhundert, 1968; *Pauli,* Peines corporelles et capitales dans la législation des états européens des années 1751–1903, 1986; *RecSozJB* Bd. 55: La Peine: Europe depuis le XVIIIe siècle, 1989; *Seelmann,* Zum Verhältnis von Strafzwecken und Sanktionen in der Strafrechtsliteratur der Aufklärung, ZStW 101 (1989), 335 ff.; *ders.,* Vertragsmetaphern zur Legitimation des Strafens im 18. Jahrhundert, FS Gagnér, 1991, 441 ff.

Einzelne Autoren: *Beccaria,* Von den Verbrechen und von den Strafen (1764), 2005; *Deimling* (Hg.), Cesare Beccaria, 1989; *J. S. F. v. Böhmer,* Elementa iurisprudentiae criminalis, 6. Aufl. 1766; *Boldt,* Johann Samuel Friedrich von Böhmer und die gemeinrechtliche Strafrechtswissenschaft, 1936; *Filangieri,* La scienza della legislazione, 1784–1786, dt. Ausg. v. *Siebenkees,* Bd. 1–8, 1788–1793; *Seelmann,* Gaetano Filangieri und die Proportionalität von Straftat und Strafe, ZStW 97 (1985), 241 ff.; *v. Globig/Huster,* Abhandlung von der Criminal-Gesetzgebung, 1783; *Stephani Schmidt,* Die Abhandlung von der Criminal-Gesetzgebung, Diss. Freiburg 1988; *Grotius,* De Iure Belli ac Pacis libri tres (1623), Ausg. 1939; *Hüning,* „Nonne puniendi potestas republicae propria est": Die naturrechtliche Begründung der Strafgewalt bei Hugo Grotius, Jb. f. Recht u. Ethik 8 (2000), 93 ff.; *Kleinschrod,* Systematische Entwickelung der Grundbegriffe und Grundwahrheiten des peinlichen Rechts, Tl. 1–3 1794, 1796; *Michaelis,* Mosaisches Recht, Tl. 1–6 1770–1775; *v. Sonnenfels,* Grundsätze der Polizei-Handlung und Finanz, hg. v. *Moshamm,* 3. Aufl. 1820; *Thomasius,* Institutionum Jurisprudentiae Divinae Libri tres, 1688, 7. Aufl. 1730, Neudr. 1963; *Cattaneo,* Delitto e pena nel pensiero di Christian Thomasius, 1976; *Steinberg,* Christian Thomasius als Naturrechtslehrer, Diss. Halle, 2005; *Christian Wolff,* Jus Naturae, Tl. 1–8 1740–1748, Nachdr. hg. v. *Thomann,* 1968, 1972.

a) Der Zweck der Strafe

162 Strafe bedeutet nicht mehr wie im theokratischen System des Mittelalters, Gott zu rächen, sondern erschöpft sich für das profane Naturrecht in der Reaktion auf einen vorangegangenen Normverstoß. *Grotius* bestimmt sie als *malum passionis quod infligitur ob malum actionis,* als Übel, das wegen des Normbruchs verhängt wird, und schafft damit einen Topos für die Folgezeit. In ihm liegen die beiden folgenden Aspekte: Formal sind Strafe und Delikt aufeinander bezogen, muss die Strafe in angemessenem Verhältnis zum Delikt stehen. Material erhält die Proportionalität ihren eigentlichen Sinn erst dadurch, dass sie die Sanktion am Endzweck des Gemeinwohls (*salus publica*) misst.

163 Die Verhältnismäßigkeit als Maßprinzip stellt Strafen in den Dienst der Generalprävention. Die Furcht vor der Strafe (nicht wie bei *Feuerbach* später die Strafandrohung, Rn. 272) soll, durchaus naturalistisch gedacht, Gegenmomente gegen den Anreiz zu Verbrechen schaffen. Eine äußere Talion im Sinne der spiegelnden Strafen des Mittelalters ist damit beseitigt. Doch öffnet sich die formale Verhältnismäßigkeit einer inneren Talion, wenn sie sich primär an der Gesellschaftsschädlichkeit orientiert und die Maxime verwirklicht, jedes Verbrechen enthalte die angemessene Strafe in sich.

164 In der Hand des absoluten Fürsten wird die Strafe zu einer Zweckmaßnahme zur Beförderung der *salus publica.* Sie erhält dadurch einen utilitaristischen, im Polizeistaat des späten Naturrechts noch gesteigerten Zug.

Der Utilitarismus wird deutlich bei *Thomasius,* der empfiehlt: „Puni delinquentes, quantum ad utilitatem reipublicae opus est“ (Institutiones, Tl. 3, Kap. 7, § 101: strafe die Täter, wie es der allgemeine Nutzen fordert; zur beschränkten Reichweite des naturrechtlichen Ansatzes *Steinberg,* 185 ff.), bei *Böhmer* (1704–1772) oder bei *Bentham* (1748–1832), der den Utilitarismus in der Ethik begründet und entsprechend die Gesetzgebung an der *utilité générale* misst. Bei *Wolff* fließt die ausschließliche Orientierung am Repressionsbedürfnis aus einer starren konservativen Haltung: ob ein Dieb mit dem Tode bestraft wird, hängt nicht von einer Abwägung zwischen seinem Leben und dem Wert der Sache ab, sondern davon, „utrum tanta poena opus sit, ne furta fiant quotidiana, nec ne“, ob diese Strafe nötig ist, alltägliche Diebstähle zu hindern oder nicht (JN, Tl. 8, Kap. 3, § 638). 165

b) Die Strafarten

Proportionalität und Utilität, weniger die häufig hierfür bemühte Humanität, lassen die überkommenen Strafarten kritisch sehen. Verstümmelnde, spiegelnde Strafen, welche etwa noch 1804 nachweisbar sind, erscheinen dem aufgeklärten Zeitalter als Grausamkeit, die vernunftgemäß nicht gerechtfertigt werden kann. Teilweise gilt der reine Nützlichkeitsgesichtspunkt, dass sonst „der Staat den siechen und verstümmelten Übelthäter zu erhalten gezwungen wird“ (*v. Globig/Huster,* 73). 166

Als wichtiger Erfolg der Aufklärung im Rechtsdenken zieht auch die Theologie später entsprechende Folgerungen. So wendet sich *Johann David Michaelis* gegen unverhältnismäßige, grausame Strafen, beschränkt die Todesstrafe und erklärt Zauberei als Aberglauben (Mosaisches Recht, Tl. 6, Vorrede, 11 ff., 165, Tl. 5, 198). 167

Die Todesstrafe als klassischer Ausdruck des Talionsdenkens gerät ins Wanken. *Beccaria* behauptet ihre Unzulässigkeit, weil mit der Errichtung der Staatsgewalt nicht auch die Disposition über das eigene Leben übertragen sei, und erregt ungeheures Aufsehen. Befremdend wirkt freilich heute der Ersatz durch öffentliche Zwangsarbeit (Rn. 252), die den Menschen mit *Beccarias* Worten „gleichsam in ein Lasttier verwandelt“. 168

Soweit die Todesstrafe als legitim gilt, fallen doch ihre Schärfungen. Nur vereinzelt hält das 18. Jh. die Todesstrafe ohne Einschränkung für zulässig, so wenn *Kant Beccarias* Position, entstanden „aus teilnehmender Empfindelei einer affektierten Humanität“, als „Sophisterei und Rechtsverdrehung“ bezeichnet (Metaphysik der Sitten, Rechtslehre, § 49 Anm. E, I, 457). Überwiegend sucht man nur die Todesstrafe durch die Verringerung todeswürdiger Delikte zu beschränken und lehnt qualifizierte Todesstrafen ab, weil sie mehr Schmerzen antun, als zum Töten nötig ist. Die Furcht vor der Verurteilung zu öffentlicher Zwangsarbeit gilt als wirksam im Sinne der Generalprävention und wird wach gehalten durch den öffentlichen Vollzug. 169

So erkennt das Wiener Kriminalgericht 1787: Der Täter „ist durch 3 nacheinander folgenden Tagen mit einer vor der Brust hangenden Tafel und der Aufschrift: Raub und Meuchelmord, auf der Schandbühne auszustellen, den ersten und letzten Tag mit 50 Stockstreichen auf die Backen des Hinteren zu züchtigen. Diese Züchtigung zum öffentlichen Beispiel alle Jahre nach Verhältnis seiner Leibeskräfte zu wiederholen und ihn sodann durch 30 Jahre in schwerem Gefängnis anzuhalten, dermaßen dass ihm nur zur unentbehrlichsten Bewegung des Körpers Raum gelassen werde“ (*Hartl,* 408). 170

Dieselbe präventive Wirkung verspricht man sich von Strafen, die als *innere Talion* dem Delikt entsprechen. Geldstrafen sollen Taten aus Habgier, Körperstrafen Gewalt, Zwangsarbeit Taten aus Müßiggang hindern. Die Verurteilung zu *öffentlichen Arbeiten* beherrscht die Praxis und wird maßgebend für die Umwandlung von Strafen (Rn. 253). 171

3. Praktische Wirkungen der Aufklärung

Vgl. zunächst die Angaben vor Abschnitt 2.

Quellen: *J. S. F. v. Böhmer,* Observationes selectae ad Bened. Carpzovii JC. Practicam Novam Rerum Criminalium Imperialem Saxonicam, 1759; *Hommel,* Rhapsodia quaestionum in foro quotidie obvenientium, Bd. 1–7, 4. Aufl. 1782–1787; *Mittermaier,* Handbuch des peinlichen Processes, Bd. 2 1812; *Muyart de Vouglans,* Les loix criminelles de France dans leur ordre naturel, 1780; *Preuschen,* Abhandlung über die Öffentlichkeit des gerichtlichen Verfahrens, 1774, 2. Aufl. 1818; *Riegger,* Dissertatio de magia, 1773; *v. Sonnenfels,* Über die Abschaffung der Tortur, 1775; *v. Spee,* Cautio Criminalis, dt. Ausg. v. *Ritter,* 5. Aufl. 1987; *Thomasius,* Dissertatio de tortura ex foris Christianorum proscribenda, 1705, in: *Thomasius,* Über die Folter, hg. v. *Lieberwirth,* 1960; *ders.,* Fundamenta juris naturae et gentium, 4. Aufl. 1718, Neudr. 1963; *ders.,* Problema iuridicum an haeresis sit crimen?, 1697; *ders.,* Theses inaugurales de crimine magiae, 1701, in: *Thomasius,* Über die Hexenprozesse, hg. v. *Lieberwirth,* 1967.

Literatur: *Jerouschek,* Friedrich Spee als Justizkritiker, in: Friedrich Spee zum 400. Geburtstag, 1995, 115 ff.; *Langbein,* Torture and the Law of Proof, 1977; *E. Peters,* Folter, dt. Ausg. 1991; *Rüping,* Die Naturrechtslehre des Christian Thomasius und ihre Fortbildung in der Thomasius-Schule, Diss. Bonn 1968; *Schaffstein,* Verdachtsstrafe, außerordentliche Strafe und Sicherungsmittel im Inquisitionsprozeß des 17. und 18. Jahrhunderts, ZStW 101 (1989), 493 ff.; *Schmoeckel,* Humanität und Staatsraison, 2000; *Schwerhoff,* Aufgeklärter Traditionalismus – Christian Thomasius zu Hexenprozeß und Folter, ZRG 104 (1987), 247 ff.; *Thäle,* Die Verdachtsstrafe in der kriminalwissenschaftlichen Literatur des 18. und 19. Jahrhunderts, Diss. Augsburg, 1993; *Weis,* Cesare Beccaria, 1992.

a) Der Kampf gegen Hexenprozesse und Folter

172 Für die strafrechtliche Aufklärung stehen Hexenwahn und Folter im Zentrum der Kritik. Frühe Ansätze im 16. und 17. Jh. bei *Johann Weier* und *Balthasar Bekker* dringen noch nicht zu dem zentralen Punkt vor, den „Tatbestand“ der *magia daemonica,* eines Paktes mit dem Teufel, als Einbildung zu bezeichnen. Erst *Friedrich v. Spee* (1591–1635) stellt das Verfahren grundsätzlich in Frage.

173 In der *Cautio Criminalis* (1631) belegt er, wie eine der Hexerei Verdächtige, einmal in den Inquisitionsprozess geraten, verloren ist: Gesteht sie auf der Folter, überführt sie ihr Geständnis, dessen Widerruf ohne Wirkung bleibt. Gesteht sie nicht, wird sie gefoltert, bis die durch den Dämon bewirkte Verstocktheit gebrochen ist. *v. Spee* zufolge gebietet das Naturrecht aber auch bei Sonderdelikten *(crimina excepta)* wie der Hexerei, dem Betroffenen die Verteidigung nicht zu versagen, und verlangt die Abschaffung oder zumindest strenge rechtliche Beschränkung der Tortur. Die Praxis bleibt von dieser Kritik unberührt. Erst *Thomasius* greift erfolgreich den eigentlichen Tatbestand der Magie an und erklärt, dass der „gehörnete leibliche Teuffel ... und seine Mutter darzu ein purum inventum der Päbstischen Pfaffen sey“ (vgl. *Rüping,* 60).

174 Die Lehre von der Straflosigkeit der Hexerei wird Allgemeingut. In Deutschland wirken *Böhmer* und *Hommel,* in Italien *Beccaria* und *Filangieri,* in Frankreich *Voltaire,* in Österreich *Paul Joseph Riegger* (1705–1775), während etwa noch 1783 *v. Globig* und *Huster* natürliche Zauberei nicht ganz leugnen wollen.

175 Ähnliches gilt für die Folter. Ihre letzte Verteidigung kurz vor der französischen Revolution beschränkt sich darauf, sie für praktisch unverzichtbar und theoretisch durch die Ordonnance Criminelle sowie die CCC legitimiert zu halten (1780 *Muyart de Vouglans,* Tl. 2 B. 2 Tit. 5 Kap. 2 § 1, 796). Ihre Naturrechtswidrigkeit ist in der Aufklärung weithin Allgemeingut, bleibt aber mehr ein Programm. So verwirft auch eine unter *Thomasius* verteidigte Dissertation die Folter als ungerecht und rechtswidrig, während sich *Thomasius* selbst von der Forderung nach ihrer Abschaffung distanziert. Wenn die Folter in den europäischen Staaten im ausgehenden 18. bis zum frühen 19. Jh. aufgehoben ist, beruht das auf den sich anbahnenden Änderungen des Beweisrechts (*Langbein,* für die französische Praxis *Carbasse,* 308).

176 Wenn der volle Beweis nicht erbracht werden kann, die belastenden Indizien jedoch die Verurteilung zu den aufkommenden neuen Arbeitsstrafen zulassen, kommt es auf die Würdigung der Verdachtsmomente an, nicht mehr auf ein durch die Tortur zu erlangendes Geständnis. Endgültig wird die Folter überwunden durch ein Beweisrecht, das wie im reformierten Prozess Mitte des 19. Jhs. auf der freien richterlichen Würdigung von Indizien aufbaut. Wenn auch die Hexenprozesse zur Zeit der Aufklärung enden, geht das nur mittelbar auf sie zurück, indem aufgeklärte Richter im Sinne *v. Spees* von den Zwangsmitteln des Inquisitionsprozesses zu Gunsten der Beschuldigten nur zurückhaltend Gebrauch machen (Rn. 243).

177 Die Aufklärung im 18. Jh. lässt den geltenden gemeinrechtlichen Inquisitionsprozess unangefochten. „Moderne" Vorstellungen etwa eines öffentlichen Verfahrens *(Preuschen)* begegnen nur vereinzelt, und eine prinzipielle Kritik wie bei *v. Globig* und *Huster,* die Gleichheit zwischen Verteidigung und Anklage sowie umfassende formelle und materielle Verteidigung fordern (424 ff.), bleibt die Ausnahme. Auch soweit diese Autoren sowie *v. Sonnenfels,* auf dessen Wirkung die Abschaffung der Tortur in Österreich (1776) zurückgeht, bereits für eine freie Beweiswürdigung plädieren, lassen sie mit Rücksicht auf die öffentliche Sicherheit bei genügenden Verdachtsmomenten eine *Verdachtsstrafe* zu. Sie wandelt sich später zu Sicherungsmitteln wie Kaution und Polizeiaufsicht.

178 Ein weiterer Ersatz für die Folter liegt in *Ungehorsamsstrafen.* Leugnet der Inquisit hartnäckig, verschweigt er die Wahrheit bewusst oder verweigert er jede Antwort, kann sein Ungehorsam notfalls mit körperlichen Strafen geahndet werden. Sie sollen sich durch ihren Vergeltungscharakter vom Beugemittel der Folter unterscheiden und deshalb legitim sein (vgl. *Mittermaier*).

b) Die Trennung von Recht und Moral

179 Die Scheidung rechtlicher, erzwingbarer Pflichten von nur innerlich verpflichtenden Geboten der Sitte und Moral, wie sie *Thomasius* folgenschwer vornimmt, trägt die Säkularisation im Strafrecht und hat entscheidende Wirkungen für seine Reichweite. *Religionsdelikte* gelten nicht mehr wie im theokratischen Mittelalter als todeswürdiger Abfall vom christlichen Glauben, sondern bleiben in einer profanen Soziallehre nur relevant, soweit sie den öffentlichen Frieden stören. Ketzerei und Atheismus als bloße Irrtümer des Verstandes bilden daher keine Delikte, lautet beispielhaft der Gedankengang bei *Thomasius, Wolff, Hommel* oder auch *Voltaire.*

180 *Sittlichkeitsdelikte,* vor allem die Sodomie, werden milder beurteilt. Reine Unmoral betrifft das Polizeirecht. Freilich dient dieses im Polizeistaat umfassender Prävention, z. B. soll weibliche Putzsucht untersagt werden, um gedeihliche Ehen zu gründen.

Der vollendete Selbstmord soll der Theorie zufolge nicht mehr wie bisher mit unehrlichem Begräbnis oder Verscharren durch den Schinder bestraft werden. Die Gesetzgebung, so das ALR (Tl. 2 Tit. 20 §§ 803 ff.), orientiert sich dagegen an der abweichenden Auffassung *Wolffs:* er verpflichtet den Menschen umfassend, zur Vollkommenheit, damit auch zur Erhaltung seines Körpers beizutragen, und belegt den Selbstmörder mit der traditionellen Strafe.

181 Das Strafrecht gewinnt eine allgemeingültige Basis. Überlieferte alttestamentarische Sätze gelten nur für das jüdische Volk, ohne gegenwärtig juristisch verbindlich zu sein, so die zur Rechtfertigung mittelalterlichen Talionsdenkens benutzte Stelle aus 1. Mose 9, 6: Wer Menschenblut vergießt, dessen Blut soll auch durch Menschen vergossen werden. Umgekehrt hat auch ein *Juden* diskriminierendes Recht vernunftgemäß keinen Bestand.

182 *Gmelin* gebührt das Verdienst, den Juden nachteiliges Recht für unvereinbar mit den „Rechten der Menschheit" erklärt zu haben (1785). Die Praxis wertete den Verkehr zwischen Juden und Christen teilweise als Sodomie, hielt körperliche Angriffe auf sie, Injurien gegen sie und Meuchelmord an ihnen für weniger gravierend und Juden im Prozess für untaugliche Zeugen. Die *Sklaverei* wird dagegen noch von *Grotius, Pufendorf, Thomasius* und *Wolff* bestätigt, auch

wenn man dem Herrn nicht mehr ein Recht zur Tötung zubilligt. Erst das jüngere Naturrecht setzt hier die humanitäre Gleichheit durch.

4. Naturrechtliche Kodifikationen

a) Die Gesetzeslehre

Vgl. zunächst die Angaben vor Abschnitt 2.

Quellen: *Hommel,* Principis cura leges, 1765, dt. Ausg. v. *Polley,* 1975; *Montesquieu,* De l'esprit des lois (1748), Bd. 1–3, 1834.

Literatur: *Burian,* Der Einfluß der Deutschen Naturrechtslehre auf die Entwicklung der Tatbestandsdefinition im Strafgesetz, 1970; *Dilcher,* Gesetzgebungswissenschaft und Naturrecht, JZ 1969, 1 ff.; *Engelsing,* Analphabetentum und Lektüre, 1973; *Gagnér,* Studien zur Ideengeschichte der Gesetzgebung, 1960; *Kleinheyer,* Vom Wesen der Strafgesetze in der neueren Rechtsentwicklung, 1968; *McLynn,* Crime and punishment in Eighteenth-century England, 1989; *Regge,* Kabinettsjustiz in Brandenburg-Preußen, 1977; *Rüping,* Die Gnade im Rechtsstaat, FS Schaffstein, 1975, 31 ff.; *Schott,* „Rechtsgrundsätze" und Gesetzeskorrektur, 1975; *Schreckenberger,* Die Gesetzgebung der Aufklärung und die europäische Kodifikationsidee, in: Kodifikation gestern und heute, 1995, 87 ff.; *H.-L. Schreiber,* Gesetz und Richter, 1976; *Stölzel,* Carl Gottlieb Svarez, 1885; *Würtenberger,* Das System der Rechtsgüterordnung in der deutschen Strafgesetzgebung seit 1532, 1933, Neudr. 1973.

183 Die naturrechtlichen Kodifikationen werden verständlich aus einer Gesetzgebungslehre, die sich Mitte des 18. Jhs. entfaltet. Aufklärung und Vernunftrecht treffen in ihr zusammen. Dem entsprechen Forderungen nach rationaler Durchdringung und systematischer Ordnung des Rechtsstoffs, nach Bestimmtheit der Tatbestände und einer populären Fassung. Bahnbrechend hatte *Montesquieu* 1748 in seinem Werk *De l'esprit des lois* den „Geist der Gesetze" auf äußere Faktoren wie Boden, Klima oder Religion zurückgeführt. Vergleichbares erarbeiten *Filangieri* für Italien, *Bentham* für England. Umfassende Denkform wird die *„Natur der Sache"*. Sie begegnete bereits bei der Entsprechung von Strafe und Delikt (Rn. 205) und ermöglicht gegen Ende des 18. Jhs. allgemein, fehlende ausdrückliche Regelungen aus der „Natur" eines Rechtsinstituts abzuleiten.

184 Die Forderung nach Vollständigkeit, Bestimmtheit und Verständlichkeit der (Straf-)Gesetze setzt eine Gesetzestechnik voraus, die mit Allgemeinen Teilen arbeitet, und eine Gesetzessprache, die nicht mehr wie im Mittelalter erzählend auftritt, Beispiele nennt, sondern vom Besonderen abstrahiert, den Stoff systematisiert und mit Legaldefinitionen rational durchdringt (zum Bildungsgrad bei den Adressaten im 18. Jh. *Engelsing*).

185 Mittelalterliche Rechtsfindung mit ihren weitgehend arbiträren Strafen muss dem aufgeklärten Zeitalter als Willkür erscheinen. Der Gegenpol, die absolute Gesetzesbindung, verwirklicht zunächst weniger einen Anspruch des Einzelnen, die Grenzen seiner Freiheit genau zu bestimmen und deshalb Strafgesetze voraussehbar zu machen; sie soll primär den Willen des absoluten Herrschers unbedingt durchsetzen. Zugespitzt kann eine abschließende Kodifikation richterliche Interpretation und wissenschaftliche Kommentierung nicht nur entbehrlich machen, sondern direkt verhindern.

186 Im Gesetzesstaat führt die bekannte These *Montesquieus:* „les juges de la nation ne sont ... que la bouche qui prononce les paroles de la loi" zu dem Ergebnis: „Die Rechtsgelehrsamkeit wird alsdenn aufhören eine Wissenschaft zu seyn" (*v. Globig/Huster,* 30; entsprechend: *Montesquieu,* Bd. 11, Kap. 6). Gegen die z. B. auch von *Beccaria* geforderte buchstäbliche Auslegung und das rein syllogistische Verfahren wendet freilich schon *Hommel* ein, folgerichtig müsse ein wegen Bigamie Angeklagter, der behaupte, drei Frauen zu haben, freigesprochen werden (Anm. k zu

Beccaria, 44). Ein *Kommentierungsverbot* enthält z. B. ausdrücklich das Project des Corporis Juris Fridericiani (1749): „Und damit die Privati, insonderheit aber die Professores, keine Gelegenheit haben mögen, dieses Land-Recht durch eine eigenmächtige Interpretation zu corrumpiren, so haben Se. Königliche Majestät bei schwerer Strafe verboten, dass niemand, wer er auch sey, sich unterstehen solle, einen Commentarium über das gantze Land-Recht, oder einen Theil desselben zu schreiben" (bei *Stobbe*, Rechtsquellen Abt. 2, 453).

Auf der anderen Seite machen die Kodifikationen und die darin liegende Gesetzes- 187
bindung Eingriffe des Landesherrn in die Rechtspflege unzulässig. Die Literatur greift zunächst das landesherrliche *Bestätigungsrecht* in Strafsachen an. Begünstigt durch das schriftliche Verfahren mit Aktenversendung, hat die absolutistische Souveränitätslehre im 17. Jh. dieses Hoheitsrecht durchgesetzt und ausgebaut. In der Praxis (dazu *Regge*) dient es hauptsächlich zur Anpassung und Milderung des überkommenen Rechts, aber auch zu Strafschärfungen, die uns heute als Willkürakte erscheinen. Ebenso werden *Machtsprüche* zweifelhaft, wie z. B. die Kritik am persönlichen Eingreifen *Friedrichs II.* im berühmt gewordenen Prozess des Müllers *Arnold* (1779) zeigt.

Karl Gottlieb Suarez (zu seiner Bedeutung für das ALR Rn. 242) geht 1791/92 in den Kron- 188
prinzenvorträgen (vor dem späteren König *Friedrich Wilhelm III.*) ausdrücklich auf den Vorfall ein: „dies war i. J. 1779 in einem Prozesse des Müllers *Arnold* gegen den Landrath *von Gerstorff* in der Neumark, wo der König zwei Erkenntnisse der Neumärkischen Regierung und des Kammergerichts, welche zu Gunsten des *von G.* ergangen waren, durch einen Machtspruch cassirte und die Räthe, welche in der Sache gearbeitet hatten, wegen des dem Müller nach seiner Meinung offenbar zugefügten Unrechts, auf die Festung bringen ließ". *Suarez* selbst kritisiert das Eingreifen im Sinne des Konstitutionalismus: „Diese Sätze sind die Schutzwehr der bürgerlichen Freiheit eines Preußischen Unterthanen. Sie unterscheiden den Bürger der Preußischen Monarchie von dem Sklaven eines orientalischen Despoten" (bei *Stölzel*, 313, 316).

Eine gute Gesetzgebung macht schließlich die nachträgliche Korrektur von Entschei- 189
dungen durch übergeordnete, außerpositive Billigkeitserwägungen überflüssig. Die Aufklärung stimmt überein, das Gnadenrecht, mit *Kant* „wohl unter allen Rechten des Souveräns das schlüpfrigste", möglichst zu beschneiden.

b) Studienreform

Literatur: *Bleek*, Von der Kameralausbildung zum Juristenprivileg, 1972; *Dilcher*, Die preußischen Juristen und die Staatsprüfungen, FS H. Thieme, 1986, 295 ff.; *Pick*, Aufklärung und Erneuerung des juristischen Studiums, 1983; *Jan Schröder*, Zur Entwicklung der juristischen Fakultäten im nachfriderizianischen Preußen (1786–1806), in: Das nachfriderizianische Preußen 1786–1806, 1988, 259 ff.; *ders.*, Wissenschaftstheorie und Lehre der „praktischen Jurisprudenz" auf deutschen Universitäten, 1979.

Die Bedeutung des positiven Rechts bewirkt im Studium, dass die Rechtswissenschaft 190
sich nicht mehr an der Legalordnung des Corpus Iuris ausrichtet. Sie bezieht jetzt das heimische Recht ein, vermittelt seine Kenntnis und die Methoden seiner Interpretation. Die lateinische Sprache weicht der Muttersprache; *Thomasius* schlägt – für das Jahr 1687 revolutionär – in Leipzig sein Vorlesungsprogramm in Deutsch an.

Praktische Reformen zeigen sich in einer weiteren Differenzierung der Fächer – Strafrecht und 191
Strafprozessrecht werden Ende des 18. Jhs. selbständig gelesen –, in der Ergänzung von Vorlesungen durch Praktika sowie in der für Preußen 1781 verwirklichten Zweiteilung der Ausbildung, bei der dem Studium mit abschließender Staatsprüfung eine praktische Tätigkeit als Referendar folgt. Der Absolutismus reglementiert das Studium und lässt als außeruniversitäre Literatur die ersten juristischen Zeitschriften entstehen. Der Stand des *Studenten* hat in der Aufklärungszeit keinen Einfluss auf die Zulassung zum Studium. Wohl sind Frauen praktisch ausgeschlossen, wenn man ihnen auch die Studierfähigkeit nicht abspricht.

c) Toskana

Quellen: *Graf,* Der Verfassungsentwurf aus dem Jahr 1787 des Granduca Pietro Leopoldo di Toscana: Edition und Übersetzung, Diss. Augsburg, 1998; *Paterniti,* Note al Codice Criminale Toscano del 1786, 1985 [Text und Komm.]; Neues Criminalgesetzbuch von Toscana, 1786, dt. Übers. in: Staats-Anzeigen, hg. v. *Schlözer,* Bd. 10, 1787, 348 ff., 393 ff. und als: Kriminalgesetze Sr. königl. Hoheit Peter Leopolds Erzherzogs von Oesterreich, Grosherzogs von Toskana, 1787.

Literatur: *Rüping,* Das Leopoldinische Strafgesetzbuch und die strafrechtliche Aufklärung in Deutschland, in: La „Leopoldina" Bd. 5, 1989, 535 ff.; *Schlosser,* Methodische Konzeption und System der aufgeklärten toskanischen „Leopoldina" vom 30. November 1786, ZNR 1999, 136 ff.

192 Europäischen Modellcharakter bekommt das von Großherzog *Peter Leopold* (als Deutscher Kaiser nach seinem Bruder *Joseph II. Leopold II.*) 1786 erlassene Gesetzbuch für die Toskana. Das Gesetz schafft – wohl unter dem Einfluss *Beccarias* – die Todesstrafe völlig ab (Art. 51), ersetzt sie allerdings durch gravierende Formen öffentlicher Zwangsarbeit (Art. 55).

Die Diskussion um die Todesstrafe wird zum ersten Mal auf eine *empirische Basis* gestellt: Wenn Art. 51 die „Sitten Toskanas" bemüht, ist die zehnjährige positive Erfahrung gemeint, auf die Todesstrafe ohne Einbuße an öffentlicher Sicherheit verzichten zu können.

193 Die ausnahmslose Aufhebung der Tortur wird bestätigt (Art. 33) – doch kennt das Gesetz gemäß Art. 110 eine Verdachtsstrafe –, die Verhaftung an enge Voraussetzungen gebunden (Art. 15). Das Gesetz betont die Sorge um wirksame Verteidigung des Beschuldigten (Art. 13, 23, 26, 31, 49, 50), gewährt dem ungerechtfertigt Verhafteten Schadensersatz (Art. 46) und Angehörigen sowie Ehegatten ein Zeugnisverweigerungsrecht (Art. 28).

194 Das ganze Verfahren steht unter der rechtsstaatlichen Maxime: „Es soll demnach in keinem Fall, bei keinem Verbrechen, es sei noch so abscheulich, erlaubt seyn, von dem gewönlichen Verfaren eine Ausnahme zu machen, und irgend jemanden ... mit einer Strafe zu belegen, ohne ihn vorher seiner Vergehung überfürt, und dasjenige, was er zu seiner Verteidigung anfürt, geprüft zu haben" (Art. 48 S. 2 bei *Schlözer*). Die verfassungsrechtliche Basis sollte ein Staatsgrundgesetz schaffen; sein Entwurf aus dem Jahre 1779 betont nach dem Vorbild amerikanischer Erklärungen die Freiheitsrechte des Betroffenen und verwirklicht sie z. B. im Recht des Habeas corpus.

d) Preußen

Quellen: *Hattenhauer* (Hg.), Allgemeines Landrecht für die Preußischen Staaten, 1794, 3. Aufl. 1996; *Friedrich der Große,* Denkwürdigkeiten zur Geschichte des Hauses Brandenburg, 1748, dt. Ausg., 1975; *Klein,* Grundsätze des gemeinen deutschen und preußischen peinlichen Rechts, 1796.

Literatur: *Blasius,* Grenzen sozialer Disziplinierung: Das Strafrecht des ALR, in: *Birtsch/Willoweit,* Reformabsolutismus und ständische Gesellschaft, 1998, 341 ff.; *Dilthey,* Das allgemeine Landrecht, Gesammelte Schriften Bd. 12, 2. Aufl. 1960, 131 ff.; *Forrer,* Die Freiheitsstrafe im friderizianischen Preußen, Diss. Zürich 1975; *Hälschner,* Geschichte des Brandenburgisch-Preußischen Strafrechtes, 1855; *Jerouschek,* Lebensschutz und Lebensbeginn: Kulturgeschichte des Abtreibungsverbots, Diss. Freiburg, 1988; *Jost,* Staatsschutzgesetzgebung im Zeitalter des Absolutismus, Diss. Berlin (FU), 1998; *Koselleck,* Preußen zwischen Reform und Revolution, 2. Aufl. 1975; *Schild,* 1577 Paragraphen aufgeklärter Strafrechtsvernunft, in: 200 Jahre Allgemeines Landrecht für die Preußischen Staaten, 1995, 41 ff.; *Walder,* Aufgeklärter Absolutismus und Staat, in: *v. Aretin* (Hg.), Der Aufgeklärte Absolutismus, 1974, 123 ff.

195 In Preußen beeinflusst die Aufklärungsphilosophie, vor allem durch *Friedrich II.*, deutlich die Praxis des Rechts und verwirklicht Gedanken von *Thomasius, Wolff,*

Montesquieu und *Voltaire.* Das ALR von 1794 veranschaulicht die Möglichkeiten einer naturrechtlichen Kodifikation als „preußisches Naturrecht" *(Dilthey).*

Friedrich II. zufolge verdankt das weibliche Geschlecht *Thomasius,* „in Frieden alt werden und sterben" zu können. 1740, unmittelbar nach seinem Regierungsantritt, hebt er die Folter grundsätzlich auf. Sie bleibt bis 1754 noch in Ausnahmefällen, bei Majestätsbeleidigung und Landesverrat, zulässig und wird 1772 sowie 1777 noch einmal angewandt. Der Angeklagte wird jetzt verurteilt, wenn das Gericht auch ohne Geständnis von seiner Schuld überzeugt ist; bei nur wahrscheinlichem Verdacht bleiben Festungshaft und -arbeit als Verdachtsstrafe. **196**

Die von *Friedrich II.* selbst literarisch geforderte *Verhältnismäßigkeit* zwischen Strafe und Delikt veranlasst ihn, 1751 das herkömmliche unehrliche Begräbnis für den Selbstmörder abzuschaffen, und 1753 die Todesstrafe für den Wilddieb. Bei den Strafarten beschränkt ein Reskript von 1756 die Strafe der Infamie mit der treffenden Begründung, der Entlassene sei sonst außerstande, sein Brot auf ehrliche Art zu verdienen. Die Strafe, den Verurteilten auf das Rad zu flechten, wird in der Praxis durch vorheriges Erdrosseln gemildert. **197**

Das Allgemeine Landrecht für die preußischen Staaten von 1794 bleibt mit seinen 19.199 Paragraphen, von denen die letzten 1.577 auf das Strafrecht entfallen, der umfassendste, beim Inkrafttreten inhaltlich bereits teilweise überholte Kodifikationsversuch im Zeitalter der Aufklärung. Das Strafrecht ist ausgearbeitet von *Ernst Ferdinand Klein* (1744–1810) und mit geprägt von *Karl Gottlieb Suarez* (1746–1798), dem engsten Mitarbeiter des Großkanzlers *v. Carmer.* Naturrechtlich sind der Ausgangspunkt (Einl. § 83: „Die allgemeinen Rechte des Menschen gründen sich auf die natürliche Freyheit, sein eignes Wohl, ohne Kränkung der Rechte eines Andern, suchen und befördern zu können"), im Allgemeinen Teil des Strafrechts die Zurechnung freier Handlungen (Tl. 2 Tit. 20 §§ 7 ff.), die Wertung der Religionsdelikte als Friedensstörungen (§§ 214 ff.), der Sittlichkeitsdelikte als Verletzungen des Gemeinwohls (§§ 999 ff.). Geschichtlich bedingt, von *Wolff* beeinflusst und auch von *Friedrich II.* vertreten, ist die Grundhaltung, jedes Mitglied des Staates sei verpflichtet, „das Wohl und die Sicherheit des gemeinen Wesens, nach dem Verhältniß seines Standes und Vermögens, zu unterstützen" (Einl. § 73). So erklären sich die umfassenden Kontrollen, mit denen das Gesetz den Untertan „von der Geburt bis zum Grab" begleitet. **198**

Es verpflichtet z. B. Mütter, zur Vermeidung von Kindestötungen 14-jährigen Töchtern Sexualkunde zu erteilen (§ 902), oder Dekan und Senat, allgemein Fleiß und Lebensart des Studenten zu überwachen (Tl. 2, Tit. 12, §§ 82, 83). Dem Aufklärungsideal entspricht, „dass Leute von mittelmäßigen, durch eine gantz gewöhnliche Erziehung und Übung gebildeten Fähigkeiten, insonderheit aber alle diejenigen, welche irgend ein richterliches Amt bekleiden, das neue Gesetzbuch sollen verstehn und anwenden können" (Text des Promemoria von *Suarez* zum ALR bei *Stölzel,* 225). Bei Zweifeln entscheidet eine Gesetzgebungskommission über die authentische Interpretation (Einl. § 47), – später das Justizministerium, und erst 1833 das Obertribunal als richterliche Instanz. **199**

e) Österreich und Ungarn

Quellen: Constitutio Criminalis Theresiana, 1769; Allgemeines Gesetzbuch über Verbrechen und derselben Bestrafung, 1787, in: *Joseph II.*, Gesetze und Verfassungen im Justiz-Fache, 1786–1787, 1817, 8 ff.; Gesetzbuch über Verbrechen und schwere Polizey-Übertretungen, 1803, 2. Aufl. 1815.

Literatur: *Balogh,* Die Dogmatik des materiellen Strafrechts, in: *Máthé/Ogris* (Hg.), Die Entwicklung der österreichisch-ungarischen Strafrechtskodifikationen, o. J. [1997], 181 ff.; *Conrad,* Zu den geistigen Grundlagen der Strafrechtsreform Josephs II. (1780–1788), FS v. Weber, 1963, 56 ff.; *Hajdu,* Das Strafgesetzbuch Josefs II. in Ungarn, 1973; *Hartl,* Grundlinien der österreichischen Strafrechtsgeschichte bis zur Revolution von 1848, in: *Máthé/Ogris,* Entwicklung, 13 ff.; *Moos,* Der Verbrechensbegriff in Österreich im 18. und 19. Jahrhundert, 1968; *Ogris,* Joseph von Sonnenfels als Rechtsreformer, in: *Reinalter* (Hg.), Joseph von Sonnenfels, 1988, 11 ff.; *Polaschek,* „... und die Tortur soll auch aufgegeben werden", FS Kocher, 2002, 231 ff.; *Wangermann,* Kriminalverbrechen und Bestrafung im Josephinischen Österreich, in: Justiz und Zeitgeschichte V, 1985, 1 ff.

200 In Österreich belegt der Wandel von der Constitutio Criminalis *Theresiana* (1768/9) zu *Josephs II.* Allgemeinem Gesetzbuch über Verbrechen und derselben Bestrafung (1787) den vor allem durch *Joseph von Sonnenfels* vermittelten Einfluss der Aufklärung. In den Strafarten kennt die *Theresiana* verschiedene und auch qualifizierte Todesstrafen (Art. 5 §§ 2, 3), die *Josephina,* abgesehen von der gesetzlichen Bestimmtheit, als Ausfluss der Proportionalität (Tl. 1, § 14, S. 1) die Todesstrafe nur im Standrecht (Tl. 1, § 20); ihr Ersatz durch Zwangsarbeit oder lebenslange Anschmiedung soll stärker abschreckend wirken. Im Besonderen Teil bestraft die *Theresiana* noch die Zauberei (Art. 58, § 12), sieht für die Gotteslästerung spiegelnde Strafen vor (Art. 56, § 9) und bei Sodomie den Feuertod (Art. 74, § 6); die *Josephina* stellt den Gotteslästerer einem schuldunfähigen Wahnwitzigen gleich (Tl. 2, § 61) und reagiert auf Sodomie mit bloßen Körper- und Freiheitsstrafen (Tl. 2, § 72). Wenn die *Franciscana* (1803) die Todesstrafe wieder einführt (§ 9), wird diese doch in der Praxis zunehmend seltener vollstreckt.

201 Das Strafrecht in Ungarn baut trotz Einführung der *Josephina* (1787) noch auf der *Ferdinandea* von 1656 auf. Entwürfe im 19. Jh. verwirklichen das Prinzip nullum crimen sine lege (*Balogh,* 196 f.) und bereiten die eigene Kodifikation 1878 vor.

f) Russland

Quelle: *Katharinas II.* Instruction für die zu Verfertigung des Entwurfs zu einem neuen Gesetzbuche verordnete Commißion, dt. Ausg. v. *Haigold* [Pseud. für *Schlözer*], 1768.

Literatur: *Baberowski,* Die verhinderte Konstitution: Justiz und Autokratie im späten Zarenreich 1864–1917, in: Vorträge zur Justizforschung, Bd. 2 1993, 369 ff.; *de Madariaga,* Penal Policy in the age of Catherine II, in: La „Leopoldina", Bd. 11 1990, 497 ff.

202 Der Anklageprozess erscheint 1723 als reguläres Verfahren; die Todesstrafe wird 1754 aufgehoben, jedoch durch die völlig arbiträre Strafe der Knute ersetzt. Die Instruktion *Katharinas II.* von 1767 steht mit der Zurücknahme des Strafrechts bei Majestätsdelikten, Zauberei und Ketzerei (§ 41), dem Verbot der Tortur (§ 123) und grundsätzlich auch der Todesstrafe (§ 210) im Bann der Aufklärung, aber ebenso mit der Überwachung des Gesetzesvollzugs durch die Richter (§ 158). Erst die Gerichtsstatuten von 1864 verwirklichen moderne Forderungen wie Gewaltenteilung, eine selbstverwaltete Advokatur, Geschworenengerichte, Mündlichkeit, Öffentlichkeit und Anklageprinzip. Doch scheitert die Durchsetzung an äußeren Problemen, wie unzureichenden Verwaltungsstrukturen im Zarenreich, und an inneren, wie dem hohen Anteil an Analphabeten, bis die Revolution von 1917 den Modernisierungsprozess beendet.

g) Bayern

Quellen: Codex Juris Bavarici Criminalis (1751), 2. Aufl. 1771; Strafgesetzbuch für das Königreich Bayern, Tl. 1, 2, 1813; *Kleinschrod,* Systematische Entwickelung der Grundbegriffe und Grundwahrheiten des peinlichen Rechts, Tl. 1–3, 1794, 1796; *ders.,* Entwurf eines peinlichen Gesetzbuches für die kurpfalzbaierischen Staaten, 1802, Nachdr. 1988.

Literatur: *Leutenbauer,* Das Delikt der Gotteslästerung in der bayerischen Gesetzgebung, 1984; *Naucke,* Paul Johann Anselm von Feuerbach, ZStW 87 (1975), 861 ff.; *Overath,* Naturrecht und Todesstrafe, ZNR 2000, 111 ff.; *Schlosser,* Der Gesetzgeber Kreittmayr und die Aufklärung in Kurbayern, in: *Bauer/Schlosser* (Hg.), Wigulaeus Xaver Aloys Freiherr von Kreittmayr, 1991, 3 ff.; *G. Schubert,* Feuerbachs Entwurf zu einem Strafgesetzbuch für das Königreich Bayern aus dem Jahre 1824, Diss. Heidelberg 1978; *Ulbricht,* Kindsmord und Aufklärung in Deutschland, 1990; *Wächtershäuser,* Das Verbrechen des Kindesmordes im Zeitalter der Aufklärung, 1973.

Bayerns Gesetzgebung, die in der Mitte des 18. Jhs. noch rückständig anmutet, setzt 203
sich mit dem StGB von 1813 an die Spitze der deutschen Territorien. Der *Codex juris criminalis Bavarici* (1751), verfasst von *Wigulaeus Xaver Aloysius Kreittmayr* (1705–1790), bleibt als Zusammenfassung des geltenden Rechts rückwärtsgewandt.

Der Codex kennt geschärfte Todesstrafen (Tl. 1, Kap. 1, § 6), bestraft Gotteslästerung, Ketzerei und Hexerei (Tl. 1, Kap. 7, §§ 1, 5, 7) und sieht vier Grade der Tortur vor (Tl. 2, Kap. 8, §§ 3 ff.).

Der Gesetzentwurf aus dem Jahre 1802 von *Gallus Aloys Kleinschrod* (1762–1824) 204
zeigt den Einfluss der neuen Strömungen, wenn er die überkommenen Strafen zu mildern und den Umfang des Strafrechts zu begrenzen sucht. *Feuerbach* (Rn. 272) kritisiert die ungenügende Bestimmtheit der Tatbestände und Strafmaßnahmen. Das von ihm redigierte StGB von 1813 führt den Grundsatz *nulla poena sine lege* durch, wie ihn Art. 1 an die Spitze stellt: „Wer eine unerlaubte Handlung oder Unterlassung verschuldet, für welche ein Gesetz ein gewisses Übel gedrohet hat, ist diesem gesetzlichen Übel als seiner Strafe unterworfen." Das Gesetz bekennt sich zu der Maxime: keine Strafe ohne Schuld (Art. 119). Enge Tatbestände und genau umgrenzte Strafrahmen sollen richterliche Willkür ausschließen. Im Besonderen Teil wird das politische Strafrecht als Staatsschutzrecht verstanden, das Sittlichkeitsstrafrecht auf die Verletzung privater Interessen zurückgeführt (Art. 190, 201, 206, 378); die Blasphemie entfällt.

Als Beispiel für die Durchführung des Verhältnismäßigkeitsprinzips schafft Art. 157 die Todesstrafe für die Kindestötung ab, nachdem Theorie und Praxis seit der Aufklärung die psychologische Situation mildernd gewertet hatten (zur Entwicklung *Wächtershäuser*). Im prozessualen Teil herrscht der Inquisitionsprozess, wenn *Feuerbach* auch das formale Beweisrecht vorsichtig zu erweitern sucht.

Das StGB dient zahlreichen Territorien als Vorbild. Ungeachtet dieser Bedeutung 205
werden schon bald der Ausschluss jeden richterlichen Spielraums und die Beschrankung des Strafrechts auf unmittelbare Rechtsgutsverletzungen kritisiert. Vor allem erscheinen die Sanktionen zu hart und werden tatsächlich durch Begnadigungen unterlaufen.

In Bayern werden um 1843 durchschnittlich 7 Todesurteile pro Jahr verhängt, aber nur 1 bis 2 vollzogen, ohne dass die Kapitalverbrechen steigen. *Feuerbachs* Strafgesetz-Entwurf von 1824 trägt der Kritik weitgehend Rechnung. Er mildert zahlreiche Strafen, gibt dem Richter mehr Ermessen und will schwere Verstöße gegen religiöse und sittliche Normen stets gerichtlich ahnden, nicht nur polizeilich (Text und Würdigung bei *Schubert*).

5. Kriminalität, Strafen und Strafvollzug

a) Zwangsarbeit und Deportation

Literatur: *Schlosser,* Die Strafe der Galeere, ZNR 1988, 19 ff.; *Tomás y Valiente,* El Derecho Penal de la Monarquía absoluta (Siglos XVI–XVII–XVIII), 1969; *Zysberg,* Galleys and Galley Slaves in Late Seventeenth-Century France, CJH 1 (1980), 49 ff.

206 Entscheidende Wandlungen betreffen um 1800 die Strafarten und den Strafvollzug als Reaktion auf veränderte Formen der Kriminalität. Wenn Gewalttaten abnehmen und die Todesstrafe zurücktritt, werden die schon in der Aufklärung unbestritten als Substitution geltenden Arbeitsstrafen (Rn. 213), später auch Freiheitsstrafen bedeutsam. Der aus der Orientierung an der öffentlichen Wohlfahrt folgende Utilitarismus lässt in den neuzeitlichen Territorialstaaten die Verurteilung zu Zwangsarbeit als rechtlich legitim und wirtschaftlich angezeigt erscheinen.

207 Zahlenmäßig am bedeutsamsten in Europa sind die in Russland zu Zwangsarbeit Verurteilten, die im 18. Jh. Sibirien kolonisieren. An der in den Mittelmeerländern Spanien, Italien und Frankreich seit dem 16. Jh. aufkommenden *Galeerenstrafe* lässt sich zeigen, wie das gemeine Recht den rechtlichen Rahmen schafft, durch arbiträre Strafen etwa mildernden Motiven beim Totschlag Rechnung zu tragen und wie ökonomische Umstände die Verurteilung zu Zwangsarbeit favorisieren. Im 17. Jh. sind in Spanien um 2.000 Männer zur Galeere verurteilt, wobei große Schiffe mehrere hundert Ruderer benötigen (*Pike,* 11). Frankreich unterhält zuletzt 40 Galeeren, bedient von 12.000 Mann, Sklaven wie Verurteilten (etwa zur Hälfte wegen Diebstahls, vgl. *Zysberg,* 77).

Mit dem Aufkommen der Segelschiffe im 18. Jh. bleiben die Sträflinge auf den Galeeren vor Anker, um von dort an Land in den Arsenalen und später im Festungs- und Wegebau zu arbeiten (*Tomás y Valiente,* 391). Noch im selben Jahrhundert entstehen die ersten Gefängnisse nicht als Sicherungs-, sondern als Korrektionsanstalten, nachdem auch die *Deportation,* wie sie England in die amerikanischen Kolonien betrieben hatte, nicht mehr möglich ist.

b) Gefängnisse und Zuchthäuser

Quellen: *Gruner,* Versuch über die recht- und zweckmäßigste Einrichtung öffentlicher Sicherungsinstitute, 1802; *Howard,* Prisons and Lazarettos, Bd. 1, 4. Aufl. 1792, Bd. 2, 2. Aufl. 1791, Nachdr. 1973.

Literatur: *Alonso/Hespanha,* Les Peines dans les Pays Ibériques (XVIIe–XIXe siècles), in: RecSocJB Bd. 57 (La Peine), 1989, 195 ff.; *Ammerer* (Hg.), Gefängnis und Gesellschaft, 2003; *Blasius,* Bürgerliche Gesellschaft und Kriminalität, 1976; *Dean,* Criminal Justice in mid fifteenth-century Bologna, in: *Dean/Lowe* (Hg.), Crime, Society and the Law in Renaissance Italy, 1994, 16 ff.; *Fasoli,* Zum Strafverfahrensrecht und Gefängniswesen im 19. Jahrhundert, 1985; *Finzsch,* Obrigkeit und Unterschichten: Zur Geschichte der rheinischen Unterschichten gegen Ende des 18. und zu Beginn des 19. Jahrhunderts, 1990; *Garnot,* Crime et justice aux XVIIe et XVIIIe siècles, 2000; *ders.,* Justice et société en France aux XVIe, XVIIe et XVIIIe siècles, 2000; *Ignatieff,* A Just Measure of Pain: The Penitentiary in the Industrial Revolution, 1978; *Krause,* Geschichte des Strafvollzugs, 1999; *Laubenthal,* Strafvollzug, 5. Aufl. 2008; *Liva,* Carcere e diritto a Milano nell' età delle riforme, in: La „Leopoldina“, Bd. 11, 1990, 63 ff.; *Petit,* Peine et pénitence, in: *Garnot* (Hg.), Histoire et criminalité, 1992, 509 ff.; *Stekl,* Österreichs Zucht- und Arbeitshäuser 1671–1920, 1978; *Trinidad Fernández,* La defensa de la sociedad: Carcél y delincuencia en España (siglos XVIII–XX), 1991.

208 Aus Ansätzen im 16. Jh. entwickelt sich ein eigentlicher Strafvollzug. Das erste Zuchthaus in *Bridewell* bei London (1555) will als „house of correction“ durch Arbeit und Strafen zu einem geordneten Leben erziehen. Die polizeilich-präventive Zielsetzung wird deutlich, wenn die Ordnung von 1557 ausdrücklich der Faulheit und Arbeitsscheu den Kampf ansagt und sich das Haus dadurch füllt, dass Bezirksaufseher Bettler und Vagabunden von der Straße mitnehmen. Das erste Zuchthaus auf dem Kontinent, 1595 in *Amsterdam,* verfolgt entsprechende Ziele. Es will, calvinistischen Vorstellungen folgend, durch Arbeit erziehen, insbesondere durch das berüchtigte Farbholzraspeln (Rasphuis). Das Gewicht liegt wie beim englischen Vorbild auf dem polizeilichen Gesichtspunkt. Die Unterbringung verfolgt nur sekundär Strafziele und dient erst später der Vollstreckung eigentlicher Freiheitsstrafen.

209 Das Amsterdamer Modell findet in West- und Nordeuropa Nachahmung (z. B. 1613 in Antwerpen, 1621 in Stockholm) und über die Hansestädte (1609 Bremen, 1613

Lübeck) Eingang in Deutschland (z. B. 1617 Kassel, 1671 Leipzig). Doch gerät das ursprüngliche Ziel bald in Vergessenheit. Gefangene sind zusammen mit Armen, Irren und Waisen untergebracht; dem allgemeinen Nützlichkeitsdenken entsprechend beschränkt sich der absolutistische Staat darauf, Gefangene kostensparend zu verwahren und für wirtschaftliche Zwecke gewinnbringend einzusetzen.

Erste Reformen kommen von kirchlicher Seite und sind philanthropisch motiviert. 210
Die Kirche sucht in eigenen Korrektionshäusern Reue und Buße zu erreichen (z. B. 1623 in Neapel Casa di Penitenza). Dieser im Mailänder Korrektionshaus 1759 für Straftäter übernommene Ansatz verbindet sich mit dem im Protestantismus verwirklichten Gedanken des Arbeitshauses und führt 1775, richtungweisend für Europa, zur Maison de Force in Gent, bei dem gemeinsame Arbeit tagsüber mit nächtlicher Isolierung wechselt (entsprechend z. B. 1778 die Casa Pia de Lisboa).

Entsprechend will die 1776 von Quäkern gegründete Gefängnisgesellschaft in Philadelphia 211
durch totale Isolierung eine innere Umkehr des Gefangenen erreichen. Zunächst konkurrierend, dann zunehmend angenähert entwickelt sich das Auburnsche Solitary and Silent-System: die 1823 im Staat New York gegründete Anstalt verbindet nächtliche Trennung mit gemeinschaftlicher Arbeit tagsüber bei absolutem Schweigegebot (zur Konkurrenz der Systeme *Laubenthal,* Rn. 107 ff. und zur Wirkung auf Reformen in Spanien vgl. *Trinidad Fernández,* 126 ff.).

Reformen setzen ein, als der Engländer *John Howard* (1726–1790) ganz Europa 212
bereist, die Ergebnisse 1777 zusammenfasst und schonungslos die Missstände aufdeckt. Sie betreffen veraltete Gebäude, die fehlende Trennung der Gefangenen und ihre gemeinsame Unterbringung mit Geisteskranken, die Ausbeutung durch privatwirtschaftliche Verpachtung, den Missbrauch des Alkohols. Aus der Reformbewegung erwachsen Ansätze zu einer Gefängniswissenschaft.

Über das Zuchthaus von Spandau schreibt *Howard* 1789: Die Gefangenen bekommen „only 2 213
lb. of bread and water … They are to work four hours a day for the king … Their rooms under the ramparts, very close, dirty, and crowded" (Prisons and Lazarettos, Bd. 2, Appendix S. 10; Bd. 1, 12 ff., 469). In Deutschland ist das Gefängnis in Coesfeld (1802) für *Gruner* „das schrecklichste Bild intoleranter grausamer Justizverwaltung": der Gefangene sieht sich gezwungen, „in einer immerwährenden sitzenden Stellung hinzubringen" und kann „sich nur gebogen, rutschend, von einer Stelle zur andern, mit Hülfe der Hände, fortbewegen" (Versuch, 221 ff.). Andererseits können merkantile Interessen einer Stadt das Zuchthaus zu einem nicht zwangsläufig diskriminierenden Reservoir für Arbeitskräfte machen, um die Insassen vor Müßiggang und Bettelei zu bewahren (am Beispiel Kölns *Finzsch*).

c) Moralität und Legalität im Vollzug

Quellen: *Anonym (= Albrecht Heinrich v. Arnim),* Bruchstücke über Verbrechen und Strafen, Tl. 1, 2, 1803; *Julius,* Die amerikanischen Besserungs-Systeme, 1837; *v. Rotteck/Welcker,* Staatslexikon, Bd. 2, 1840; *Wagnitz,* Historische Nachrichten und Bemerkungen über die merkwürdigsten Zuchthäuser in Deutschland, Bd. 1, 2, Tl. 1, 2, 1791, 1792, 1794.

Literatur: *Evans,* Rituale der Vergeltung, dt. Ausg. 2001; *Foucault,* Überwachen und Strafen: Die Geburt des Gefängnisses, dt. Ausg. 1977; *Garland,* Punishment and Modern Society, 1990; *Henze,* Handlungsspielräume im Strafvollzug, in: *Berding/Klippel/Lottes* (Hg.), Kriminalität und abweichendes Verhalten, 1999, 141 ff.; *Nutz,* Strafanstalt als Besserungsmaschine, Diss. München, 2001; *Petit,* Ces peines obscures: La prison pénale en France 1780–1875, 1990; *Saam,* Quellenstudien zur Geschichte des deutschen Zuchthauswesens bis zur Mitte des 19. Jahrhunderts, 1936; *Schidorowitz,* H. B. Wagnitz und die Reform des Vollzugs der Freiheitsstrafe an der Wende vom 18. zum 19. Jahrhundert, Diss. Wuppertal, 2000; *Spierenburg,* The Spectacle of Suffering, 1984; *Stekl,* Österreichs Zucht- und Arbeitshäuser 1671–1920, 1978.

In Deutschland setzt sich der Hamburger Arzt *Nikolaus Heinrich Julius* für das 214
Pennsylvanische System ein, von dem er sich am ehesten eine sittliche Besserung verspricht. Erst 1842 entsteht das erste Zellengefängnis (Pentonville) in Europa, 1848

die erste Anstalt nach pennsylvanischem System in Deutschland, das Männerzuchthaus Bruchsal. Demselben Ziel fühlt sich der Zuchthauspfarrer *Heinrich Balthasar Wagnitz* verpflichtet, wenn er als Leitidee seiner Reform im Gefangenen stets den Mitmenschen sieht.

215 In der Praxis setzt sich dagegen die von dem preußischen Minister *Albrecht Heinrich v. Arnim* vertretene Richtung durch. Sie beschränkt den Staat in Nachwirkung *Kantischer* Ideen auf die Beförderung des rechtlichen Zustandes der Gesellschaft. Deshalb hält sie ein gezieltes Einwirken im Hinblick auf eine Besserung für unzulässig und begnügt sich mit einem äußerlich angepassten, legalen Verhalten: „Im Grunde ist aber weiter nichts als *gezähmter Wille* vorhanden." Entsprechend soll der Vollzug nach dem preußischen Generalplan von 1804 durch strenge Ordnung eine „mechanische Gewöhnung zur äußern Rechtlichkeit" schaffen.

216 Verhaltensvorschriften für die Gefangenen sind bis etwa 1800 religiös und moralisch geprägt; nach der Regelung für das Hamburger Zuchthaus von 1680 als Beispiel „sollen die Züchtlinge täglich bey ihrer Arbeit Christliche Psalmen singen" (Art. 4). Dagegen dient etwa die Ordnung für Spandau von 1833 nur dem angeblich neutralen Wert der Ordnung: „In der ganzen Anstalt muss eine militairische Subordination herrschen, die unter den Züchtlingen durch unbedingten Gehorsam und Verbannung alles Raisonnirens erhalten werden muss" (§ 2 S. 1; Texte bei *Saam*). Auch in Frankreich setzt sich seit 1830 gegenüber den Philanthropen die Gegenrichtung durch, die Gefangenen nur zu disziplinieren.

217 Die Beschränkung auf die Legalität wird im weiteren Verlauf eine Folge der rechtsstaatlichen Sicht. *Karl v. Rotteck* und *Carl Theodor Welcker* wenden sich im „Staatslexikon" ausdrücklich gegen therapeutische Experimente, die notwendig keine gesetzliche Bestimmtheit des Strafens mehr zulassen. Der Gefangene soll statt dessen die im Urteil bestimmte Strafe als Übel erleiden und „zu gewissen äußerlich erkennbaren Tugenden, z. B. Ordnung, Reinlichkeit, Fleiß, gewöhnt" werden.

218 Wie im 19. Jh. die öffentlich vollzogene (Todes-)Strafe zu Gunsten interner Disziplinierung von Gefangenen zurücktritt, wie äußerliche Rationalisierung und Bürokratisierung (*Foucault;* abw. zur Bedeutung der merkantilen Aspekte *Petit*, 545) mit dem veränderten Bewusstsein einhergehen, staatliche Repression müsse sich nicht äußerlich manifestieren *(Spierenburg)*, ist Thema einer eigenständigen Sozialtheorie (zur Diskussion *Garland* und *Evans*).

§ 2. Vom Partikularrecht zum Reichsrecht

1. Das Strafrecht in den Territorien

a) Allgemeine Quellen: *Feuerbach,* Anti-Hobbes, 1797, Nachdr. 1967; *ders.*, Lehrbuch des gemeinen in Deutschland gültigen peinlichen Rechts, 11. Aufl. 1832, Nachdr. 1997; *ders.*, Revision der Grundsätze und Grundbegriffe des positiven peinlichen Rechts, Tl. 1, 1799, Neudr. 1966 [Revision]; *Grolman,* Grundsätze der Criminalrechtswissenschaft, 2. Aufl. 1805, Nachdr. 1997; *Heffter,* Lehrbuch des gemeinen deutschen Strafrechts, 6. Aufl. 1857, Nachdr. 1997; *Hegel,* Grundlinien der Philosophie des Rechts, 1821, Ausg. v. *Löwith/Riedel,* 1968; *Kant,* Metaphysik der Sitten, 1797, in: Werke, hg. v. *Weischedel,* Bd. 4, 1956, Nachdr. 1963; *Marezoll,* Das gemeine deutsche Criminalrecht als Grundlage der neuen deutschen Strafgesetzgebung, 3. Aufl. 1856, Nachdr. 1996; *Stenglein,* Sammlung der deutschen Strafgesetzbücher, Bd. 1–3 1858; *Temme,* Lehrbuch des Gemeinen Deutschen Strafrechts, 1876, Nachdr. 1997.

Literatur: *Brandt,* Die Entstehung des Code pénal von 1810 und sein Einfluss auf die Strafgesetzgebung der deutschen Partikularstaaten des 19. Jahrhunderts, Diss. Frankfurt/M., 2002; *Foltis,* Verbrechen und Willkür, Diss. Mannheim 1994; *Greco,* Lebendiges und Totes in Feuerbachs Straftheorie, Diss. München, 2009; *Greve,* Verbrechen und Krankheit, Diss. Gießen, 2004; *Gröschner/Harney* (Hg.), Die Bedeutung J. P. A. Feuerbachs (1775–1833) für die Gegenwart, 2003; *Hein,* Vom Rohen zum Hohen: Öffentliches Strafrecht im Spiegel der Strafrechtsgeschichtsschreibung des 19. Jahrhunderts, 2001; *Kühl,* Naturrechtliche Grenzen strafwürdigen Verhaltens, in: *Dann/Klippel* (Hg.), Naturrecht-Spätaufklärung-Revolution, 1995, 182 ff.; *Maiwald,* Zur allgemeinen Verbrechenslehre in der Strafrechtswissenschaft des 19. Jahrhunderts, FS Sellert, 2000, 427 ff.; *Helga Müller,* Der Begriff der Generalprävention im 19. Jahrhundert, Diss. Frankfurt 1984; *Naucke,* Kant und die psychologische Zwangstheorie Feuerbachs, 1962; *Pauli,* Poenae Propriae: Das Problem der Sonderstrafen in der europäischen Gesetzgebung aus den Jahren 1751–1903, 1982; *Primoratz,* Banquos Geist: Hegels Theorie der Strafe, 1986; *Ramb,* Strafbegründung in den Systemen der Hegelianer, 2005; *R. Schröder,* Die Strafgesetzgebung in Deutschland in der ersten Hälfte des 19. Jhs., FS Gagnér, 1991, 403 ff.; *Seelmann,* Hegels Straftheorie, JuS 1979, 687 ff.; *Stübinger,* Schuld, Strafrecht und Geschichte, 2000; *Winter,* Die Entwicklung der Mittäterschaft im 19. Jahrhundert, Diss. Heidelberg, 1981.

b) Territorialrecht: *Baden:* StGB für das Großherzogtum Baden (1845); *Walz,* Soziale Strafrechtspflege in Baden, Diss. Freiburg, 1999.

Bayern: StGB für das Königreich Bayern (1861); *Rosenberger,* Das Sexualstrafrecht in Bayern von 1813 bis 1871, Diss. Marburg, 1973; *Schweisthal,* Das bayerische Strafgesetzbuch von 1861, Diss. München, 1992.

Braunschweig: Kriminalgesetzbuch für das Herzogthum Braunschweig (1840).

Hannover: Criminalgesetzbuch für das Königreich Hannover (1840); *Krause,* Die Strafrechtspflege im Kurfürstentum und Königreich Hannover, Diss. Göttingen, 1991.

Hessen: StGB für das Großherzogtum Hessen (1841); *Christ,* Entstehung und Grundgedanken des Strafgesetzbuchs für das Großherzogtum Hessen vom 1. April 1842, Diss. Marburg, 1968; *Theisen,* Zwischen Machtspruch und Unabhängigkeit: Kurhessische Rechtsprechung von 1821–1848, Diss. Marburg, 1997.

Oldenburg: Strafgesetzbuch für die Herzoglich-Oldenburgischen Lande.

Preußen: StGB für die preußischen Staaten (1851), Text bei *Stenglein* 3, Nr. 11; *Berger,* Die konstante Repression: Zur Geschichte des Strafvollzugs in Preußen nach 1850, 1974; *Kleinbreuer,* Das Rheinische Strafgesetzbuch, Diss. Bonn, 1999.

Sachsen: Criminalgesetzbuch für das Königreich Sachsen, 1838; StGB für das Königreich Sachsen (1855).

Schleswig-Holstein: Kröner, Freiheitsstrafe und Strafvollzug in den Herzogtümern Schleswig, Holstein und Lauenburg von 1700 bis 1864, Diss. Kiel, 1988.

Westfalen: Schubert (Hg.), Der Code pénal des Königreichs Westphalen von 1813 mit dem Code pénal von 1810 im Original und in deutscher Übersetzung, 2001; *zur Nedden,* Die Strafrechtspflege im Königreich Westphalen, 2003.

Württemberg: StGB für das Königreich Württemberg (1839), Text bei *Stenglein* 1, Nr. 4. *Becker,* Kriminalität, Herrschaft und Gesellschaft im Königreich Württemberg, Diss. Tübingen, 2001; *Sauer,* Im Namen des Königs: Strafgesetzgebung und Strafvollzug im Königreich Württemberg von 1806 bis 1871, 1984.

a) Rechtsphilosophische Positionen

Die Entwicklung des Strafrechts in den Ländern bis zum RStGB von 1871 kann nicht **219**
in ihren Einzelheiten verfolgt werden. Die im Wechselspiel von gemeinrechtlicher Theorie und Partikulargesetzgebung ausgebildeten allgemeinen Prinzipien lassen sich dahin zusammenfassen: Die seit *Feuerbach* anerkannte Forderung nach gesetzlicher Bestimmtheit des Strafens fördert den Ausbau der allgemeinen Lehren, die systematische Ordnung von Tatbeständen, ihre weitere Differenzierung und Präzisierung. Die verfassungsrechtliche Forderung nach Rechtsgleichheit („La loi doit être la même pour tous") beseitigt am Stand orientierte privilegierende wie diskriminierende Sanktionen.

In der Straftheorie mischen sich generalpräventive, an Feuerbach anknüpfende Begründungen mit solchen, die den Vergeltungsgedanken im Sinne von Hegel betonen; spezialpräventive Erwägungen spielen keine Rolle.

220 *Immanuel Kant* (1724–1804) leitet das Sittengesetz aus der reinen Vernunft ab. Das Rechtsgesetz, verstanden als Bedingung, unter der sittliche Freiheit wirken kann, ist eine Forderung der praktischen Vernunft und bezeichnet den „Inbegriff der Bedingungen, unter denen die Willkür des einen mit der Willkür des andern nach einem allgemeinen Gesetze der Freiheit zusammen vereinigt werden kann" (Metaphysik der Sitten, Einl. in die Rechtslehre, § B, 337). Strafgesetze verpflichten, die äußere Freiheit anderer nicht zu beeinträchtigen. Als Konkretisierung des rechtlichen Zustandes entspringen sie ebenfalls der praktischen Vernunft und bilden *kategorische Imperative,* die um ihrer selbst, nicht um eines weiteren Zweckes willen befolgt werden. Damit gründet sich Strafe allein auf das Wiedervergeltungsrecht, das *ius talionis,* wie *Kant* es nennt: Der Mensch würde „unter die Gegenstände des Sachenrechts gemengt", strafte man ihn aus einem anderen Grunde, als weil er verbrochen hat (quia peccatum est). „Nur dann kann der Verbrecher nicht klagen, dass ihm unrecht geschehe, wenn er seine Übeltat sich selbst über den Hals zieht, und ihm, wenn gleich nicht dem Buchstaben, doch dem Geiste des Strafgesetzes gemäß, das widerfährt, was er an anderen verbrochen hat" (Metaphysik der Sitten, Rechtslehre Zusatz 5, 488).

221 Konkret bedeutet das Kastration bei Notzucht und die Todesstrafe bei Mord: „Selbst, wenn sich die bürgerliche Gesellschaft mit aller Glieder Einstimmung auflöste (z. B. das eine Insel bewohnende Volk beschlösse auseinander zu gehen, und sich in alle Welt zu zerstreuen), müsste der letzte im Gefängnis befindliche Mörder vorher hingerichtet werden, damit jedermann das widerfahre, was seine Taten wert sind" (Metaphysik der Sitten, Rechtslehre, § 49, Anm. E, I und Zusatz 5; 455, 488).

222 Einen anderen Sinn erhält die Wiedervergeltung bei *Georg Wilhelm Friedrich Hegel* (1770–1831). Das Verbrechen negiert die Norm. Diese Negation wird negiert durch die Strafe, welche damit gleichzeitig die verletzte Rechtsordnung wiederherstellt. Das Verbrechen ist „ein Negatives, so dass die Strafe nur *Negation der Negation* ist. Das wirkliche Recht ist nun Aufhebung dieser Verletzung, das eben darin seine Gültigkeit zeigt, und sich als ein nothwendiges vermitteltes Daseyn bewährt". Strafe erschöpft sich als wertmäßige, nicht begriffliche Vergeltung in der Reaktion auf die Tat: „Daß die Strafe darin als sein eigenes Recht enthaltend, angesehen wird, darin wird der Verbrecher als Vernünftiges geehrt. – Diese Ehre wird ihm nicht zu Theil, wenn aus seiner That selbst nicht der Begriff und der Maßstab seiner Strafe genommen wird; – ebenso wenig auch, wenn er nur als schädliches Thier betrachtet wird, das unschädlich zu machen sey, oder in den Zwecken der Abschreckung und Besserung" (Rechtsphilosophie, § 97, Zusatz und § 100).

223 *Paul Johann Anselm Feuerbach* (1775–1833), Verfasser des bayerischen StGB von 1813 (Rn. 248), versucht, in seiner Theorie des psychologischen Zwangs Elemente absoluter Straftheorien mit solchen der Generalprävention zu vereinigen. Soll der Staat die wechselseitige Freiheit aller im Sinne *Kants* garantieren, muss er Delikte überhaupt verhindern. Da das Verbrechen, deterministisch gesehen, aus sinnlichen Antrieben entsteht, müssen diese durch stärkere, unlustbetonte Vorstellungen aufgehoben werden, – nach *Hegel* ein Verfahren, „als wenn man gegen einen Hund den Stock erhebt" (Rechtsphilosophie, § 99, Zusatz; krit. dazu *Greco*). Aufgabe des Staates ist weder bevormundende Besserung noch reine Prävention, sondern „dass wer unbürgerliche (rechtswidrige) Neigungen hat, psychologisch verhindert werde, sich nach diesen Neigungen wirklich zu bestimmen" (Revision Tl. 1, 43). Strafe ist so absolut bestimmt, weil sie stets auf eine Verletzung des Gesetzes reagiert, und

relativ, weil die Strafdrohung Rechtsverletzungen verhindern will (zur Kritik *Jakobs,* 21 ff.).

Eine psychologische Motivation setzt die Kenntnis des Gesetzes und seine genaue Bestimmtheit voraus; zur Bedeutung des Grundsatzes *nulla poena sine lege* bei *Feuerbach* Rn. 248. Der Inhalt des Gesetzes bleibt offen. *Feuerbach* bezweifelt die Allgemeingültigkeit eines Naturrechts und beschränkt die Philosophie auf die Systematisierung des empirisch vorgegebenen Rechtsstoffes. 224

b) Allgemeine Lehren

Die *Straffolgen* werden zunehmend genauer bestimmt. Das Strafensystem kennt Todes-, Zuchthaus-, Gefängnis- und Geldstrafen, wobei die Freiheitsstrafe im Mittelpunkt steht und im Fall des Zuchthauses mit Arbeitszwang einhergeht. Die Todesstrafe wird beibehalten (anders 1858 in Oldenburg und 1868 in Sachsen), aber ebenso wie die Strafschärfung möglichst begrenzt. 225

Deutlich in den Gesetzen für Braunschweig (1840) und Hessen (1841); Preußen (1851) beseitigt den öffentlichen Vollzug der Todesstrafe (§ 8). Die Qualifizierung in Hannover (1840), den zum Tode Verurteilten auf einer Kuhhaut zur Richtstätte zu schleifen (Art. 9 II), fällt 1859.

Die *Strafbarkeit* wird noch nicht nach den Ebenen des Tatbestandes, der Rechtswidrigkeit und Schuld unterschieden, sondern gründet sich allein auf den „Tatbestand" als Zusammenfassung aller Umstände, die ein Verhalten zum Delikt qualifizieren. Er umfasst das Subjekt der Tat, den verbrecherischen Willen (zur Kriminalpsychologie *Greve*), die äußere Tätigkeit, das Tatobjekt und die ausdrückliche Erklärung der Strafbarkeit durch das Gesetz. 226

Der Wille wird z. B. nicht zugerechnet bei Schuldunfähigkeit, Irrtum, Zwang (d. h. Notwehr, Notstand, Befehl). Die „äußere Tätigkeit" setzt die Vollendung voraus; beim Versuch gilt der untaugliche im Sinne der subjektiven Theorie als strafbar. Zur subjektiven Seite zählen Vorsatz (zum Teil im Sinne eines dolus malus), Fahrlässigkeit und vereinzelt die Absicht, zu den Beteiligten Täter als physische Urheber, Anstifter als intellektuelle sowie Gehilfen. Die Begünstigung erscheint noch als Beihilfe nach der Tat. Die Mittäterschaft entwickelt sich aus dem Begriff der Verbrechensverabredung, dem Komplott. 227

c) Einzelne Tatbestände

Der Besondere Teil beginnt in der Regel mit Verstößen gegen öffentliche Interessen (von Angriffen auf den Staat bis zu Münzdelikten) und schließt Verletzungen individueller Rechtsgüter ein (anders z. B. das badische und sächsische Gesetz). 228

Bei den Tötungsdelikten gelten Mord, Totschlag und fahrlässige Tötung als Grundformen, Gift-, Raub-, Gatten-, Meuchel- und Lohnmord als Qualifikationen. Mord und Totschlag werden durchgängig nach dem gemeinrechtlichen Merkmal der Überlegung oder des Vorbedachts geschieden, vgl. nur Preußen §§ 175, 176, Bayern Art. 229. 229

Breiten Raum nehmen Verstöße gegen die Sittlichkeit ein. Die liberale Sicht der Aufklärung hat im 19. Jh. einer konservativen Haltung Platz gemacht, die sich der öffentlichen Sittlichkeit annimmt und daher etwa auch das öffentliche Singen unzüchtiger Lieder mit Kriminalstrafe belegt (Bayern Art. 223 II; dazu: *Rosenberger,* 328 ff., 371 ff.; *Christ,* 215). 230

Das Vermögensstrafrecht bildet die Grundtypen des heutigen Diebstahls, Raubes, Betrugs, der Erpressung und Unterschlagung aus. Der Diebstahl zeigt die reichste Kasuistik (vgl. in Bayern Art. 271–301) und setzt teilweise ein in Geld schätzbares Tatobjekt (also nicht Urkunden und Wertpapiere) voraus: z. B. Sachsen Art. 272; allgemein: *Temme,* 340 ff. Der Betrug ist im preußischen StGB als gewinnsüchtiges Vermögensdelikt ausgebildet (§ 241), geht aber z. B. in Baden noch in die Fälschung über (§§ 450, 477 ff.); vgl. *Foltis,* 156 ff. 231

d) Der Weg zum RStGB

232 Während die RStPO auf dem gemeinsamen Erbe des reformierten Strafverfahrens aufbaut, wie es die Territorialrechte verwirklichen, liegt dem RStGB von 1871 wesentlich *ein* Gesetz zugrunde: das *Preußische StGB von 1851*.

Preußen legt bereits 1849 den ersten „Entwurf eines allgemeinen deutschen Strafgesetzbuchs" vor und leistet damit wesentliche Vorarbeit. Als Beispiel für den hohen Stand der Gesetzgebung sei nur die „klassische" Bestimmung des Diebstahls in Art. 144 zitiert: „Einen Diebstahl begeht, wer eine fremde bewegliche Sache einem Anderen in der Absicht wegnimmt, dieselbe sich rechtswidrig zuzueignen." Der Gehalt einzelner Elemente wird in der Praxis des Obertribunals jedoch nur in der Anwendung auf den konkreten Fall bestimmt.

233 Die gemäßigte Haltung, beachtliche Durchführung der gesetzlichen Bestimmtheit und die durchdachte Technik empfehlen das preußische Gesetz für die Arbeiten an einem allgemeinen deutschen Strafgesetzbuch. So prägt es weitgehend das 1870 vorgelegte Strafgesetzbuch für den Norddeutschen Bund, das durch den Beitritt der süddeutschen Staaten zum RStGB wird.

2. Die konstitutionelle Bewegung

Quellen: *Heidelmeyer* (Hg.), Die Menschenrechte, 2. Aufl. 1977; *H. Wagner,* Magna Carta Libertatum von 1215, 2. Aufl. 1973. – *Bergk,* Untersuchungen aus dem Natur-, Staats- und Völkerrechte, 1796; *v. Justi,* Natur und Wesen der Staaten, 1771; *Mittermaier,* Die Mündlichkeit, das Anklageprinzip, die Öffentlichkeit und das Geschwornengericht, 1845, Nachdr. 1970; *Mommsen,* Die Grundrechte des deutschen Volkes mit Belehrungen und Erläuterungen, 1849, Neudr. 1969; *Welcker,* Recht, Staat und Strafe, 1813.

Literatur: *Augat,* Die Aufnahme der Lehren Samuel von Pufendorfs (1632–1694) in das Recht der Vereinigten Staaten von Amerika, Diss. Kiel, 1985; *Böckenförde,* Entstehung und Wandel des Rechtsstaatsbegriffs, FS A. Arndt, 1969, 53 ff.; *Dowe,* Europa 1848: Revolution und Reform, 1998; *Drapkin,* Crime and Punishment in the Ancient World, 1989; *Düwell/Vormbaum* (Hg.), Recht und Juristen in der deutschen Revolution 1848/49, 1998; *Fögen,* Der Kampf um Gerichtsöffentlichkeit, Diss. Frankfurt 1974; *Haber,* Strafprozessuale Öffentlichkeit und öffentlicher Ankläger in der französischen Aufklärung, Diss. Hamburg 1979; *Habermas,* Strukturwandel der Öffentlichkeit, 17. Aufl. 1987; *Hilker,* Grundrechte im deutschen Frühkonstitutionalismus, 2005; *J.-D. Kühne,* Die Reichsverfassung der Paulskirche, 2. Aufl. 1998; *Küper* (Hg.), Carl Joseph Anton Mittermaier, 1988; *Laufs,* Recht und Gericht im Werk der Paulskirche, 1978; *v. Rimscha,* Die Grundrechte im Süddeutschen Konstitutionalismus, 1973; *Eb. Schmidt,* Fiskalat und Strafprozeß, 1921; *Schwinge,* Der Kampf um die Schwurgerichte, 1926; *Stern,* Das Staatsrecht der Bundesrepublik Deutschland, Bd. 5, 2000; *Thissen,* Das Verhaftungsrecht unter dem Einfluß von Inquisitions- und Akkusationsprinzip, Diss. Bonn, 1969.

a) Historische Wurzeln der Verfassungsbewegung

234 Die Wandlung des Strafverfahrens im 19. Jh. ist geprägt von der Verfassungsbewegung. Sie reicht zurück bis zur *Magna Charta* von 1215, obwohl diese ständische Privilegien verbrieft und nicht wie der *Habeas-Corpus-Act* von 1679 eine Verfassung im modernen Sinn bildet. Art. 39 fordert den Schutz vor willkürlicher Verhaftung und ein Urteil durch Standesgenossen: „Kein freier Mann soll verhaftet, gefangen gehalten, enteignet, geächtet, verbannt oder auf irgendeine Art zugrundegerichtet werden, ... es sei denn auf Grund eines gesetzlichen Urteilsspruchs durch seinesgleichen oder auf Grund des Landesrechts" (bei *Wagner*).

235 Als Beleg für die Bedeutung der spanischen Fueros garantiert ein Freiheitsbrief für Vizcaya (1452) den Bürgern, im Regelfall nur durch richterlichen Befehl und nach eigener Verteidigung verhaftet zu werden. Ob die Bestimmung des Fuero für San Sebastian bereits aus dem 11. Jh., der Richter dürfe Bürger nur mit Zustimmung 12 ehrenhafter Nachbarn mit Geldsanktionen

belegen, das englische common law des Mittelalters beeinflusst hat (*Drapkin,* 314 f.), sei dahingestellt.

In der Aufklärung sichern Unabhängigkeitserklärungen der amerikanischen Kolonien Verteidigungsrechte, die Jury und Garantien im Sinne des *Habeas corpus.* 236

Als Beispiel Sekt. 8 der Erklärung von Virginia (1776): „Bei allen schweren oder kriminellen Anklagen hat jedermann ein Recht, Grund und Art seiner Anklage zu erfahren, den Anklägern und Zeugen gegenübergestellt zu werden, Entlastungszeugen herbeizurufen und eine rasche Untersuchung durch einen unparteiischen Gerichtshof von zwölf Männern seiner Nachbarschaft zu verlangen, ohne deren einmütige Zustimmung er nicht als schuldig befunden werden kann; auch kann er nicht gezwungen werden, gegen sich selbst auszusagen; niemand kann seiner Freiheit beraubt werden außer durch Landesgesetz oder das Urteil von seinesgleichen." (Text in: Die Menschenrechte, 56) Ein unmittelbarer Einfluss der Naturrechtslehre *Pufendorfs* lässt sich dabei nicht nachweisen *(Augat).*

Die *französische Erklärung von 1789* zählt zu den Menschen- und Bürgerrechten die vorherige gesetzliche Bestimmung der Strafbarkeit und den Schutz vor willkürlicher Verhaftung (Art. 8 und 7). Das Dekret über den Strafprozess vom selben Jahr führt im herkömmlichen Inquisitionsverfahren eine öffentliche Verhandlung in Anwesenheit des Angeklagten ein, die Verfassung von 1791eine Anklage- und Urteilsjury, das Gesetz über das Schwurgerichtsverfahren von 1791 den öffentlichen Ankläger. 237

Die Öffentlichkeit bleibt die bürgerliche, durch einen bestimmten Zensus garantierte Publizität der „honetten Leute", vgl. *Habermas,* 107; *Haber,* 92; *Fögen,* 91 ff.

Vorläufer der Staatsanwaltschaft sind nur äußerlich die seit dem Mittelalter bekannten procureurs du roi. Sie vertreten fiskalische Interessen der Krone und sind nach dem Code d'instruction criminelle von 1808 für die Überwachung des Gerichtsbetriebs zuständig, während in Deutschland unterschiedliche Modelle diskutiert und praktiziert werden (Rn. 303). Kein Zusammenhang besteht auch mit dem Fiskal, den das Reich und die Territorien seit dem 15. Jh. einsetzen. Er klagt bei Verletzung von Kronrechten (bezogen auf deren Geldsanktionen nur sekundär wegen finanzieller Interessen) und Bruch von Landfrieden, jedoch stets nur hilfsweise statt eines privaten Klägers (vgl. *Eb. Schmidt*). 238

b) Die deutsche Entwicklung

Die Theorie entwickelt aus Ansätzen des naturrechtlichen Gesellschaftsvertrages und beeinflusst durch das napoleonische Recht im frühen 19. Jh. den modernen Begriff des *Rechtsstaats.* In ihm ist das Verhältnis zwischen Gewaltausübenden und Gewaltunterworfenen rechtlich geregelt und bilden die Rechte des Individuums den Ausgangspunkt. Gesetze dienen in einem solchen „Verstandesstaat" *(v.Mohl) Kantischer* Prägung dazu, die wechselseitige äußere Freiheit zu sichern *(Bergk, Justi).* 239

Welcker und *v. Mohl* bestimmen den Rechtsstaat deutlich im Sinne *Kants* als Sicherung der äußeren Freiheit. Die Rechtssicherheit verlangt bei *Welcker* die formale Gleichheit der Bürger, bestimmt umschriebene Normen, die Verhältnismäßigkeit der Strafe und im Verfahren genaue Eingriffsvoraussetzungen (Recht, 79, 101, 272 f.); *v. Mohl* erwähnt besonders den gesetzlichen Richter, den Schutz vor willkürlicher Verhaftung und die gesetzliche Bestimmtheit des Strafens (Staatsrecht, 290 ff.). – Zur weiteren Entwicklung des Rechtsstaatsbegriffs, seinem formalen Verständnis im 19. Jh. und bedenklicher Leerung von materialen Gehalten im Positivismus vgl. *Böckenförde.* 240

Der frühe *Konstitutionalismus* verwirklicht die neuen Gedanken. Bereits die ersten süddeutschen Verfassungen von 1818 für Baden (§ 15 II) und Bayern (Tit. 4, § 8 III) enthalten Garantien im Sinne des Habeas corpus. Die Jury begegnet schon bei *Kant* als Ausdruck der Partizipation des Volkes an der Strafrechtspflege. Sie wird in der Theorie weiter mit der Legitimität gerichtlicher Entscheidungen sowie mit der Möglichkeit der Rechtsevolution durch Laien begründet und politisch zuerst 1819 in 241

Baden gefordert. Als politisches Institut bleibt das *Geschworenengericht* umstritten und wird teilweise wegen der Erfahrungen mit Revolutionstribunalen in Frankreich abgelehnt; als Rechtsinstitut findet es allgemeine Zustimmung.

242 Die *Paulskirchenverfassung* von 1849 schafft entehrende Strafen (Pranger, Brandmarkung, körperliche Züchtigung) sowie im Grundsatz die Todesstrafe ab (§ 139); sie proklamiert ein öffentliches und mündliches Verfahren, den Anklageprozess, Schwurgerichte (§§ 178, 179) und den Schutz vor willkürlicher Verhaftung (§ 138). Das Werk der Paulskirche bleibt Programm, ohne reale Macht der Durchsetzung und politisch bald von der Restauration überholt. Doch zeigt sich die ideelle Bedeutung darin, dass spätere Verfassungsurkunden der Länder die neuen Prinzipien durchführen (vgl. die Justizgrundrechte in Preußen 1850 und Oldenburg 1852).

3. Der reformierte Strafprozess

a) Allgemeine Quellen: *Haeberlin,* Sammlung der neuen deutschen Strafprocessordnungen, 1852, Nachdr. 1996; *Sundelin,* Sammlung der neuern deutschen Gesetze über Gerichtsverfassung und Strafverfahren, 1861. – *Anonym (= v. Dalberg),* Entwurf eines Gesetzbuchs in Criminalsachen, 1792; *Köstlin,* Der Wendepunkt des deutschen Strafverfahrens im neunzehnten Jahrhundert, 1849, Nachdr. 1996; *Landsberg,* Die Gutachten der rheinischen Immediat-Justiz-Kommission, 1914; *Leue,* Der mündlich öffentliche Anklage-Prozeß und der geheime schriftliche Untersuchungs-Prozeß in Deutschland, 1840; *Mittermaier,* Die Gesetzgebung und Rechtsübung über Strafverfahren nach ihrer neuesten Fortbildung, 1856, Nachdr. 1997; *ders.,* Handbuch des peinlichen Processes, Bd. 1, 2, 1810, 1812; *Planck,* Systematische Darstellung des deutschen Strafverfahrens, 1857; *Schulz/Welcker,* Geheime Inquisition, Censur und Kabinetsjustiz im verderblichen Bunde, 1845; *Temme,* Grundzüge eines deutschen Strafverfahrens, 1850; *Zachariae,* Grundlinien des gemeinen deutschen Criminalprocesses, 1837, Nachdr. 1997; *ders.,* Die Gebrechen und die Reform des deutschen Strafverfahrens, 1846.

Literatur: *Behr,* Die Rechtsmittel gegen Strafurteile in der Reformdiskussion und der Partikulargesetzgebung des 19. Jahrhunderts, Diss. Göttingen, 1984; *Blasius,* Der Kampf um die Geschworenengerichte im Vormärz, FS Rosenberg, 1974, 148 ff.; *Collin,* „Wächter der Gesetze" oder „Organ der Staatsregierung"?, Diss. Berlin (HU), 2000; *Gouron/Mayali/Padoa Schioppa/Simon* (Hg.), Subjektivierung des justiziellen Beweisverfahrens, 1994; *Ignor,* Geschichte des Strafprozesses in Deutschland 1532–1846, 2002; *Koch,* Carl Joseph Anton Mittermaier und das Schwurgericht, ZNR 2000, 167 ff.; *Landau,* Schwurgerichte und Schöffengerichte in Deutschland im 19. Jahrhundert bis 1870, in: *Padoa Schioppa* (Hg.), The Trial Jury in England, France, Germany 1700–1900, 1987, 241 ff.; *Dieter Müller,* Friedrich Gottfried Leue, Diss. Hannover, 2000; *Otto,* Die Preußische Staatsanwaltschaft, 1899; *Rehbach,* Der Entwurf eines Kriminalgesetzbuches von Karl Theodor von Dalberg aus dem Jahre 1792, Diss. Regensburg, 1986; *Rüping,* Die Geburt der Staatsanwaltschaft in Deutschland, GA 1992, 147 ff.; *Schnapper,* Les peines arbitraires du XIIIe au XVIIIe siècle, 1974; *Siemann,* „Deutschlands Ruhe, Sicherheit und Ordnung": Die Anfänge der politischen Polizei 1806–1866, 1985; *Tondorf,* Strafverteidigung in der Frühphase des reformierten Strafprozesses, Diss. Hagen, 2006; *Wohlers,* Entstehung und Funktion der Staatsanwaltschaft, Diss. Hamburg, 1994.

b) Territorialrecht: *Baden:* StPO für das Großherzogthum Baden (1845); *Hahn,* Die Entwicklung der Laiengerichtsbarkeit im Großherzogtum Baden, 1974.

Bayern: Gesetz, die Abänderung des zweiten Theiles des Strafgesetzbuches vom Jahre 1813 betreffend (1848).

Braunschweig: StPO (1849), Text bei *Degener,* Die größeren Justizorganisationsgesetze für das Herzogthum Braunschweig, Bd. 1, 1850, 20 ff.

Hannover: Knollmann, Die Einführung der Staatsanwaltschaft im Königreich Hannover, Diss. Göttingen, 1994.

Hessen: Gesetz, die Einführung des mündlichen und öffentlichen Strafverfahrens mit Schwurgericht in den Provinzen Starkenburg und Oberhessen betreffend (1848).

Österreich: Strafprozeßordnung (1850).

Oldenburg: StPO (1857).

Preußen: Criminal-Ordnung (1805), Text bei *Liman,* Der Preußische Strafprozeß, 1859, 255 ff.; Gesetz, betreffend das Verfahren in den bei dem Kammergericht und beim Kriminalgericht Berlin zu führenden Untersuchungen (1846), PrGS 1846, 267 ff.; StPO (1867), PrGS 1867, 76 ff.; *Schubert* (Hg.), Gesetzrevision (1825–1848), Bd. 6 [StGB und Gesetz v. 1846], 1996. – *v. Savigny,* Die Prinzipienfragen in Beziehung auf eine neue Strafprozeß-Ordnung, 1846.

Sachsen: StPO (1855); *Schwarze,* Commentar zur Strafproceßordnung des Königreichs Sachsen, Bd. 1, 1855, Nachdr. 1997. – *Lieberwirth,* Zur Reform des Strafverfahrens im Königreich Sachsen, GedSchr. H. Hofmeister, 1996, 369 ff.

Schleswig-Holstein: Entwurf einer Strafproceßordnung für die Herzogthümer Schleswig-Holstein (1849). – *Formella,* Rechtsbruch und Rechtsdurchsetzung im Herzogtum Holstein um die Mitte des 19. Jahrhunderts, Diss. phil. Kiel, 1985.

Württemberg: StPO für das Königreich Württemberg (1843).

Frankreich: Code d'instruction criminelle (1808).

a) Theorie und Praxis des reformierten Prozesses

In der Mitte des 19. Jhs. wird der Inquisitionsprozess vom *reformierten Strafprozess* abgelöst. In der Theorie handelt es sich um einander entgegengesetzte Verfahrenstypen: ein geheimes schriftliches Untersuchungsverfahren ohne Laienbeteiligung, in dem der Richter gegen den zur Wahrheit verpflichteten Inquisiten ermittelt, steht einem öffentlich-mündlichen Verfahren gegenüber, in dem die Staatsanwaltschaft die Anklage vertritt und Berufs- wie Laienrichter nach ihrer freien, aus der Verhandlung geschöpften Überzeugung urteilen. 243

Richterlicher Freiheit in der Beweiswürdigung korrespondiert im 19. Jh. die Bindung an gesetzlich bestimmte Strafen und Sanktionen. Für Frankreich zeigt *Schnapper,* wie die seit dem 14. Jh. zunehmend arbiträren Strafen ihr Gegengewicht in der legalen Beweistheorie finden, im 16. Jh. erleichterte Überführungsmöglichkeiten Untergerichte an die Strafgesetze binden und anschließend diskretionäre Strafen zurückgehen, während das Beweisrecht zur „intime conviction" tendiert. 244

Staatsrechtlich gilt das Inquisitionsverfahren bei den einflussreichen Prozessualisten *Heinrich Albert Zachariae* und *Carl Joseph Anton Mittermaier* als Pendant einer unbeschränkten Monarchie, in der nur die Persönlichkeit des Regenten Schutz gegen Unrecht verbürgt; der Rechtsstaat fordere dagegen die Verrechtlichung der Beziehung und die Anerkennung des Beschuldigten als verantwortlichen Prozesssubjekts. An die Stelle der „perfiden Jagdwissenschaft" *(Köstlin),* nach einem geheimen Untersuchungsplan auf ein Geständnis hinzuarbeiten, tritt die Aufforderung an den Angeklagten, sich in öffentlicher Verhandlung zu verteidigen; er hat ein Recht auf Gehör vor Gericht *(Köstlin, Zachariae, Temme, Planck).* 245

Gestützt wird eine Gegensätze akzentuierende Bewertung durch negative Erfahrungen mit willfährigen Inquisitionsrichtern, zuletzt in den Demagogenverfolgungen seit 1819 (zur Kritik *Schulz/Welcker* sowie *Sethe* bei *Landsberg* im Gutachten der Rheinischen Justiz-Immediat-Kommission). Seiner Zeit voraus hatte bereits der 1792 anonym erschienene, von *Karl Theodor v. Dalberg* verfasste Entwurf eines Gesetzbuchs in Criminalsachen eine Schlussverhandlung „bey offenen Thüren" gefordert und den Richter für verpflichtet gehalten, mit dem Inquisiten „zugleich menschenfreundlich und mit dem Ernste der richterlichen Würde" zu verfahren (Entwurf, 99, 42). 246

In der Praxis setzt sich das neue Verfahren ungeachtet der staatsrechtlichen Legitimation und des seit 1848 auch politischen Hintergrundes nicht schlagartig durch, sondern in vielfältigen Übergangsformen (StQuB 2, 25 ff.; zum „liberalen" Element 247

Ignor, 290). Elemente des reformierten Prozesses wie die freie Beweiswürdigung oder eine öffentlich-mündliche Verhandlung gehen zunächst mit solchen des Inquisitionsverfahrens unterschiedliche Verbindungen ein. Zudem verwirklichen die Territorien unterschiedliche Prozessformen, wie sich an der Bandbreite der Staatsanwaltschaft zwischen Anklagevertretung und Justizkontrolle oder der Beteiligung von Laien als Schöffen oder Geschworenen zeigt. Gerade die Unwägbarkeiten der Laienbeteiligung lassen den Inquisitionsprozess des späten gemeinen Rechts im Alltag der Strafrechtspflege keineswegs, wie die heutige Sicht nahe legt, als Willkürverfahren erscheinen.

b) Die Verwirklichung in der Gesetzgebung

248 Die Entwicklung im Partikularrecht kann nur an einigen Beispielen verfolgt werden. Sie schafft ungeachtet zahlreicher Unterschiede in Einzelheiten durch eine im Wesentlichen konvergierende Praxis ein gemeinsames Fundament für die RStPO von 1877. Nur vereinzelt gilt in Deutschland das gemeine Recht weiter, so in Mecklenburg 1849 das Inquisitionsverfahren mit der Pflicht zu wahrheitsgemäßen Aussagen (*Pohle,* 139, 147).

249 In *Bayern* kennt bereits das Gesetz von 1813 im strafprozessualen Teil ein angehängtes Schlussverfahren mit einem Verteidigungstermin (Tl. 2 Art. 141, 147 I) und übernimmt damit *Feuerbachs* Entwurf. Das Gesetz von 1848 verwirklicht die allgemeinen Reformideen und betont insbesondere die volle Verteidigung für den Beschuldigten (Art. 37, 38 I, 170 II, 199 II).

250 Als Beispiel für Regelungen um 1848 sieht die StPO für *Württemberg* bereits in schweren Fällen ein mündliches Schlussverfahren vor, ohne das Urteil direkt darauf zu gründen (Art. 276 II). Ebenso rekonstruiert die mündliche Verhandlung in der *badischen StPO* (1845) das im Untersuchungsverfahren gewonnene Material; bezeichnenderweise kann ein Geständnis grundsätzlich nicht wirksam widerrufen werden (§ 253).

251 Das erste nach der Revolution erlassene Territorialgesetz für *Starkenburg* und *Oberhessen* macht ein mündliches und öffentliches Verfahren zur Urteilsgrundlage (vgl. Art. 162 I, 193). Dasselbe zeigt sich 1849 für *Schleswig-Holstein* im Entwurf einer StPO (§ 62) und wird konsequent mit dem aus dem englischen Recht stammenden Parteigedanken in der StPO für *Braunschweig* (1849) verwirklicht (§§ 136 ff.). Sie verbietet jeden Zwang zu einer Erklärung (§ 6) und macht in einer vielbeachteten Formulierung mit der Stellung des Beschuldigten als Prozesssubjekt ernst: bereits im ersten Verhör hat ihm der Richter zu eröffnen, „dass er zu keiner Antwort oder Erklärung auf die ihm vorzulegenden Fragen gehalten sei" (§ 43 I).

252 Die Entwicklung in *Preußen* veranschaulicht beispielhaft die Herausbildung des öffentlich-mündlichen Anklageprozesses. Die *Kriminalordnung* von 1805, die im Übrigen einen Erklärungszwang verbietet (§§ 285, 288), aber noch Ungehorsamsstrafen kennt (§ 293), benutzt das angehängte Schlussverhör, um das Be- und Entlastende vollständig zu sichten (§ 418). Im Rheinland gilt ein öffentlich-mündliches Verfahren nach dem *Code d'instruction criminelle* von 1808 (Art. 291 ff.) (zustimmend das Gutachten der Kommission bei Landsberg). Die neuen Prinzipien (dazu: *v. Savigny,* 5 ff., 28 ff., 43 ff.) sind zuerst verwirklicht im *Gesetz* von 1846 und später ausgeführt in der *StPO* von 1867. Das Gesetz kennt ein öffentliches und mündliches Verfahren (§ 15) mit freier Beweiswürdigung (§ 19) und sichert dem Angeklagten die Stellung eines Prozesssubjekts (§ 18). Die *Staatsanwaltschaft* besitzt das Anklagemonopol; sie soll nach dem Promemoria der Justizminister *v. Savigny* und *Uhden* (1846) „Wächter des Gesetzes" sein mit der Aufgabe, „dass überall dem Gesetze ein Genüge geschehe" (nach *Otto,* 40) und ist daher nicht nur als verlängerter Arm der Regierung konzipiert (einseitig demgegenüber *Collin*).

Die Theorie plädiert für eine Staatsanwaltschaft nach französischem Vorbild, fordert jedoch Ende des 19. Jhs., nachdem die Regierungen das neue öffentliche Organ zur umfassenden Kontrolle der Justiz benutzen, ihre Beschränkung auf reine Anklagevertretung in einem akkusatorischen Verfahren. Die Staatsanwaltschaft erhält keinen eigenen polizeilichen Unterbau. Als Folge macht ihr die Polizei die Herrschaft im Vorverfahren streitig, wird ihr technisch wie personell überlegen und schafft schon im 19. Jh. eine eigene politische Polizei *(Siemann)*. Dergestalt bedrängt, versucht die Staatsanwaltschaft in der Folgezeit, auf Kosten des Gerichts neue Kompetenzen zu erhalten und sich von gerichtlicher Kontrolle, ausgeübt durch die gerichtliche Voruntersuchung und die Klageerzwingung, zu befreien. 253

Teil 5. Monarchie, Republik und Führerstaat

§ 1. Strafrechtsdiskussion und -praxis bis 1933

1. Das Programm eines funktionalen Strafrechts

a) Der Schulenstreit

Quellen: RStGB (RGBl 1871, 128 ff.); JGG (RGBl 1923 I 135 ff.); *Binding,* Die Normen und ihre Übertretung, Bd. 1, 4. Aufl. 1922, Bd. 2, 2. Aufl. 1914, 1916, Bd. 3, 1918, Bd. 4, 1919; *v. Liszt,* Die deterministischen Gegner der Zweckstrafe, 1893, in: *Rüping* (Hg.), Aufsätze und kleinere Monographien, Bd. 2, Nachdr. 1999, 25 ff.; *Lombroso,* L'uomo delinquente, 1878; *ders.,* Neue Verbrecherstudien, dt. Ausg. 1907; *Merkel,* Lehrbuch des Deutschen Strafrechts, 1889.

Literatur: *Achenbach,* Historische und dogmatische Grundlagen der strafrechtssystematischen Schuldlehre, 1974; *Amelung,* Rechtsgüterschutz und Schutz der Gesellschaft, 1972; *Bellmann,* Die Internationale Kriminalistische Vereinigung (1889–1933), Diss. Kiel, 1994; *Bohnert,* Zu Straftheorie und Staatsverständnis im Schulenstreit der Jahrhundertwende, Diss. Freiburg, 1992; *Dornseifer,* Rechtstheorie und Strafrechtsdogmatik Adolf Merkels, Diss. Bonn, 1979; *Ehret,* Franz von Liszt und das Gesetzlichkeitsprinzip, Diss. Frankfurt, 1996; *Frommel,* Präventionsmodelle in der deutschen Strafzweck-Diskussion, 1987; *Georgakis,* Geistesgeschichtliche Studien zur Kriminalpolitik und Dogmatik Franz von Liszts, 1940; *Holzhauer,* Willensfreiheit und Strafe – Das Problem der Willensfreiheit in der Strafrechtslehre des 19. Jahrhunderts und seine Bedeutung für den Schulenstreit, 1970; *Karitzky,* Eduard Kohlrausch, Diss. Berlin (HU), 2002; *Armin Kaufmann,* Lebendiges und Totes in Bindings Normentheorie, 1954, erw. Nachdr. 1988; *Naucke,* Die Kriminalpolitik des Marburger Programms 1882, ZStW 94 (1982), 525 ff.; *Schubert,* Die Quellen zum Strafgesetzbuch von 1870/71, GA 1982, 191 ff.; *Spirito,* Storia del diritto penale italiano, 3. Aufl. 1974; *Welzel,* Naturalismus und Wertphilosophie im Strafrecht, 1935; *Westphalen,* Karl Binding (1841–1920), Diss. Frankfurt, 1989; *Wetzell,* Inventing the Criminal: A History of German Criminology, 2000.

Das RStGB von 1871 gehört mit der Reichsverfassung (1871), der RStPO (1877) und dem GVG (1877) zu den *Reichsjustizgesetzen.* Es schließt die zu Beginn des Jahrhunderts mit *Feuerbach* begonnene Entwicklung ab und geht von der sittlichen Freiheit des Menschen im bürgerlichen Zeitalter aus, der sich durch die Strafdrohung einschließlich der Todesstrafe motivieren lässt. In der Dogmatik findet diese „klassische" Konzeption überzeugenden Ausdruck bei *Karl Binding* (1841–1920). Er legt den *Indeterminismus* zugrunde, und *Feuerbachs* rechtsstaatlicher Ansatz lebt bei ihm als *Positivismus* fort. Das Verbrechen, d. h. die Erfüllung eines der Tatbestände des Besonderen Teils, erschöpft sich im Verstoß gegen die dahinter stehende Verbotsnorm. Die Rechtswidrigkeit wird so formal bestimmt, nicht material durch die Verletzung bestimmter Rechtsgüter. Entsprechend knüpft die Strafe im Sinne der reinen Vergeltungstheorie allein an den Normverstoß an. Dass sie vollzogen wird, entscheidet, nicht, wie sie auf den Betroffenen wirkt. 254

Adolf Merkel (1836–1896) kennzeichnet den Übergang: Seine „Vereinigungstheorie" 255 löst sich von einem reinen Vergeltungsdenken bei der Strafe und berücksichtigt auch den Eindruck auf den Betroffenen. *Franz v. Liszt* (1851–1919) begründet die *moderne Schule.*

Die anthropologische Richtung ist in Italien erarbeitet. *Cesare Lombroso* betrachtet den Verbrecher als naturwissenschaftlich fassbare Spezies und glaubt, den „geborenen Verbrecher" aufgrund äußerer Symptome ausmachen zu können („L'uomo delinquente", 1878); in den „Neuen Verbrecherstudien" nennt er etwa als Kriterien die große Zehe, die Behaarung und die Gesichtsform (97, 98, 104). Deutlich erkennen *Enrico Ferri* (Sociologia Criminale, 1900) und *Raffaele Garofalo* (Criminologia, 1885) das Verbrechen als soziale Erscheinung (vgl. *Spirito,* 135 ff., *Wetzell,* S. 40 ff.).

256 *v. Liszt* sieht als erster das Verbrechen in umfassendem Sinn soziologisch und den Menschen *determiniert* durch äußere Einflüsse. Das methodische Problem, aus empirischen Befunden normative Sätze abzuleiten, löst er durch den *Zweckgedanken:* das Seiende tendiert auf etwas Sollendes. Empirisch ist die Einteilung der Delinquenten nach den *spezialpräventiven* Kriterien der Abschreckung (für Augenblickstäter), Besserung (für Zustandstäter) und Unschädlichmachung (für unverbesserliche Zustandstäter); empirisch ist auch die Ergänzung der Strafe durch einzelne Maßregeln. Doch bleibt der Zugriff auf den Delinquenten bei *v. Liszt* an rechtsstaatliche, wenngleich nur formale Schranken gebunden. Vor allem durch den Satz „nullum crimen, nulla poena sine lege" wird das StGB zur „magna charta des Verbrechers" (Aufsätze 2, 60). In der Dogmatik bestimmt *v. Liszt* die Rechtswidrigkeit material als Verletzung bestimmter Rechtsgüter.

Damit wird auch eine Abwägung zwischen Rechtsgütern möglich: 1927 erkennt das RG den übergesetzlichen Rechtfertigungsgrund der Güter- und Pflichtenabwägung an: RGSt 61, 242, 254.

b) Allgemeines und besonderes Strafrecht

Quellen: Preußisches Gesetz über den Belagerungszustand (PrGS 1851, 451 ff.), Gesetz gegen die gemeingefährlichen Bestrebungen der Sozialdemokratie (RGBl 1878, 351 ff.); Gesetz über die Ermächtigung des Bundesrats zu wirtschaftlichen Maßnahmen (RGBl 1914, 327 f.). – *Vormbaum/Welp* (Hg.), Das Strafgesetzbuch: Sammlung der Änderungsgesetze und Neubekanntmachungen, Bd. 1–3, 1999, 2000.

Literatur: *Glöckner,* Die Rechtsprechung des Reichsgerichts, Ius commune 1998, 391 ff.; *Hommen,* Sittlichkeitsverbrechen: sexuelle Gewalt im Kaiserreich, Diss. Bielefeld, 1999; *Johnson,* The Roots of Crime in Imperial Germany, CEH 15 (1982), 351 ff.; *Kopp,* Nichtdeutsche Angeklagte im deutschen Strafverfahren, Diss. Hannover, 1997; *Kubink,* Strafen und ihre Alternativen im zeitlichen Wandel, 2002; *Mommsen/de Moor* (Hg.), European expansion and law, 1992; *Kai Müller,* Der Hüter des Rechts: Die Stellung des Reichsgerichts im Deutschen Kaiserreich 1879–1918, Diss. Hannover, 1997; *ders.,* Die Leipziger Kriegsverbrecherprozesse nach dem Ersten Weltkrieg, in: *Kern/Schmidt-Recla* (Hg.), 125 Jahre Reichsgericht, 2006, 249 ff; *Naucke,* Deutsches Kolonialstrafrecht 1886–1918, RhJ 7 (1988), 297 ff.; *ders.,* Über das Strafrecht des ersten Weltkrieges, RJ 9 (1990), 330 ff.; *Richstein,* Das „belagerte" Strafrecht, Diss. Hannover, 2000; *Roth,* Kriminalitätsbekämpfung in deutschen Großstädten 1850–1914, 1997; *Schlottau,* Deutsche Kolonialrechtspflege, Diss. Kiel, 2007; *Sommer,* Die Strafbarkeit der Homosexualität von der Kaiserzeit bis zum Nationalsozialismus, Diss. Kiel, 1998; *Voigt/Sack* (Hg.), Kolonialisierung des Rechts, 2001; *R. Weber,* Die Entwicklung des Nebenstrafrechts 1871–1914, Diss. Frankfurt/M., 1999; *Weckner,* Strafrecht und Strafrechtspflege für Afrikaner, Diss. Jena, 2010; *Zehr,* Crime and the Development of Modern Society, 1976.

257 Während die Begrifflichkeit des allgemeinen Strafrechts im Reich vor allem in der Praxis des Reichsgerichts zunehmend verfeinert und damit die Praxis berechenbarer wird, behauptet sich besonderes Strafrecht mit gegenläufigen Tendenzen aus der Vermengung von Justiz und Polizei. Der „innere" Belagerungszustand schafft im Kampf gegen die „gemeingefährlichen Bestrebungen der Sozialdemokratie" ein Strafrecht, das Verstöße gegen polizeiliche Vorgaben sanktioniert. Der äußere Belagerungszustand im ersten Weltkrieg produziert neben dem Kriegsstrafrecht den neuen Typ

massenhaften Verwaltungsstrafrechts, und die diskretionäre Strafgewalt in den Kolonien wird verstanden als reines Zuchtmittel „zur Beherrschung der Wilden“.

Zum allgemeinen Strafrecht gehören Untersuchungen zu der vor allem aus der Industrialisierung und sozialen Spannungen im Kaiserreich erwachsenden Kriminalität (*Zehr,* 138 ff., *Johnson*), die wachsende Bedeutung polizeilicher Reaktionen (zur „Nachhaft“ *Roth,* 346) und als sensibler Bereich der des Sexualstrafrechts (*Sommer, Hommen*).

2. Allgemeines und politisches Strafrecht in der Weimarer Republik

a) Die Strafzweckdiskussion

Quellen: Geldstrafengesetz (RGBl 1923 I 254 ff.); JGG (RGBl 1923 I 135 ff.); Reichsratsgrundsätze von 1923 (RGBl 1923 II 263 ff.); Personalordnung für den oberen Strafvollzugsdienst (PrJMBl 1931, 36 ff.); *Frede/Grünhut,* Reform des Strafvollzuges, 1927; *Hellwig,* Das Geldstrafengesetz, 1922; *Radbruch,* Entwurf eines allgemeinen deutschen Strafgesetzbuches (1922), Gesamtausg. Bd. 9, 1992, 47 ff.; *E. Schäfer,* Strafgesetz und Strafvollzug, in: Recht und Staat im Neuen Deutschland, Bd. 2 1929, 159 ff.; *L. Schäfer,* Deutsche Strafgesetzentwürfe von 1909–1927, 1927; *L. Schäfer/Hauptvogel,* Deutsche Gesetzentwürfe und Vorschriften über den Strafvollzug, 1928; *Schubert,* Quellen zur Reform des Straf- und Strafprozeßrechts, Abt. 1 Bd. 1, Bd. 3 Tl. 1, 2 1995, 1996.

Literatur: *Behrle,* Die Stellung der deutschen Sozialisten zum Strafvollzug, 1931; *Deutscher Anwaltverein* (Hg.), Anwälte und ihre Geschichte, 2011; *Dörner,* Erziehung durch Strafe, Diss. Oldenburg, 1991; *Fritsch,* Die jugendstrafrechtliche Reformbewegung (1871–1923), Diss. Freiburg, 1999; *Günzel,* Die geschichtliche Entwicklung des Jugendstrafrechts und des Erziehungsgedankens, Diss. Regensburg, 2001; *Koch,* Das System des Stufenstrafvollzuges in Deutschland, Diss. Freiburg, 1972; *Müller-Dietz,* Strafvollzugsgesetzgebung und Strafvollzugsreform, 1970; *Peters,* Die Entwicklung von Sanktionspraxis und Strafrechtsreform 1871 bis 1933, Diss. Kiel, 2000; *Sagaster,* Die thüringische Landesstrafanstalt Untermaßfeld in den Jahren 1923–1933, 1980; *Schady,* Die Praxis des Jugendstrafrechts in der Weimarer Republik, Diss. Kiel, 2002; *Schattke,* Die Geschichte der Progression im Strafvollzug, Diss. Kiel, 1979; *Schenk,* Bestrebungen zur einheitlichen Regelung des Strafvollzugs in Deutschland von 1870 bis 1923, Diss. Kiel, 2001; *Wolff,* Die Entwicklung der Gesetzgebung im Jugendstrafrecht, Zs. f. Rechtssoziologie 1986, 123 ff.

Strafrecht und Strafvollzug tragen Tendenzen der modernen Schule Rechnung. StGB-Entwürfe versuchen die Sanktionen zu individualisieren und bauen das System der bessernden und sichernden Maßregeln aus (zu den Tendenzen *E. Schäfer,* 112 ff. und zu Ansätzen bereits im Vorentwurf von 1909, Gegenentwurf von 1911 und Entwurf von 1919 synoptisch *L. Schäfer*). Der Entwurf *Radbruchs* von 1922 (StQuB 2, 195 f.) beseitigt Ehrenstrafen, schafft die Todesstrafe ab und ersetzt Zuchthaus durch strenges Gefängnis, Freiheitsstrafen durch Geldstrafen. Letzteres Ziel verwirklicht das *Geldstrafengesetz* von 1923, welches die in der Praxis vorherrschende finanzielle Sanktion den individuellen Vermögensverhältnissen des Täters anpasst. Das im gleichen Jahr erlassene *Jugendgerichtsgesetz* trägt der modernen Schule Rechnung, indem es mit dem Erziehungsgedanken Ernst macht (zur Reaktion auf die Jugendkriminalität *Schady*). 258

Im Vollzug lässt sich eine allmähliche Liberalisierung nicht mehr aufhalten. In übereinstimmender Gnadenpraxis wandeln die Länder die im RStGB vorgesehene Todesstrafe in Freiheitsstrafe um und gestatten die Aussetzung sowie den späteren Erlass von Strafen durch die bedingte Begnadigung. Aus selbständigen Jugendabteilungen entstehen eigene Jugendvollzugsanstalten, zuerst 1912 in Wittlich. 259

Einen grundsätzlichen Fortschritt bildet die Vereinbarung der Länder über den Vollzug in den Reichsratsgrundsätzen von 1923. Sie betonen die Sozialisierung des Ge- 260 fangenen und versuchen, seine Verantwortung durch ein abgestuftes System zunehmender Lockerung *(Stufenstrafvollzug)* zu wecken.

Gemäß § 48 „sollen die Gefangenen, soweit es erforderlich ist, an Ordnung und Arbeit gewöhnt und sittlich so gefestigt werden, dass sie nicht wieder rückfällig werden". Die Wirksamkeit hängt von den Möglichkeiten ab, den Gefangenen Arbeit zu verschaffen und sie angemessen zu entlohnen (zu dieser Forderung der Sozialdemokratie *Behrle,* 134 sowie zur Vollzugspraxis *Sagaster*). Sie setzt Personal voraus, das charakterlich geeignet ist, „Menschen gerecht und besonnen in erzieherischer Haltung zu behandeln" (so § 8 I 4 der preußischen Personalordnung, PrJMBl 1931, 36).

b) Reformen im Verfahrensrecht

Quellen: Reichsverfassung (RGBl 1871, 64 ff.); WRV (RGBl 1919, 1383 ff.); RStPO (RGBl 1877, 253 ff.); GVG (RGBl 1877, 41 ff.); VO des Reichspräsidenten über die Bildung außerordentlicher Gerichte (RGBl 1921 I 371 ff.); Gesetz über die Zulassung der Frauen zu den Ämtern und Berufen der Rechtspflege (RGBl 1922 I 573 f.); VO über Gerichtsverfassung und Strafrechtspflege [*Emminger*-VO] (RGBl 1924 I 15 ff.); Gesetz zur Abänderung der Strafprozeßordnung (RGBl 1926 I 529 ff.); VO des Reichspräsidenten über Maßnahmen auf dem Gebiete der Rechtspflege und Verwaltung (RGBl 1932 I 285 ff.). – *Beling,* Bayrische Sondergesetzgebung, ZStW 40 (1919), 511 f.; *Halle,* Deutsche Sondergerichtsbarkeit 1918–1921, 1922; *Hartung,* Das Recht der Untersuchungshaft, 1927.

Literatur: *Albisetti,* Frauen und die akademischen Berufe im Kaiserlichen Deutschland, in: *Joeres/Kuhn* (Hg.), Frauen in der Geschichte, Bd. 6, 1985, 286 ff.; *Deutscher Juristinnenbund,* Juristinnen in Deutschland, 3. Aufl. 1998; *Gusy,* Die Grundrechte in der Weimarer Republik, ZNR 1993, 163 ff.; *Hadding,* Schwurgerichte in Deutschland, 1974; *Kissel,* 100 Jahre Gerichtsverfassungsgesetz, NJW 1979, 1953 ff.; *Nobis,* Die Strafprozeßgesetzgebung der späten Weimarer Republik (1930–1932), Diss. Hagen, 2000; *Pfeiffer,* Das Reichsgericht und seine Rechtsprechung, DRiZ 1979, 325 ff.; *Rentzel-Rothe,* Der „Goldschmidt-Entwurf", Diss. Bremen, 1995; *Schubert,* Die deutsche Gerichtsverfassung (1869–1877), Entstehung und Quellen, 1981; *Schubert/Regge,* Entstehung und Quellen der Strafprozeßordnung von 1877, 1989; *Siegrist,* Advokaten, Bürger und Staat, Bd. 1, 2 1996; *Vormbaum,* Die Lex Emminger vom 4. Januar 1924, 1988.

261 Die Reichsverfassung von 1871 befasste sich weder mit der Rechtspflege noch enthielt sie Justizgrundrechte, abgesehen vom Schutz gegen Justizverweigerung (Art. 77). Mit der WRV von 1919 beginnt der seitdem ständig wachsende Einfluss des Verfassungsrechts auf das Strafverfahrensrecht. Die Verfassung garantiert institutionell die Unabhängigkeit der Justiz und den Grundsatz des gesetzlichen Richters (Art. 102 ff.) sowie als Individualrechte den Schutz vor willkürlicher Verhaftung und die gesetzliche Bestimmtheit der Strafbarkeit (Art. 114 II, 116). Zufolge der Gleichberechtigung von Männern und Frauen (Art. 109 II) werden Frauen seit 1922 als Laienrichter und zu juristischen Berufen zugelassen.

262 Frauen können seit dem ausgehenden 19. Jh. im Ausland (Zürich) Jura studieren, sich zuerst seit 1900 in Baden und seit 1908 an preußischen Universitäten immatrikulieren – 1913/14 gab es in Deutschland insgesamt 50 Jurastudentinnen – und vor dem 1. Weltkrieg nur in Bayern die 1. Staatsprüfung ablegen. Das aktive wie passive Wahlrecht für Frauen und die formale Gleichstellung in Art. 109 und 128 WRV haben zusammen mit der Frauenbewegung den Weg zum Gesetz über die Zulassung zu Ämtern und Berufen der Rechtspflege von 1922 geebnet. Im selben Jahr wurde in Deutschland *Maria Otto* als erste Rechtsanwältin in München zugelassen (zur Vorgeschichte *Röwekamp* in DAV, S. 237 ff.). Mit der Sozialgeschichte der Anwälte im System der freien Advokatur seit 1880 befasst sich die auf einen Vergleich mit Italien und der Schweiz angelegte Darstellung von *Siegrist* (Advokaten, 557 ff.).

263 Aus Finanznot greift die nach dem damaligen Reichsjustizminister *Emminger* benannte Verordnung von 1924 einschneidend in die Schwurgerichtsverfassung ein. Die RStPO kannte neben 3 Berufsrichtern 12 Geschworene, die nur über die Schuldfrage entschieden und ihre Entscheidung nicht begründeten. Die Verordnung schafft der

Sache nach ein großes Schöffengericht mit 6 Laienrichtern. Sie urteilen mit den Berufsrichtern über die Schuld- und Straffrage, behalten jedoch bis 1974 die historische Bezeichnung „Geschworene". Die Strafprozessnovelle von 1926 bringt mit der Benachrichtigung von Angehörigen, der Vernehmung des Verhafteten und der Haftprüfung wichtige Neuerungen für die Untersuchungshaft (vgl. §§ 114 a–c, 115 a).

Wegen ihrer zweckorientierten Tendenz sind zahlreiche Verordnungen aus Krisenzeiten der Weimarer Republik wichtig, die für die Erosion des klassischen Verfahrensrechts stehen. Sie beseitigen zu Gunsten der Effizienz der Verfolgung schützende Formen, beschränken ordentliche Fristen, stellen das Gericht in der Beweisaufnahme frei und schließen Rechtsmittel weitgehend aus. 264

Vgl. als Beispiel die Bekanntmachung über die Volksgerichte in Bayern (1918) §§ 2, 13, 19 (bei *Halle,* 5 ff.). Revolutionstribunale der bayerischen Räterepublik bestrafen nach der VO von 1919 „jeden Verstoß gegen revolutionäre Grundsätze" und stellen die Sanktionen in das „freie Ermessen des Richters" (Art. 10, 11 bei *Beling,* ZStW 40 (1919), 511).

c) Politische Rechtsprechung

Quellen: VO zum Schutze der Republik (RGBl 1922 I 521 f.); [1.] Gesetz zum Schutze der Republik (RGBl 1922 I 585 ff.); [2.] Gesetz zum Schutze der Republik (RGBl 1930 I 91 ff.). – *Brammer,* Der Prozeß des Reichspräsidenten, 1925; *A. Brandt,* Der Tscheka-Prozeß, 1925; *Fraenkel,* Zur Soziologie der Klassenjustiz und Aufsätze zur Verfassungskrise 1931-32, Neudr. 1968; *Grimm,* Staatsnotstand, Staatsnotwehr und Fememord, Die Justiz 5 (1929/30), 329 ff.; *Gruchmann,* Der Hitler-Prozeß, Bd. 1–4, 1997–1999; *Gumbel,* „Verräter verfallen der Feme", 1929; *Kirchheimer,* Politische Justiz, 1965; *Kuttner,* Warum versagt die Justiz?, 1921; *Liebknecht,* Gesammelte Reden und Schriften (1910), Bd. 3 1960; *Loewenfeld,* Das Strafrecht als politische Waffe, 1933; *Radbruch,* Erwiderung [zu *Grimm*], Die Justiz 5 (1929/30), 333 ff.; *ders.,* Der Boxheimer Hochverrat, Die Justiz 7 (1931/32), 195 ff.; Denkschrift des *Reichsjustizministers* zu „Vier Jahre politischer Mord", hg. v. *Gumbel,* 1924, Nachdr. 1980; *Schiffer,* Die Deutsche Justiz, 1928; *Tucholsky,* Politische Justiz, hg. v. *Swarzenski,* 1975; *ders.,* Ausgewählte Werke, 1965.

Literatur: *Blasius,* Geschichte der politischen Kriminalität in Deutschland 1800–1980, 1983; *Böttger,* Der Hochverrat in der höchstrichterlichen Rechtsprechung der Weimarer Republik, Diss. Bochum, 1996; *Füßer,* Republikfeindliche Tendenzrechtsprechung in Weimar?, Zs. f. Rechtssoziologie 12 (1991), 70 ff.; *Gritschneder,* Der Hitler-Prozeß und sein Richter Georg Neithardt, 2001; *Gusy,* Der Schutz des Staates gegen seine Staatsform, GA 1992, 195 ff.; *ders.,* Weimar – die wehrlose Republik?, 1991; *Hanten,* Publizistischer Landesverrat vor dem Reichsgericht, Diss. Freiburg, 1999; *Hueck,* Der Staatsgerichtshof zum Schutze der Republik, Diss. Mainz, 1996; *Jasper,* Justiz und Politik in der Weimarer Republik, VjZ 1982, 167 ff.; *ders.,* Der Schutz der Republik, 1963; *Kißener,* Zwischen Diktatur und Demokratie, 2003; *Lepsius,* Die gegensatzaufhebende Begriffsbildung, Diss. München, 1994; *Miltenberger,* Der Vorwurf des Landesverrats gegen Reichspräsident Friedrich Ebert, Diss. Würzburg, 1989; *Neusel,* Die Spruchtätigkeit der Strafsenate des Reichsgerichts in politischen Strafsachen in der Zeit der Weimarer Republik, Diss. Marburg, 1971; *Rückert,* Richterrecht seit Weimar?, FS Gagnér, 1996, 203 ff.; *Walther,* Arenen politischer Justiz: Sondergerichtsbarkeit, in: *Görlitz* (Hg.), Politische Justiz, 1996, 31 ff.

Die Reichsjustizgesetze schließen eine Epoche ab und sind nicht geeignet, auf die 265 sozialen Umwälzungen im industriellen Zeitalter zu reagieren. Seit der Jahrhundertwende wächst das Befremden über formalistische Urteile. *Karl Liebknecht* wirft der preußischen Justiz 1910 Weltfremdheit, Klassencharakter und unfaire Verfahren vor; *Schiffer* stellt 1928 einen „Bankerott des geschriebenen Rechts" fest. Häufig wird der Justiz, vor allem dem RG und der Reichsanwaltschaft, vorgeworfen, sie hätten die Republik in politischer Blindheit und Voreingenommenheit gegen Angriffe von Links übermäßig und gegen Angriffe von Rechts nicht verteidigt. Die als Beispiele genannten Femeprozesse, der Prozess des Reichspräsidenten *Ebert* und die Verfahren zum

Republikschutzgesetz machen eine differenziertere Sicht nötig (ausdr. für Baden *Kißener,* 131).

266 Femeprozesse betreffen die Selbstjustiz der illegalen Schwarzen Reichswehr an vermeintlichen Verrätern zu Beginn der 20er Jahre. Um eine öffentliche Bloßstellung zu vermeiden, ist die interne Erledigung politisch erwünscht. Instanzgerichte haben den Angeklagten die Berufung auf Staatsnotwehr oder auf einen Irrtum über die Rechtswidrigkeit abgenommen und damit die meisten der 400 von Rechts begangenen Morde (zur Statistik *Gumbel* in der Denkschrift des RJM) folgenlos gelassen.

Das RG urteilt zurückhaltender und verneint jedenfalls bei der Tötung vermeintlicher Spione die Verhältnismäßigkeit oder die erforderliche gewissenhafte Prüfung der Interessenkollision: 1929 RGSt 63, 215, 221, 1930 RGSt 64, 101, 104.

267 Unberührt bleibt die Macht der Anklagebehörde, durch einseitige Reaktion auf Angriffe von Links entsprechende Verfahren in Gang zu setzen: Der 1931 entdeckte Plan gewaltsamer nationalsozialistischer Machtergreifung genügt nicht zur Anklageerhebung, obwohl er mit *Radbruch* den Legalitätsschleier der Reaktion zerreißt (Die Justiz 7 [1931/32], 197).

268 Kennzeichnend für die Haltung des Reichsgerichts wird der Prozess *Eberts.* Ein Schriftsteller hat den Reichspräsidenten wegen seiner Beteiligung am Streik 1918 öffentlich einen Landesverräter genannt. 1924 wertet das *Schöffengericht Magdeburg* den Abdruck eines offenen Briefes des Schriftstellers als Formalbeleidigung, verneint jedoch § 186 StGB, da der Vorwurf des Landesverrats erwiesen sei (Text bei *Brammer,* 128 (160)). *Ebert* stirbt 1925, so dass es nicht mehr zu einer Berufungsverhandlung kommt. Doch rechtfertigt ihn das RG posthum 1931, als sich ein Angeklagter zum Wahrheitsbeweis auf das erste Urteil beruft, und verneint den Vorsatz (RGSt 65, 422, 432 f.).

269 Kritisch ist die Praxis des beim RG 1922 – nach den Anschlägen auf *Rosa Luxemburg* und *Karl Liebknecht,* auf *Erzberger* und *Rathenau* – gebildeten Staatsgerichtshofs zum Schutz der Republik zu sehen. Die Besetzung mit drei Berufsrichtern und sechs von den Landesregierungen delegierten Laien, vor allem des Bayern zugestandenen Süddeutschen Senats, bewirkt eine einseitige Handhabung des politischen Strafrechts zu Lasten von Kommunisten, bei denen Republikfeindlichkeit vermutet wird. Die Beschimpfung der Republik und Verhöhnung der Reichsfarben wird unzureichend vom RG geahndet.

270 Belege, wie das RG den Gehalt von Äußerungen und die subjektive Seite wertet *(Hueck)* sowie im Verfahren – nach Vorselektion der Fälle durch die Anklagebehörde – die Verteidigung behindern und die Beweiswürdigung beeinflussen kann (für die Rechtsprechung zum Landesverrat *Gusy,* GA 1992, 212), zeigen die Justiz der Weimarer Republik in diesen Bereichen als durchaus politisch im Sinne politisierender Ausnutzung gesetzlicher Möglichkeiten. Wenn *Rückert* und *Walther* dagegen auf die Bedeutung der gesetzlichen Vorgaben verweisen, ist das berechtigt gegenüber häufig rein ideologiekritischen Vorwürfen (zeitgenössisch zur politischen Voreingenommenheit der Justiz *Fraenkel* und *Kirchheimer* sowie in der Forschung *Jasper;* umgekehrt stark relativierend *Böttger,* 248 ff.).

3. Die Auflösung der Weimarer Republik

Quellen: WRV (RGBl 1919, 1383 ff.); *Ebert,* Schriften, Aufzeichnungen, Reden, Bd. 2 1926; *Kelsen,* Allgemeine Staatslehre, 1925; *Radbruch,* Rechtsphilosophie, 3. Aufl. 1932.

Literatur: *Apelt,* Geschichte der Weimarer Verfassung, 2. Aufl. 1964; *Bracher,* Die Auflösung der Weimarer Republik, 5. Aufl. 1978; *Gessner,* Das Ende der Weimarer Republik, 2. Aufl. 1988; *Kolb,* Die Weimarer Republik, GedSchr. Hillgruber, 1990, 273 ff.; *Rosenberg,* Entstehung und Geschichte der Weimarer Republik, 2. Aufl. 1984; *H. Schulze,* Weimar, 1982; *Sontheimer,* Antidemokratisches Denken in der Weimarer Republik, 1978; *Winkler,* Weimar 1918–1933, 1993.

Historisch gesehen besteht keine Chance, die von *Ebert* 1919 beschworene Aufgabe geistiger Gestaltung der Republik über das Nein zum Versailler Vertrag hinaus zu bewältigen. Die historische Bedeutung der Weimarer Verfassung liegt darin, nach der Revolution die Extreme von Rechts und Links unter einem Kompromiss geeinigt zu haben. Doch ist sie über diese negative Funktion nicht hinausgekommen. Begünstigt durch das Verhältniswahlrecht, entwickeln sich die zersplitterten Parteien zu zentrifugalen Kräften. Die Überzahl unrealistischer organisationsrechtlicher Verfassungsnormen erleichtert eine Legalitätstaktik, entmachtet die Legislative, schafft ein Machtvakuum und ermöglicht schließlich die Machtergreifung durch die NSDAP (zu diesem von *Bracher* entworfenen Modell vgl. *Gessner*). 271

Der Verzicht auf eine materiale Begründung der Grundrechte entspricht dem wertmäßigen Relativismus von *Kelsen* und *Radbruch.* Er ermöglicht den wertneutralen Schutz nachrevolutionären Rechts (vgl. 1928 RGSt 62, 65, 67), liefert die Republik jedoch der reinen Macht aus, in *Radbruchs* bekannter Wendung: „Wer Recht durchzusetzen vermag, beweist damit, dass er Recht zu setzen berufen ist" (Rechtsphilosophie, 1932, 81). 272

§ 2. Recht und Justiz im Nationalsozialismus

1. Grundlagen

a) Recht und Staat im Nationalsozialismus

Quellen: *Chamberlain,* Die Grundlagen des neunzehnten Jahrhunderts, Bd. 1, 2, 1899; *Dietze,* Naturrecht in der Gegenwart, 1936; *Göring,* Die Rechtssicherheit als Grundlage der Volksgemeinschaft, 1935; *Hitler,* Mein Kampf, 143./144. Aufl. 1935; *E. R. Huber,* Verfassungsrecht des Großdeutschen Reiches, 2. Aufl. 1937/1939; *Künneth,* Antwort auf den Mythus, 1935; *Rosenberg,* Der Mythus des 20. Jahrhunderts, 95.–98. Aufl. 1936; *Schmelzeisen,* Das Recht im Nationalsozialistischen Weltbild, 1934.

Literatur: *Benz* (Hg.), Enzyklopädie des Nationalsozialismus, 1997; *Cattaneo,* Strafrechtstotalitarismus, dt. Ausg. 2001; *Düwell/Vormbaum* (Hg.), Schwerpunktthema: Recht und Nationalsozialismus, 1998; *Greive,* Geschichte des modernen Antisemitismus in Deutschland, 1983; *Heinen,* Erscheinungsformen des europäischen Faschismus, FS Schieder, 2000, 5 ff.; *Hill,* Gleichheit und Artgleichheit, 1966; *Kiesewetter,* Von Hegel zu Hitler, 2. Aufl. 1995; *Majer,* „Fremdvölkische" im Dritten Reich, 1981; *Bernhard Müller,* Alltag im Zivilisationsbruch – Das Ausnahme-Unrecht gegen die jüdische Bevölkerung in Deutschland 1933–1945, 2003; *Ruck,* Bibliographie zum Nationalsozialismus, Bd. 1, 2, 2000; *Staudinger,* Rassenrecht und Rassenstaat, 1999; *Strenge,* Machtübernahme 1933 – Alles auf legalem Weg?, 2002; *Stolleis,* Die Rechtsordnung des NS-Staates, JuS 1982, 654 ff.; *Weißmann,* Der Nationale Sozialismus, 1998.

Die Aufklärung hatte die natürliche Gleichheit der Menschen postuliert, bis nationalstaatliches Denken gegenläufige Richtungen begünstigt. Im 19. Jh. begründet *Gobineau* die natürliche Ungleichheit der Rassen; die Sozialdarwinisten übertragen das Modell einer Evolution durch natürliche Auswahl auf die Gesellschaft. *Chamberlain* identifiziert die Nation mit einer bestimmten Rasse und gibt der germanischen als der am reinsten erhaltenen die Vorherrschaft. Der Nationalsozialismus greift diese Strömungen auf und macht sie sich im Rahmen einer eigenen „Weltanschauung" zunutze. Für den Führer der Bewegung, *Adolf Hitler,* wird ein gezielter Antisemitismus bestimmend. 273

Die Staatsphilosophie übernimmt von *Hegel* den Gedanken einer *organischen Volksgemeinschaft.* Die liberale, rechtsstaatliche Tradition hatte Individuum und Staat 274 getrennt und dem Einzelnen Freiheitsrechte gegen den Staat zuerkannt. Im neuen Denken erwächst der Wert des Einzelnen aus der blutsmäßig bestimmten Zugehörigkeit zur Gemeinschaft. An die Stelle subjektiv-öffentlicher Rechte gegen den Staat treten Pflichten, zur Erhaltung der Gemeinschaft beizutragen. Liegt das „Wesen des Menschen" in der blutsmäßigen Bindung an die Gemeinschaft Artgleicher, folgt daraus mit „naturrechtlicher" Evidenz der Vorrang des Gemeinnutzens vor dem Eigennutz. Als weitere Folge gilt das Recht nur für Artgleiche. Die Gleichheit vor dem Gesetz wird bewusst aufgegeben; „Fremdvölkische", wie Polen und Juden, stehen unter diskriminierendem Sonderrecht.

b) Die Methode der Rechtsfindung

Quellen: Entwurf eines Deutschen Strafgesetzbuchs, 1939; *Larenz,* Deutsche Rechtserneuerung und Rechtsphilosophie, 1934; Leitsätze über Stellung und Aufgaben des Richters, Deutsche Rechtswissenschaft 1 (1936), 123 f.; *Rosenberg,* Das Parteiprogramm, 20. Aufl. 1939; *C. Schmitt,* Über die drei Arten des rechtswissenschaftlichen Denkens, 1934; *ders.,* Staat, Bewegung, Volk, 1933.

Literatur: *Anderbrügge,* Völkisches Rechtsdenken, 1978; *Landau,* Römisches Recht und deutsches Gemeinrecht, in: *Stolleis/Simon,* Rechtsgeschichte im Nationalsozialismus, 1989, 11 ff.; *Lepsius,* Die gegensatzaufhebende Begriffsbildung, Diss. München, 1994; *Tobias Müller,* Recht und Volksgemeinschaft, Diss. Hannover, 2001; *Rottleuthner,* Substantieller Dezisionismus, in: Recht, Rechtsphilosophie und Nationalsozialismus, ARSP Beih. Nr. 18, 1983, S. 20 ff.; *Rüthers,* Die unbegrenzte Auslegung, 6. Aufl. 2005; *ders.,* Entartetes Recht, 2. Aufl. 1989; *Stolleis,* Gemeinwohlformeln im nationalsozialistischen Recht, 1974.

275 Als Folge der instrumentalen Funktion des Rechts wird die Entscheidung nicht mehr logisch deduziert, sondern mit dem von *Carl Schmitt* propagierten Denken in „konkreten Ordnungen" aus intuitiver Schau dessen gewonnen, was für die konkrete Lebensordnung notwendig ist.

Punkt 19 des Parteiprogramms der NSDAP fordert „Ersatz für das der materialistischen Weltordnung dienende römische Recht durch ein deutsches Gemeinrecht". Unter seiner Herrschaft ist der Richter nicht mehr primär an das Gesetz gebunden, sondern an die nationalsozialistische Weltanschauung und ihre Kündung durch den Führer, der auch gegenüber kollektiven Fehldeutungen unfehlbar den „wahren" Volksgeist verkörpert.

276 Zu einem derartigen Überbau versteigen sich etwa *C. Schmitt* und *Larenz.* Die Methode läuft auf einen Dezisionismus hinaus *(Rottleuthner),* in dem letztlich die Partei die in Volk und Rasse gegründeten Werte definiert. Anschaulich hat der Richter nach Nr. 1 der von *Dahm, Eckhardt, Höhn, Ritterbusch* und *Siebert* formulierten Leitsätze „die konkrete völkische Gemeinschaftsordnung zu wahren, Schädlinge auszumerzen, gemeinschaftswidriges Verhalten zu ahnden und Streit unter den Gemeinschaftsgliedern zu schlichten"; Grundlage der Auslegung ist nach Nr. 2 „die nationalsozialistische Weltanschauung, wie sie insbesondere im Parteiprogramm und in den Äußerungen des Führers ihren Ausdruck findet", an die der Richter nach Nr. 3 gebunden ist. Auch der StGB-Entwurf von 1939 sieht die „Kundmachungen des Führers" als Wegweiser der Rechtsfindung (§ 2 I).

2. Auswirkungen

277 Der Nationalsozialismus hat auf Normierungen nicht verzichtet, auf der Ebene der Verwaltungserlasse sogar exzessiven Gebrauch von Regelungen gemacht, während das förmliche Gesetz zurücktritt. Sachlich nehmen die Reformen häufig ältere, „vorrevolutionäre" Ansätze auf, setzen nach Festigung der nationalsozialistischen Herrschaft einzelne weltanschauliche Punkte durch und tragen im Zweiten Weltkrieg Forderungen nach Vereinfachung Rechnung.

a) Strafrecht

Quellen: *a) Gesetzgebung und Reform:* Gesetz über Verhängung und Vollzug der Todesstrafe (RGBl 1933 I 151); Gesetz über Maßnahmen der Staatsnotwehr (RGBl 1934 I 529); Gesetz gegen heimtückische Angriffe auf Staat und Partei und zum Schutz der Parteiuniformen (RGBl 1934 I 1269 ff.); Gesetz zur Änderung des StGB (RGBl 1935 I 839 ff.); Gesetz zum Schutze des deutschen Blutes und der deutschen Ehre (RGBl 1935 I 1146 f.); VO über das Sonderstrafrecht im Kriege und bei besonderem Einsatz – KriegssonderstrafrechtsVO – (RGBl 1939 I 1455 ff.); VO gegen Volksschädlinge (RGBl 1939 I 1679); VO zum Schutze der Metallsammlung des deutschen Volkes (RGBl 1940 I 565); Gesetz zur Änderung des Reichsstrafgesetzbuchs (RGBl 1941 I 549 f.); VO über die Strafrechtspflege gegen Polen und Juden in den eingegliederten Ostgebieten (RGBl 1941 I 759 ff.); VO zur Durchführung der VO zur Angleichung des Strafrechts des Altreichs und der Alpen- und Donau-Reichsgaue (RGBl 1943 I 341 f.); Amtliche Strafrechtskommission, Das kommende deutsche Strafrecht, AT 2. Aufl. 1935, BT 2. Aufl. 1936. – *Form* (Hg.), Literatur- und Urteilsverzeichnis zum politischen NS-Strafrecht, 2001; *Regge/Schubert* (Hg.), Quellen zur Reform des Straf- und Strafprozeßrechts, Abt. 2 (1933–1939), Bd. 1 Tl. 1, 2, Bd. 2 Tl. 1–4 1988 ff.; *Schubert* (Hg.), Akademie für Deutsches Recht, Protokolle der Ausschüsse, Bd. 8 (Ausschüsse für Strafrecht), 1999.

b) Zeitgenössische Literatur: Dahm, Nationalsozialistisches und faschistisches Strafrecht, 1935; *Freisler,* Schutz des Volkes oder des Rechtsbrechers, DtStrafR 1935, 1 ff.; *Freisler,* Nationalsozialistisches Recht und Rechtsdenken, 1938; *v. Gemmingen,* Strafrecht im Geiste Adolf Hitlers, 1933; *Grau/Krug/Rietzsch,* Deutsches Strafrecht, Bd. 1, 2. Aufl. 1943; *Kirchheimer,* Das Strafrecht im nationalsozialistischen Deutschland, 1939/40, dt. Ausg. in: Von der Weimarer Republik zum Faschismus, 1976, 186 ff.; Nationalsozialistische Leitsätze für ein neues deutsches Strafrecht, hg. v. *Frank,* AT 1935, BT 1936; *Siegert,* Grundzüge des Strafrechts im neuen Staate, 1934; Nationalsozialistisches Strafrecht, Denkschrift des *Preußischen Justizministers,* 1933.

Literatur: *Bock,* Naturrecht und Positivismus im Strafrecht zur Zeit des Nationalsozialismus, ZNR 1984, 132 ff.; *Hartl,* Das nationalsozialistische Willensstrafrecht, Diss. Regensburg, 2000; *Lüken,* Der Nationalsozialismus und das materielle Strafrecht, Diss. Göttingen, 1988; *Marxen,* Der Kampf gegen das liberale Strafrecht, 1975; *Naucke,* NS-Strafrecht: Perversion oder Anwendungsfall moderner Kriminalpolitik?, RJ 11 (1992), 279 ff.; *Rüping,* Bibliographie zum Strafrecht im Nationalsozialismus, 1985; *ders.,* Nullum crimen sine poena, FS Oehler, 1985, S. 27 ff.; *Telp,* Ausmerzung und Verrat, Diss. München, 1999; *Vogel,* Einflüsse des Nationalsozialismus auf das Strafrecht, 2004.

Unmittelbar nach der Machtübernahme bedient sich das Regime des Gesetzes, um **278** nach der neuen Maxime *nullum crimen sine poena* alles Gemeinschädliche wirkungsvoll bekämpfen zu können. Das Gesetz von 1933 ermöglicht, auf Verurteilungen im Reichstagsbrandprozess vor dem RG zielend (Urteil in StQuB 2, 257 f.), die rückwirkende Anwendung der Todesstrafe (§ 1). Nach dem *Röhm*-Putsch 1934 werden durch gesetzlichen Einzelakt Maßnahmen zur Niederschlagung ... „als Staatsnotwehr rechtens" erklärt. 1935 fällt das Analogieverbot; § 2 S. 1 StGB ermöglicht jetzt, ohne damit die Praxis zu revolutionieren, auch Strafe für eine Tat, „die das Gesetz für strafbar erklärt oder die nach dem Grundgedanken eines Strafgesetzes und nach gesundem Volksempfinden Bestrafung verdient". Unberührt davon erreicht die Praxis häufig dasselbe Ergebnis durch die extensive Interpretation von Normen.

Beispielhaft für neues Recht nach Konsolidierung der nationalsozialistischen Herr- **279** schaft steht das Gesetz zum Schutze des deutschen Blutes und der deutschen Ehre (1935), welches „durchdrungen von der Erkenntnis, dass die Reinheit des deutschen Blutes die Voraussetzung für den Fortbestand des Deutschen Volkes ist" (Vorspruch), Eheschließung und Verkehr zwischen Deutschen und Juden bestraft (§ 5), - eine Regelung, die Denunziationen geradezu provoziert.

280 Das Kriegsstrafrecht schafft bedenklich unbestimmte Normen. Die Wehrkraft zersetzt (nach § 5 I Nr. 1 der Kriegssonderstrafrechtsverordnung), wer „öffentlich den Willen des deutschen oder verbündeten Volkes zur wehrhaften Selbstbehauptung zu lähmen oder zu zersetzen sucht"; sogar ausschließlich mit dem Tode wird bestraft, „wer sich an gesammeltem oder vom Verfügungsberechtigten zur Sammlung bestimmten Metall bereichert oder solches Metall sonst seiner Verwendung entzieht" (VO von 1940).

281 In anderer Weise entfernen sich vom herkömmlichen Tatbestandsbegriff Normen, die auf einen bestimmten „Tätertyp" abstellen. Dass ein „unter Ausnutzung der zur Abwehr von Fliegergefahr getroffenen Maßnahmen" begangener Angriff auf Leib, Leben oder Eigentum unter Umständen mit dem Tode bestraft werden kann (§ 2 VVO), setzt, um nicht zum Regelfall zu werden, restriktiv einen „Volksschädling" als Tätertyp voraus. Die Neufassung des § 211 StGB (1941) beseitigt das gemeinrechtliche Merkmal der Tötung mit Überlegung und nennt auch noch in der geltenden Fassung den mit einem der gesetzlichen Merkmale Handelnden „Mörder".

282 Die uneinheitliche Praxis versteht den Tätertyp des Volksschädlings, den die Verordnung im Auge hat, als strafbegründend (grundlegend 1940 RGSt 74, 199, 202), während sie bei § 211 nur eine Persönlichkeitswertung verlangt (1942 RGSt 76, 297, 299). Dem halbamtlichen Kommentar von *Grau, Krug* und *Rietzsch* zufolge ermöglicht die Neufassung hier „die Herausnahme der Fälle der Sterbehilfe oder der Vernichtung lebensunfähigen Lebens" (§ 211 Anm. 1 a [1]).

283 Mit der Lehre vom Tätertyp, der Lösung von einem deskriptiven Tatbestandsbegriff und der Umdeutung rechtsgutsorientierter Normen in Pflichtverletzungen sind Forderungen der einflussreichen Kieler Schule *(Dahm, Schaffstein)* angesprochen. Die weitere Reformforderung, als Ausfluss eines am Täter, nicht an der Tat orientierten *Willensstrafrechts* im Sinne des heutigen „Unternehmens" (§ 11 I Nr. 6 StGB) Versuch und Vollendung gleich zu bestrafen (wie *Freisler* im AT des kommenden deutschen Strafrechts ausführt), schlägt sich nur darin nieder, dass der Versuch seit 1943 (VO Art. 1) milder bestraft werden kann, nicht mehr muss. Die schon 1880 von RGSt 1, 439 ff. entwickelte subjektive Versuchstheorie und die daraus abgeleitete Strafbarkeit des untauglichen Versuchs finden den Beifall der Vertreter eines Willensstrafrechts und gelten im Ergebnis noch heute: BGHSt 40, 299, 302.

284 Radikale Ansätze wie der von *Freisler* (DtStrafR 1935, 1 ff.) veröffentlichte, den BT zu Gunsten eines Zentraltatbestandes aufzugeben und den Verstoß gegen alles, „was die Volksgemeinschaft von einem ordentlichen Volksgenossen verlangt", als strafwürdig und strafbar anzusehen, setzen sich nicht durch. In der Praxis herrscht kriegsbedingt gegen Ende des Dritten Reiches ein detailliert geregeltes Wirtschafts-, insbesondere Verbrauchsregelungsstrafrecht. Dagegen schafft Art. II der PolenstrafrechtspflegeVO, bezogen auf „Gemeinschaftsfremde", einen subsidiären Zentraltatbestand: Polen und Juden sind auch wegen einer Tat strafbar, „die gemäß dem Grundgedanken eines deutschen Strafgesetzes nach den in den eingegliederten Ostgebieten bestehenden Staatsnotwendigkeiten Strafe verdient".

b) Strafverfahren und Vollzug

Quellen: *Gesetzgebung und Reform:* Gesetz zur Änderung von Vorschriften des Strafverfahrens und des Gerichtsverfassungsgesetzes (RGBl 1935 I 844 ff.); Gesetz zur Änderung von Vorschriften des allgemeinen Strafverfahrens, des Wehrmachtstrafverfahrens und des Strafgesetzbuchs (RGBl 1939 I 1841 ff.); VO über die Zuständigkeit der Strafgerichte, die Sondergerichte und sonstige strafverfahrensrechtliche Vorschriften (RGBl 1940 I 405 ff.); Erlass des Führers über die Vereinfachung der Rechtspflege (RGBl 1942 I 139 f.); VO zur weiteren Anpassung der Strafrechtspflege an die Erfordernisse des totalen Krieges (RGBl 1944 I 339 ff.); Entwurf einer Strafverfahrensordnung und einer Friedensrichter- und Schiedsmanns-Ordnung, 1939, Nachdr. 1954. – *Schubert* (Hg.), Akademie für Deutsches Recht, Protokolle der Ausschüsse, Bd. 7 (Ausschüsse für Strafprozessrecht), 1998.

Literatur: *Form/Schiller* (Hg.), Politische NS-Justiz in Hessen, Bd. 1, 2, 2005; *Jung/Müller-Dietz* (Hg.), Strafvollzug im „Dritten Reich", 1996; *Rüping,* „Auflockerung" im Strafverfahrensrecht, in: Recht, Rechtsphilosophie und Nationalsozialismus, ARSP Beih. Nr. 18, 1983, 65 ff.; *J. Wolff*, Jugendliche vor Gericht im Dritten Reich, 1992.

Hitler fordert bereits anlässlich der Machtübernahme im Reichstag die „Elastizität der Urteilsfindung zum Zweck der Erhaltung der Gesellschaft". Offizielle Leitidee für Reformen im Verfahrensrecht wird die „Auflockerung", d. h. die Aufgabe schützender Formen und von Individualrechten im Prozess zu Gunsten des im Sinne des Nationalsozialismus „gerechten" Ergebnisses. **285**

Die Strafprozessnovelle von 1935 nimmt Teile einer Gesamtreform vorweg. Sie stellt das Gericht in der Beweiserhebung frei, beseitigt das Verbot der reformatio in peius, bindet das Reichsgericht nicht mehr an frühere Urteile und lässt die „Erregung der Öffentlichkeit" als Haftgrund ausreichen (vgl. die Neufassung der §§ 245 I 1, 331, 358 II, 373 II, 112 I). Weitergehende Vorschläge des Entwurfs einer Strafverfahrensordnung von 1939 werden unter anderen Vorzeichen im Krieg verwirklicht: die Einschränkung der gerichtlichen Voruntersuchung (Gesetz von 1935 Art. 4), die Beseitigung des Eröffnungsbeschlusses und der Klageerzwingung (Führererlass von 1942 Art. I 2) wollen primär das Verfahren vereinfachen, verwirklichen jedoch gleichzeitig Reformforderungen nach einer stärkeren Stellung der Staatsanwaltschaft im autoritären Strafverfahren. In weiteren Reformschritten erhält die Anklagebehörde neue Kompetenzen. Sie kann seit 1940 wahlweise vor dem ordentlichen Strafgericht oder dem Sondergericht anklagen (VO von 1940 §§ 4, 14), materiell unbefriedigende Urteile mittels außerordentlichen Einspruchs (Gesetz von 1939 § 3) und Nichtigkeitsbeschwerde (VO von 1940 Art. 5 § 34) angreifen und seit 1944 Haftbefehle erlassen (VO von 1944 §§ 5, 8). **286**

Wie im Vollzug die liberalen Ziele der Weimarer Reform (Rn. 259) zugunsten polizeilicher Bewahrung aufgegeben werden, zeigt sich insbesondere gegenüber Jugendlichen (*Wolff*, S. 212 ff.).

3. Strafjustiz im Führerstaat

a) Ordentliche Gerichte

Literatur: *Bästlein/Grabitz/Scheffler* (Hg.), „Für Führer, Volk und Vaterland ...": Hamburger Justiz im Nationalsozialismus, 1992; *Busse/Hottes*, Justiz und Nationalsozialismus, 1993; *Gribbohm*, Nationalsozialismus und Strafrechtspraxis – Versuch einer Bilanz, NJW 1988, 2842 ff.; *Hamann*, Das Oberlandesgericht Celle im Dritten Reich, FS z. 275jährigen Bestehen des OLG Celle, 1986, 143 ff.; *Justizministerium NRW*, Justiz und Nationalsozialismus, 1993; *Kaul*, Geschichte des Reichsgerichts, Bd. 4, 1971; *Klein*, Die Lageberichte der Justiz aus Hessen 1940–1945, 1999; *Kolbe*, Reichsgerichtspräsident Dr. Erwin Bumke, 1975; *Luge*, Die Rechtsstaatlichkeit der Strafrechtspflege im Oldenburger Land 1932–1945, 1993; *Niermann*, Politische Strafjustiz im Nationalsozialismus, Diss. Münster, 1996; *Pauli*, Die Rechtsprechung des RG in Strafsachen zwischen 1933 und 1945, Diss. Trier, 1992; *Przyrembel*, „Rassenschande", Diss. Berlin, 2003; *Weidenthaler*, Die Strafsenate des Reichsgerichts von 1933 bis 1945, Diss. Würzburg, 1999.

Die Praxis der traditionellen Spitze, des Reichsgerichts, zeigt ein zwiespältiges Bild (zu Kontinuitätslinien *Pauli*, 245). Von den Möglichkeiten, in überkommene Institute wie das Analogieverbot einzugreifen, macht das Gericht nur zurückhaltend Gebrauch (vgl. Rn. 278). Z. B. lehnt es 1936 ab, die Vorschriften über Fremdtötung und Beihilfe dazu nach § 2 StGB n. F. entsprechend auf Selbsttötung und Beihilfe dazu anzuwenden (RGSt 70, 313, 315). Andererseits weitet das Gericht „nachrevolutionäre" Tatbestände wie die Rassenschande (anschaulich *Przyrembel* zur Übernahme dieser Rechtsprechung durch Instanzgerichte), das von der Volksschädlingsverordnung er- **287** fasste Plündern oder die Wehrkraftzersetzung contra legem aus (zur „Ersatzöffentlichkeit“ einer Äußerung 1942 RGSt 76, 118, 119). Ebenso erweist sich der für den außerordentlichen Einspruch zuständige Besondere Senat willfährig, was die vom Oberreichsanwalt beantragte Verschärfung von Sanktionen angeht.

Er kommt in 12 der 19 anhängigen und 16 durch Urteil abgeschlossenen Verfahren antragsgemäß zur Todesstrafe (zur Statistik *Kaul*) und benötigt für die Verhandlung, wie im bekannten Fall *Schlitt* (bei *Kolbe* und *Luge* sowie StQuB 2, 269 f.), unter Umständen nur wenige Stunden.

b) Volksgerichtshof

Quellen: Gesetz zur Änderung von Vorschriften des Strafrechts und des Strafverfahrens (RGBl 1934 I 341 ff.); Gesetz über den Volksgerichtshof (RGBl 1936 I 369 ff.); *Form/Schiller* (Hg.), Widerstand und Verfolgung in Hessen 1933–1945, 2006; *Form/Neugebauer/Schiller* (Hg.), NS-Justiz und politische Verfolgung in Österreich 1938–1945, 2006; *Hillermeier*, „Im Namen des Deutschen Volkes“: Todesurteile des Volksgerichtshofes, 3. Aufl. 1983.

Literatur: *Eder*, Das italienische Tribunale Speziale per la Difesa dello Stato und der deutsche Volksgerichtshof, 2002; *Marxen*, Das Volk und sein Gerichtshof, 1994; *Richter*, Hochverratsprozesse als Herrschaftspraxis im Nationalsozialismus, Diss. Berlin (TU), 2001; *Rüping*, „Streng aber gerecht. Schutz der Staatssicherheit durch den Volksgerichtshof“, JZ 1984, 815 ff.; *Schlüter*, Die Urteilspraxis des nationalsozialistischen Volksgerichtshofs, Diss. Münster, 1995; *Simon*, Waren die NS-Richter „unabhängige Richter“ im Sinne des § 1 GVG?, RJ 4 (1985), 102 ff.; *Wagner*, Der Volksgerichtshof im nationalsozialistischen Staat, 1974; *Zarusky/Mehringer*, Widerstand als „Hochverrat“, 1933–1945, Lfrg. 1 ff., 1994 ff.

288 Der Volksgerichtshof wird 1934 errichtet und 1936 ordentliches Gericht im Sinne des GVG (Gesetz von 1936 Art. I § 1). Er erhält nach dem für die NSDAP enttäuschenden Ausgang des Reichstagsbrandprozesses vor dem Reichsgericht dessen erst- und letztinstanzliche Zuständigkeit in der schweren politischen Kriminalität, zunächst für Hoch- und Landesverrat. Seine Senate entscheiden mit zwei Berufsrichtern und drei „handverlesenen“, vom Führer ernannten und aus den Gliederungen der Partei und häufig auch aus der Wehrmacht stammenden Schöffen (Gesetz von 1934 Art. III §§ 1, 2).

289 Tragfähige Aussagen über dieses berüchtigste Gericht des Dritten Reiches wird erst eine umfassende Auswertung der erhaltenen Akten ermöglichen. Bisherige Analysen zeigen, wie sich der Volksgerichtshof unter *Thierack* (1936) und unter *Freisler* (1942) zunehmend nicht mehr als Rechtsprechungsorgan versteht, sondern als Kampfinstrument zur Vernichtung des politischen Gegners: er verhängt bis 1941 in nicht 5% der Fälle die Todesstrafe, für 1942 bis 1944 dagegen in fast 50% (nach Anl. 33 bei *Wagner*). Das gilt besonders für *Freislers* 1. Senat, so dass zumindest insoweit eine Gerichts- und Rechtsprechungstätigkeit zu verneinen ist. Für die These *Marxens*, der VGH sei primär ein Gericht gegen Nichtdeutsche gewesen, steht die Überprüfung anhand des überlieferten Aktenmaterials noch aus.

c) Sondergerichte

Quellen: VO der Reichsregierung über die Bildung von Sondergerichten (RGBl 1933 I 136 ff.); VO über die Zuständigkeit der Strafgerichte, die Sondergerichte und sonstige strafverfahrensrechtliche Vorschriften (RGBl 1940 I 405 ff.); *Boberach*, Meldungen aus dem Reich: Die geheimen Lageberichte des Sicherheitsdienstes der SS 1938–1945, Bd. 1–17 1984; *Rietzsch*, Die Stellung der Sondergerichte in der Strafrechtspflege, in: Die Arbeit der Sondergerichte in der Kriegszeit, o. J. [1941], S. 9 ff.

Literatur: *Bohn/Danker* (Hg.), „Standgericht der inneren Front“: Das Sondergericht Altona/Kiel 1932–1945, 1998; *Bozyakali*, Das Sondergericht am Hanseatischen Oberlandesgericht, Diss. Hamburg, 2005; *Dörner*, „Heimtücke“: das Gesetz als Waffe, Diss. phil. Berlin (TU), 1998; *Gruchmann*, „Nacht- und Nebel“-Justiz, VjZ 1981, 342 ff.; *Justizministerium Rheinland-Pfalz*, Justiz im Dritten Reich: NS-Sondergerichtsverfahren in Rheinland-Pfalz, Tl. 1–3, 1994; *Lahrtz*,

Nationalsozialistische Sondergerichtsbarkeit in Sachsen, 2003; *Ludewig/Kuessner,* „Es sei also jeder gewarnt“: Das Sondergericht Braunschweig, 2000; *McElligott,* Authority, Control, and Class Justice: The Role of the Sondergerichte in the Transition from Weimar Germany to the Third Reich, CJH 15 (1994), 209 ff.; *Oehler,* Die Rechtsprechung des Sondergerichts Mannheim 1933–1945, Diss. Freiburg 1997; *Rüping,* Sondergerichte im Dritten Reich, FS Lieberwirth, 2000, 115 ff.; *Schimmler,* Recht ohne Gerechtigkeit: Zur Tätigkeit der Berliner Sondergerichte im Nationalsozialismus, 1984; *Weckbecker,* Zwischen Freispruch und Todesstrafe [betr. SG Frankfurt/M. und Bromberg], Diss. Mainz, 1998; *Wrobel/Maul-Backer,* Strafjustiz im totalen Krieg: Aus den Akten des Sondergerichts Bremen 1940 bis 1945, Bd. 1–3, 1991, 1994.

Sondergerichte werden 1933 auf Landgerichtsebene, besetzt mit drei Berufsrichtern und zuständig für einen Oberlandesgerichtsbezirk errichtet (VO von 1933 § 1). Sie sind nach der VO von 1940 ausschließlich zuständig vor allem für Heimtückesachen und fakultativ, wenn die Staatsanwaltschaft andere Taten z. B. „wegen der in der Öffentlichkeit hervorgerufenen Erregung“ bei ihnen anklagt (VO §§ 13 Nr. 1, 14 I). Wie „eine energische Staatsführung in des Wortes eigentlicher Bedeutung kurzen Prozess“ mit Gegnern und Staatsfeinden macht *(Rietzsch),* zeigt sich rechtlich in der Verkürzung der Ladungsfrist auf drei Tage, der freien Stellung des Gerichts gegenüber Beweisanträgen und der grundsätzlichen Unanfechtbarkeit der Entscheidungen (VO von 1933 §§ 12 IV, 13, 16I). 290

Eine direkte Kontinuität mit Sondergerichten Ende der Weimarer Republik (Rn. 264) besteht trotz vergleichbarer politischer Tendenzen entgegen *McElligott,* 216 ff. nicht. Bisher vorliegende Einzeluntersuchungen gestatten unter einzelnen Aspekten verallgemeinerungsfähige Aussagen über die Praxis der Sondergerichte. Der SD (Sicherheitsdienst) als Nachrichtendienst der SS sieht die ursprünglich gefürchteten „Standgerichte der inneren Front“ 1943 durch zunehmende Kompetenzerweiterung und Inanspruchnahme seitens der Staatsanwaltschaft zu bloßen Spezialstrafkammern herabgesunken (bei *Boberach,* 5628 ff.). Eine zusammenfassende Analyse der Praxis steht weiterhin aus. 291

Doch legitimiert die unter den Verhältnissen des totalen Krieges große Projektion alltäglicher Delikte häufig harte Sanktionen. Als 1941, bis zur Abgabe an die Gestapo 1944, vier Sondergerichte für das „NN“-(Nacht- und Nebel-)Programm gegen antideutsche Aktivisten in den besetzten Ländern zuständig werden, charakterisiert der Amerikanische Militärgerichtshof III das Verfahren 1947 im „Juristen-Prozess“ dahingehend (bei *Ostendorf/ter Veen,* S. 188), die geheimen Verhandlungen hätten nicht einmal den Schein einer fairen Verhandlung oder Rechtsanwendung aufrecht erhalten. 292

d) Wehrmacht-, SS- und Polizei-Gerichte, Parteigerichte

Quellen: VO über das Sonderstrafrecht im Kriege und bei besonderem Einsatz – KriegssonderstrafrechtsVO – (RGBl 1939 I 1455 ff.); VO über das militärische Strafverfahren im Kriege und bei besonderem Einsatz – Kriegsstrafverfahrensordnung – (RGBl 1939 I 1457 ff.); VO über eine Sondergerichtsbarkeit in Strafsachen für Angehörige der SS und für die Angehörigen der Polizeiverbände bei besonderem Einsatz (RGBl 1939 I 2107 ff.); Militärstrafgesetzbuch i. d. F. v. 1940 (RGBl 1940 I 1347 ff.); Bericht des Sondersenats des Obersten Parteigerichts über die Vorgänge und parteigerichtlichen Verfahren, die im Zusammenhang mit den antisemitischen Kundgebungen vom 9. November 1938 stehen (in: IMG 32, 20 ff.).

Literatur: *Block,* Die Parteigerichtsbarkeit der NSDAP, Diss. Berlin (FU), 2002; *Gribbohm,* Das Reichskriegsgericht, 2004; *Messerschmidt,* Die Wehrmachtjustiz 1933–1945, 2005; *Vieregge,* Die Gerichtsbarkeit einer „Elite“: SS- und Polizei-Gerichtsbarkeit als Beispiel nationalsozialistischer Rechtsprechung, Diss. Halle, 2002.

Wehrmachtgerichte tragen nicht nur formal der Truppendisziplin Rechnung, sondern haben im Krieg über 30.000 Todesurteile zu verantworten (im Vergleich zu nur 150 während des 1. Weltkrieges) und ihre Möglichkeiten häufig bewusst zum Nachteil der Betroffenen eingesetzt. Die 1939 für SS- und Polizeiangehörige eingeführte Gerichtsbarkeit besitzt Modellcharakter einer nationalsozialistischen Rechtspflege, 293 indem sie die Befreiung des Richters vom Gesetz vorwegnimmt *(Vieregge)*. Parteigerichte fordern nicht nationalsozialistische Juristen, sondern rechtskundige Nationalsozialisten, deren Rechtsgefühl sich an den politischen Notwendigkeiten orientiert. Beispielhaft für die Parteigerichtsbarkeit ahndet das Oberste Parteigericht Sexualdelikte von Parteigenossen an Jüdinnen anlässlich der Novemberpogrome 1938, lässt jedoch Tötungen als „politische Morde“ ungesühnt.

e) Anwälte

Quellen: Rechtsanwaltsordnung (RGBl 1878, 177 ff.); Reichs-Rechtsanwaltsordnung (RGBl 1936 I 107 ff.); VO zur Änderung und Ergänzung der RRAO (RGBl 1943 I 123 ff.). – *Dix*, Totaler Staat und freie Advokatur, DJZ 1934, Sp. 243 ff.; *Luetgebrune*, Die Stellung des Rechtsanwalts im neuen Staat, 1933; *Noack*, Das neue Berufsrecht der Anwaltschaft, 1936.

Literatur: *Deutscher Anwaltverein* (Hg.), Anwälte und ihre Geschichte, 2011; *Krach*, Jüdische Rechtsanwälte in Preußen, 1991; *Ledford*, From General Estate to Special Interest: German Lawyers 1878–1933, 1996; *Rüping*, Rechtsanwälte im Bezirk Celle während des Nationalsozialismus, 2. Aufl. 2010; *Siegrist*, Advokat, Bürger und Staat, Bd. 1, 2 1996.

294 Bei der modernen Geschichte der Anwaltschaft handelt es sich um ein neues Feld zeitgeschichtlicher Forschung. Themen sind nicht nur die Ausgrenzung jüdischer Anwälte (für Preußen *Krach*), sondern organisatorisch die Gleichschaltung der Kammern 1933, die Disziplinierung über eine politisch verstandene Ehrengerichtsbarkeit (für Hamburg *Morisse*) und im Sinne einer „ganzen Geschichte“ auch die Rolle von Tätern mit Karrieren in der Partei und ihren Gliederungen.

Wenn der Nationalsozialismus Anwälte, vor allem Verteidiger als „Organe der Rechtspflege“ für die Ziele der Volksgemeinschaft in Pflicht nimmt und sie 1943 der staatlichen Disziplinargerichtsbarkeit unterwirft, bricht er mit der liberalen Rechtsanwaltsordnung von 1878 (*Dölemeyer* in: DAV S. 265 ff. sowie zur Ehrengerichtsbarkeit dort *Morisse*, S. 569 ff.). Doch steht dahinter eine Tradition, die in Deutschland zu einer nicht von einem autonomen Stand, sondern von einer staatlich konzessionierten Freiheit der Advokatur und einem „Stand im Staat“ *(Rüping)* getragen wird (zu soziologischen Ansätzen *Siegrist* und *Ledford,* vergleichend *Halpérin*).

4. Ideologisierung der Justiz und der Juristen

a) Anpassung und Selbstanpassung der Justiz

Quellen: Gesetz zur Wiederherstellung des Berufsbeamtentums (RGBl 1933 I 175 ff.); Beschluss des Großdeutschen Reichstags (RGBl 1942 I 247); Justizausbildungsordnung 1934 (RGBl 1934 I 727 ff.) und 1939 (RGBl 1939 I 6 ff.); Vermerk über eine Besprechung am 18. 9. 1942 zwischen SS-, Partei- und Justizführung, in: IMG 26, 200 ff.; *Ohlendorf,* Zur Rechtssicherheit und Unabhängigkeit der Richter (1942), VjZ 1956, 408 ff.; *Boberach,* Richterbriefe, 1975; *ders.,* Meldungen aus dem Reich: Die geheimen Lageberichte des Sicherheitsdienstes der SS 1938–1945, Bd. 1–17 1984; *Freisler/Kunisch/Spieler,* Das Gemeinschaftslager „Hanns Kerrl“, (1934).

Literatur: *Gruchmann,* Justiz im Dritten Reich 1933–1940, 2. Aufl. 1990; *Johe,* Die gleichgeschaltete Justiz, 1967; *Kregel,* Die Personalpolitik der Justiz im Dritten Reich, Diss. Göttingen 1986; *Michelberger,* Berichte aus der Justiz des Dritten Reiches, 1989; *Reitter,* Franz Gürtner, 1976; *Rüping,* Berufsjurist und staatliche Rechtspflege, FS Hans-Ludwig Schreiber, 2003, 405 ff.; *ders.,* Staatsanwaltschaft und Provinzialjustizverwaltung im Dritten Reich, 1990; *ders.,* Strafjustiz im Führerstaat, GA 1984, 297 ff.; *ders.,* Perspektiven der Justizlenkung im Nationalsozialismus, FS Grünwald, 1999, 563 ff.; *Terhorst,* Polizeiliche planmäßige Überwachung und polizeiliche Vorbeugungshaft im Dritten Reich, Diss. Bonn, 1985; *Werle,* Justiz-Strafrecht und polizeiliche Verbrechensbekämpfung im Dritten Reich, 1989.

Nach „Verreichlichung" der Justiz nutzt das Reichsjustizministerium seinen Einfluss, um gerade die Strafjustiz umfassend nach dem Willen der politischen Führung zu lenken. Mittel der Einflussnahme bilden Weisungen an die Staatsanwaltschaft als „gegebene Lenkungsbehörde", Verwaltungserlasse (zur Lenkung der Rechtsprechung im Krieg StQuB 2, 283 f.), die „Vor- und Nachschau", „Richterbriefe", eine gezielte Personalpolitik und die ideologische Schulung. 295

Die Richterbriefe wollen dem Einführungserlass zufolge „eine Anschauung davon geben, wie sich die Justizführung nationalsozialistische Rechtsanwendung denkt". Das Ministerium behandelt Entscheidungen aus allen Gebieten und beanstandet z. B., dass ein Jude vor einer deutschen Behörde Recht bekommt, ein Gnadenerweis für einen Volksschädling befürwortet oder eine Mutter mit einem außerehelichen Kind diskriminiert wird (Nr. 1, Nr. 9, Nr. 19). Eine Steuerung im Einzelfall ermöglicht die den Provinzialchefs übertragene „Fühlungnahme" zwischen den entscheidenden Richtern und der Staatsanwaltschaft. Die heutige Wertung der Einflussnahmen muss berücksichtigen, dass weitgehender ideologischer Konsens herrscht und die Beweiswürdigung nicht präjudiziert worden ist (dazu *Rüping*, Justizlenkung). 296

Zur Wirklichkeit der Justiz im Dritten Reich gehört der Prozess, wie Partei, Polizei und SS erst mit der Justiz konkurrieren, sie zur Anpassung veranlassen, soweit sie sich nicht selbst anpasst, sie zunehmend entmachten und schließlich ganz auszuschalten suchen. Die Partei konkurriert über die Akademie für Deutsches Recht mit der vom Ministerium betriebenen Reform und versucht die Rechtswahrer über deren Parteizugehörigkeit zu disziplinieren. Die polizeilich-präventive „planmäßige Überwachung" und „Vorbeugungshaft" (1937) gegenüber Gewohnheitstätern wollen ungeachtet theoretischer Übergänge *(Werle)* gerichtlichen Maßnahmen zuvorkommen, wie auch die Gestapo über die Schutzhaft offen Justizurteile „korrigiert". Am Ende des Dritten Reiches genügt eine Vereinbarung zwischen SS-, Justiz- und Parteiführung, um ganze Gruppen aus der Zuständigkeit der Justiz zu nehmen und um den Ausverkauf der Justiz zu Gunsten der Exekutive zu besiegeln. 297

Was die „Korrektur" bei nicht genügenden Justizurteilen durch polizeiliche „Sonderbehandlung", d. h. formlose Exekution angeht, wird gemäß der Absprache von *Himmler, Bormann* und *Thierack* aus dem Jahre 1942 „des Führers Zeit mit diesen Dingen überhaupt nicht mehr beschwert", und werden „asoziale Elemente" aus dem Strafvollzug an den Reichsführer SS „zur Vernichtung durch Arbeit" ausgeliefert. 298

b) Rechtslehre und Ausbildung

Quellen: Justizausbildungsordnung (RGBl 1939 I 6 ff.); Richtlinien für das Studium der Rechtswissenschaft, DJZ 1935 Sp. 167 ff.; *Freisler,* Das Werden des Juristen im Dritten Reich, 1933; *Palandt/Richter/Stagel,* Die Justizausbildungsordnung des Reiches, 2. Aufl. 1939.

Literatur: *v. Lösch,* Der nackte Geist: Die Juristische Fakultät der Berliner Universität im Umbruch von 1933, Diss. Berlin (HU), 1999; *Pientka,* Juristenausbildung im Nationalsozialismus, Diss. Freiburg, 1990; *Rüthers,* Entartetes Recht, 2. Aufl. 1989.

Eine angepasste Rechtslehre, wie sie auch in der Haltung Juristischer Fakultäten zum Ausdruck kommt, stellt ihr Instrumentarium in den Dienst der Weltanschauung und trägt Verantwortung für die neue Ausbildung zum „Rechtswahrer". Er soll sich nach der JAO von 1939 neben der Fachausbildung „einen Überblick über das gesamte Geistesleben der Nation verschaffen, wie man es von einem gebildeten deutschen Mann erwarten muss". Dazu gehören die Kenntnis der deutschen Geschichte sowie „die ernsthafte Beschäftigung mit dem Nationalsozialismus und seinen weltanschaulichen Grundlagen, mit dem Gedanken der Verbindung von Blut und Boden, von Rasse und Volkstum, mit dem deutschen Gemeinschaftsleben und mit den großen Männern des deutschen Volkes" (§ 5 II). - Der Kandidat muss seine arische Abstam- 299 mung nachweisen und versichern, nicht bei jüdischen Repetitoren gehört zu haben. Wenn der – auf den Führer vereidigte – Referendar später im „Gemeinschaftslager" (§ 48 JAO) „die allgemeinen Grundlagen" seiner Arbeit vertieft, bedeutet das den Wechsel von fachlicher und weltanschaulicher Schulung sowie im Sinne einer Einheit von Körper und Geist die Bewährung im Sport.

5. Die Historisierung des Nationalsozialismus

Literatur: *Ahrendt,* Elemente und Ursprünge totalitärer Herrschaft, Bd. 3 1975; *Bankier,* Die öffentliche Meinung im Hitler-Staat, dt. Ausg. 1995; *Bracher,* Die deutsche Diktatur, 6. Aufl. 1980; *Broszat,* Plädoyer für eine Historisierung des Nationalsozialismus, in: Nach Hitler, 1986, 159 ff.; Denkschrift der *Leipziger Juristenfakultät* über die Haltung der deutschen Intellektuellen zur nationalsozialistischen Regierung (1945), Staat 30 (1991), 84 ff.; *Friedländer,* Überlegungen zur Historisierung des Nationalsozialismus, in: *Diner,* Ist der Nationalsozialismus Geschichte?, 1987, 34 ff.; *Gellately,* Die Gestapo und die deutsche Gesellschaft, dt. Ausg. 2. Aufl. 1994; *v. Hehl,* Kampf um die Deutung: der Nationalsozialismus zwischen „Vergangenheitsbewältigung", Historisierungspostulat und „neuer Unbefangenheit", Hist. Jb. 117 (1997), 406 ff.; *Hildebrand,* Das Dritte Reich, 4. Aufl. 1991; *Hirsch/Majer/Meinck* (Hg.), Verwaltung und Justiz im Nationalsozialismus, 2. Aufl. 1997; *Lepsius,* Demokratie in Deutschland, 1993; *H. Mommsen,* Der Nationalsozialismus und die deutsche Geschichte, 1991; *Ingo Müller,* Furchtbare Juristen, 1987; *Neugebauer,* Richter in der NS-Zeit, in: *Weinzierl/Rathkolb/Mattl/Ardelt* (Hg.), Richter und Gesellschaftspolitik, 1997, 56 ff.; *Pelinka/Weinzierl* (Hg.), Das große Tabu: Österreichs Umgang mit seiner Vergangenheit, 2. Aufl. 1997; *Prinz/Zitelmann,* Nationalsozialismus und Modernisierung, 2. Aufl. 1994; *Rüping,* Denunziation und Strafjustiz im Führerstaat, in: *Jerouschek/Marßolek/Röckelein* (Hg.), Denunziation, 1997, 127 ff.; *Schorn,* Der Richter im Dritten Reich, 1959; *Stöver,* Volksgemeinschaft im Dritten Reich: Die Konsensbereitschaft der Deutschen aus der Sicht sozialistischer Exilberichte, 1993; *Stolleis,* Vorurteile und Werturteile der rechtshistorischen Forschung zum Nationalsozialismus, in: Recht im Unrecht, 1994, 36 ff.; *Wehler,* Deutsche Gesellschaftsgeschichte 1919–1949, 2. Aufl. 2003; *Weinkauff,* Die deutsche Justiz und der Nationalsozialismus, 1968.

300 Zwölf Jahre nationalsozialistischer Herrschaft haben auch das Rechtswesen vernichtet. Deutungen der Ursachen bleiben kontrovers. Die „Bewegung" nimmt zahlreiche antiliberale und antidemokratische Strömungen auf und macht sie sich nutzbar; sie kann sich durchsetzen in einer realen politischen Situation, die durch die Erschütterung nach der Niederlage 1918, durch Inflation und Arbeitslosigkeit gekennzeichnet ist.

301 Die NSDAP beansprucht, eine übergreifende Volksbewegung zu sein, und schafft eine weithin, auch bei der Justiz Unterstützung findende neue Ordnung. Die Diktatur fingiert die Identität von Herrschern und Beherrschten und schafft im Führermythos den Bezugspunkt für eine Massenbewegung. Der Diktator hat unbeschränkte Eingriffsmöglichkeiten und sichert seinen Einfluss dadurch, dass er die Gewaltunterworfenen ideologisch gleichschaltet und sie institutionell zum politischen Engagement zwingt. Deutungen der Justiz im Dritten Reich bewegen sich zwischen Rechtfertigungsversuchen *(Schorn)* sowie Thesen von Verstrickung, Verführung und Missbrauch *(Weinkauff)* auf der einen, einer überzeugten Handhabung brutalen Terrors *(I. Müller)* auf der anderen Seite.

302 Das Funktionieren der Justiz ist trotz allen äußeren Druckes und Zwanges zur Anpassung im Sinne des Modells charismatischer Herrschaft (*Lepsius* 105 ff., *Wehler* 552 ff., 597 f.) ohne innere Akzeptanz eines autoritären Strafrechts und Verfahrens nicht zu erklären und kann ebensowenig die privaten Motiven entspringenden massenweisen Denunziationen ausblenden; unmittelbarer Widerstand, wie namentlich im Attentat des 20. Juli 1944 mit seinen konservativen Zielen, begegnet kaum. Soweit Justizfunktionäre protestieren, so als Dauerthema gegen die Eigenmacht der Gestapo,

geht es primär um die eigene Kompetenz. Entgegen einer nach 1945 lange herrschenden Sicht kann die Justiz weder im „Altreich" noch etwa nach dem „Anschluss" in Österreich (dazu *Neugebauer* und *Hoke,* Rechtsgesch., 497) als bloßes Opfer der Diktatur gesehen werden.

Der Verlauf im Nationalsozialismus lässt sich nicht isoliert werten, sondern nur aus **303**
der Entwicklung im 20. Jh. verstehen. Weiter zurückreichende Kontinuitäten liegen, abgesehen von der personellen Besetzung, im zunehmenden Einfluss der Justizverwaltung, in der Sonderrolle des politischen Strafrechts, in der Stellung der Justiz zum Staat und in der wirkungsmächtigen Tradition bürokratischer Erledigung. Die Zeit des Nationalsozialismus zu „historisieren" *(Broszat)* heißt, das Nebeneinander von Herrschaft und Anarchie, Normalität und Terror, Anpassung und Selbstanpassung zu erkennen.

Eine Historisierung bezieht insbesondere mentalitätsgeschichtlich antisemitische Haltungen in der Bevölkerung mit ein (vgl. *Stöver,* 258 f., *Bankier,* 212 ff.). Sie relativiert die Bedeutung moderner, zukunftsgerichteter Tendenzen der Massenbewegung *(Mommsen),* im Strafrecht damit die bereits zu Beginn des Jahrhunderts angelegte Funktionalisierung, und lässt nur bedingt einen Vergleich mit der SED-Diktatur zu.

Teil 6. Die Entwicklung seit 1945

§ 1. Die Entwicklung in der Bundesrepublik Deutschland

1. Das Besatzungsrecht

a) Die Nürnberger Prozesse

Quellen: Proklamation Nr. 3 des Kontrollrats von 1945 (ABl, 22 f.); Gesetz Nr. 10 des Kontrollrats von 1945 (ABl, 50 ff.); VO Nr. 98 der Brit. Militärregierung: Deutscher Oberster Gerichtshof für die Britische Zone (VOBl BrZ 1947, 154); Der Prozeß gegen die Hauptkriegsverbrecher vor dem Internationalen Militärgerichtshof Nürnberg [IMG], dt. Ausg. Bd. 1–24 1947–1949; *Peschel-Gutzeit* (Hg.), Das Nürnberger Juristen-Urteil von 1947, 1996.

Literatur: *Bockelmann,* Zur Schuldlehre des Obersten Gerichtshofs, ZStW 63 (1951), 13 ff.; *Grünwald,* Bedeutung und Begründung des Satzes „nulla poena sine lege", ZStW 76 (1964), 1 ff.; *Hankel/Stuby,* Strafgerichte gegen Menschheitsverbrechen, 1995; *Hirsch/Paech/Stuby,* Politik als Verbrechen: 40 Jahre „Nürnberger Prozesse", 1986; *Kastner,* Von den Siegern zur Rechenschaft gezogen, 2001; *Mai,* Der Alliierte Kontrollrat in Deutschland 1945–1948, 1995; *Pollmann,* NS-Justiz, Nürnberger Prozesse, NSG-Verfahren (Auswahl-Bibliographie), 2000; *Radbruch,* Zur Diskussion über die Verbrechen gegen die Menschlichkeit, SJZ 1947, Sp. 131 ff.; *Reginbogin/Safferling* (Hg.), The Nuremberg Trials, 2006; *Rüping,* Das „kleine Reichsgericht", NStZ 2000, 355 ff.; *Schröder,* Rechtsgeschichte der Nachkriegszeit, JuS 1993, 617 ff.; *Schünemann,* Ungelöste Rechtsprobleme bei der Bestrafung nationalsozialistischer Gewalttaten, FS Bruns, 1978, 223 ff.; *Walton-Jordan,* Die britische Gerichtsbarkeit in Nordwestdeutschland 1945–1949, ZRG 117 (2000), 362 ff.

Nach dem Krieg üben die amerikanische, britische, französische und sowjetische 304
Besatzungsmacht die oberste Regierungsgewalt aus. Der von den Siegermächten eingesetzte Internationale Militärgerichtshof in Nürnberg versucht, historische Schuld juristisch aufzuarbeiten. Grundlage ist das Gesetz Nr. 10 des Kontrollrats von 1945. Es bestraft in Art. 2 Ziff. 1 c „Verbrechen gegen die Menschlichkeit" und nennt beispielhaft „Mord, Ausrottung, Versklavung, Zwangsverschleppung, Freiheitsberaubung, Folterung, Vergewaltigung oder andere an der Zivilbevölkerung begangene unmenschliche Handlungen; Verfolgung aus politischen, rassischen oder religiösen Gründen".

„Menschlichkeit" deutet dabei weniger auf die individuelle Würde, von der etwa Art. 1 I 1 GG 305
ausgeht, sondern bezeichnet das Humanum schlechthin, als Gemeingut der zivilisierten Nationen abendländischer Tradition: vgl. die Deutungsversuche bei *Radbruch,* SJZ 1947, Sp. 131 f.; aus der Rechtsprechung: OLG Köln, NJW 1947/48, 70; LG Konstanz, SJZ 1947, Sp. 337, 339. Das „Verbrechen gegen die Menschlichkeit" durch Herausarbeitung einzelner Tatbestandsmerkmale für das deutsche Gesetzesverständnis handhabbar zu machen, bleibt insbesondere das Verdienst des 1947 in der Britischen Zone errichteten Obersten Gerichtshofs (vgl. OGHSt. 1, 11 ff., dazu *Rüping,* NStZ 2000, 357 f.).

Zentrales Problem ist, ob das im Gesetz Nr. 1 der Militärregierung selbst festgelegte, 306
allgemein anerkannte Verbot rückwirkender Strafgesetze (Art. IV § 7 S. 1, vgl. heute Art. 103 II GG) die Bestrafung von Taten hindert, die vor Erlass des KRG begangen sind. Sämtliche Versuche, die Anwendbarkeit zu ermöglichen, bleiben juristisch zweifelhaft. Der Nürnberger Gerichtshof versagt den Angeklagten wegen ihrer Ver-

brechen die Berufung auf den Grundsatz (IMG 22, 521, 524 f.). Soweit später deutsche Gerichte zuständig werden, begnügen sie sich vorwiegend positivistisch mit dem Verweis auf die im KRG bestimmte Strafbarkeit (OLG Hamburg MDR 1947, 241, 242 f.; kritisch *Grünwald,* ZStW 76 (1964), 5; *Schünemann,* 226).

307 Weder der Prozess gegen die Hauptkriegsverbrecher noch Folgeprozesse gegen einzelne Berufseliten wie Juristen (bezogen auf Staatssekretär *Schlegelberger* StQuB 2, 313 ff.), Diplomaten oder Ärzte haben unmittelbar das Völkerstrafrecht beeinflusst. Erst später greift die UN-Konvention von 1968 über die Unverjährbarkeit von Kriegsverbrechen und Verbrechen gegen die Menschlichkeit einen wichtigen Einzelaspekt auf.

308 Unmittelbarer haben Einzelregelungen gewirkt. Die Proklamation Nr. 3 des Kontrollrats veranschaulicht Anforderungen an ein rechtsstaatliches Strafverfahren, wenn sie den Angeklagten vor willkürlicher Verhaftung und durch Einzelrechte in der Tradition des due process of law schützt, nämlich „unverzügliches und öffentliches Gerichtsverfahren, Bekanntgabe von Grundlage und Art der Anklage, Gegenüberstellung mit den Belastungszeugen, gerichtliche Vorladung von Entlastungszeugen und Hinzuziehung eines Verteidigers" (Art. II Nr. 4).

b) Die Entnazifizierung in der politischen Geschichte der Bundesrepublik

Quellen: *Kreikamp* (Hg.), Quellen zur staatlichen Neuordnung Deutschlands 1945–1949, 1994; Alliierter Kontrollrat, Direktive Nr. 24 von 1946 (ABl 30 ff.), Direktive Nr. 38 von 1946 (ABl 62 ff.), Britische Militärregierung, VO Nr. 79 von 1947 (ABl der MR Deutschland, Britisches Kontrollgebiet, Nr. 16, 422 ff.).

Literatur: *Benz,* Die Entnazifizierung der Richter, in: *Diestelkamp/Stolleis* (Hg.), Justizalltag im Dritten Reich, 1988, 112 ff.; *Broszat,* Siegerjustiz oder strafrechtliche „Selbstreinigung", VjZ 1981, 477 ff.; *Etzel,* Die Aufhebung von nationalsozialistischen Gesetzen durch den Alliierten Kontrollrat (1945–1948), 1992; *Godau-Schüttke,* Ich habe nur dem Recht gedient, 1993; *Herf,* Multiple Restorations: German Political Traditions and the Interpretation of Nazism, 1945–1946, CEH 26 (1993), 21 ff.; *Löhnig,* Die Justiz als Gesetzgeber, 2010; *Morsay,* Die Bundesrepublik Deutschland, 3. Aufl. 1995; *Niethammer,* Die Mitläuferfabrik, 1982; *Nolte,* Deutschland und der Kalte Krieg, 2. Aufl. 1985; *ders.,* Die „Vergangenheitsbewältigung" nach der Wiedervereinigung, FS H. Wagner, 1995, 493 ff.; *Quaritsch,* Theorie der Vergangenheitsbewältigung, Staat 31 (1992), 519 ff.; *Rauh-Kühne,* Die Entnazifizierung und die deutsche Gesellschaft, Arch. f. Sozialgeschichte 1995, 35 ff.; *Rößler* (Hg.), Die Entnazifizierungspolitik der KPD/SED 1945–1948, 1994; *Rottleuthner,* Karrieren und Kontinuitäten deutscher Justizjuristen vor und nach 1945, 2010; *Rüping,* Staatsanwälte und Parteigenossen, 1994 [Staatsanwälte]; *ders.,* Justiz und Demokratie nach 1945, FS Rieß, 2002, 983 ff. [Justiz]; *ders.,* Justizpolitik in Celle unter Britischer Besatzung, in: 300 Jahre OLG Celle, 2011, 99 ff.; *Wolgast,* Die Wahrnehmung des Dritten Reichs in der unmittelbaren Nachkriegszeit (1945/1946), 2001; *Woller,* Die Abrechnung mit dem Faschismus in Italien 1943 bis 1948, 1996.

309 Die von den Alliierten zunächst umfassend inszenierte Entnazifizierung auf der Grundlage der Direktive Nr. 24 hat keinen wirklichen personellen Neuanfang ermöglicht. Die gesamtgesellschaftliche Solidarisierung mit den zahllosen Belasteten (zu den Kategorien der Hauptschuldigen, Belasteten, Minderbelasteten, Mitläufer und Entlasteten Direktive Nr. 38 und für die Britische Zone VO Nr. 79) rührt aus einer Verdrängung der Vergangenheit. Innenpolitische Rücksichten auf den Wiederaufbau sowie die im Zuge des Kalten Krieges politisch erwünschte Westintegration der Bundesrepublik schaffen eine „Mitläuferfabrik" *(Niethammer).* Sie ermöglicht in der Justiz über die „Huckepack"-Regelung, dass mit jedem Unbelasteten zugleich ein Belasteter übernommen werden konnte, und zahlreichen Belasteten die Rückkehr in ihre Ämter (statistisch *Rottleuthner* sowie zur beamtenrechtlichen Annahme einer bloßen Suspension der früheren Stellung BGHZ-GS-13, 265, 296 ff. gegen BVerfGE 3, 58, 119).

310 Auch die Masse von Normen aus der NS-Zeit bleibt unangefochten (*Etzel,* 80 ff., *Rüping,* Staatsanwälte, 59 ff.). Ausdrücklich aufgehoben werden nur einzelne Geset-

ze, wie die über den Rassenschutz, die Sondergerichte und den Volksgerichtshof. Unbeanstandet bleibt das Verwaltungs- und Kriegsstrafrecht. Soweit Normen wie die Neufassung des § 240 II StGB von 1943 entgegen den Vorgaben der Alliierten (Proklamation Nr. 3 Art. II Nr. 3) noch auf das „gesunde Volksempfinden" abstellten, deutet die Nachkriegsrechtsprechung dieses um in einen unverfänglichen Verweis auf ein allgemeines Rechtsempfinden (BGHSt 1, 84, 87). Als selbstständige Entwicklung wird dagegen das Verbot grausamer und übermäßiger Strafen im allierten Recht zum ausgangspunkt einer Lehre von der „gerechten Strafe" (*Rüping,* Justiz, 989).

2. Naturrecht und Positivismus

Quellen: *Radbruch,* Gesetzliches Unrecht und übergesetzliches Recht, SJZ 1946, Neuausg. v. *Hassemer,* 2002; 105 ff.; *Weinkauff,* Der Naturrechtsgedanke in der Rechtsprechung des Bundesgerichtshofes, NJW 1960, 1689 ff.

Literatur: *Dieckmann,* Überpositives Recht als Prüfungmaßstab im Geltungsbereich des Grundgesetzes?, 2006; *Eickhoff* (Hg.), Restauration im Recht, 1988; *Evers,* Zum unkritischen Naturrechtsbewußtsein in der Rechtsprechung der Gegenwart, JZ 1961, 241 ff.; *Füßer,* Rechtspositivismus und „gesetzliches Unrecht", ARSP 78 (1992), 301 ff.; *Maihofer* (Hg.), Naturrecht oder Rechtspositivismus?, 1962; *Neumann,* Rechtsphilosophie in Deutschland seit 1945, in: *Simon* (Hg.), Rechtswissenschaft in der Bonner Republik, 1994, 145 ff.; *Oppitz,* Strafverfahren und Strafvollstreckung bei NS-Gewaltverbrechen, 2. Aufl. 1976; *van Roon,* Widerstand im Dritten Reich, 7. Aufl. 1998; *Rüping,* Die Bestrafung der Rechtsschänder, GedSchr. Armin Kaufmann, 1989, 51 ff.; *P. Schneider,* Naturrechtliche Strömungen in deutscher Rechtsprechung, ARSP 42 (1956), 98 ff.; *Walther,* Hat der juristische Positivismus die deutschen Juristen im „Dritten Reich" wehrlos gemacht?, in: *Dreier/Sellert* (Hg.), Recht und Justiz im „Dritten Reich", 1989, 323 ff.; *Wenzlau,* Der Wiederaufbau der Justiz in Nordwestdeutschland 1945 bis 1949, 1979.

Naturrechtliche Ansätze prägen bereits den kirchlichen und Teile des bürgerlichen 311
Widerstandes im Nationalsozialismus (vgl. etwa Vorstellungen des Kreisauer Kreises 1943 über die Bestrafung von „Rechtsschändern"), bis *Radbruch* 1946 mit großer Folgewirkung den Positivismus durch die Differenzierung von gültigem Recht und nicht verbindlichem gesetzlichen Unrecht zu überwinden sucht. 1932 hatte er den Richter noch für verpflichtet gehalten, auch ungerechte Gesetze anzuwenden (Rn. 272). 1946 fordert er eine Neubesinnung und hält positives Recht für ungültig, wenn der Widerspruch „zur Gerechtigkeit ein so unerträgliches Maß erreicht, dass das Gesetz als ‚unrichtiges Recht' der Gerechtigkeit zu weichen hat" (SJZ 1946, 107).

Radbruchs Formel ist vom BVerfG übernommen, jedoch in ihrer Reichweite durch 312
eine soziologische Theorie der Rechtsgeltung beschränkt worden, die zahlreiche Normen aus der NS-Zeit wegen ihrer Durchsetzbarkeit als gültig ansieht (BVerfGE 3, 225, 232 f.; 6, 132, 198 f.; 3, 59, 119). Vereinzelt hat sich der BGH zu einer durch das „Sittengesetz" vorgegebenen Ordnung bekannt, die etwa den Geschlechtsverkehr Verlobter verbiete (BGHSt 6, 46, 53 – Großer Strafsenat).

Methodisch beruht das Verfahren auf dem Zirkelschluss, aus der „Natur des Men- 313
schen" abzuleiten, was vorher – beim BGH weitgehend im Sinne der katholischen Soziallehre – hineininterpretiert wurde (*Welzel,* Naturrecht 226 f.). In der Sache verkennt *Radbruchs* These, der Positivismus habe die Juristen wehrlos gemacht, das Ausmaß der Zustimmung, ohne die das Funktionieren der Justiz im Dritten Reich nicht erklärt werden kann (*Walther,* 334). Im Gesamturteil ist die Justiz nach 1945 kaum naturrechtsgeleitet gewesen, sondern positivistisch orientiert geblieben, in ihrem Selbstverständnis entpolitisiert und nicht bereit, Normen aus der Zeit des Nationalsozialismus in ihrem politischen Kontext zu werten.

3. Juristische Vergangenheitsbewältigung

Quelle: Justiz und NS-Verbrechen, Bd. 1–43, 1968–2011.

Literatur: *Diestelkamp,* Die Justiz nach 1945 und ihr Umgang mit der eigenen Vergangenheit, RJ 5 (1986), 153 ff.; *Eichmüller,* Die Strafverfolgung von NS-Verbrechen, VjZ 2008, 621 ff.; *Frei* (Hg.), Geschichte vor Gericht, 2000; *Friedrich,* Freispruch für die Nazi-Justiz, 1998; *Godau-Schüttke,* Der Bundesgerichtshof – Justiz in Deutschland, 2005; *Gribbohm,* Nationalsozialismus und Strafrechtspraxis – Versuch einer Bilanz, NJW 1988, 2842 ff.; *Hoffmann,* Die Verfolgung der nationalsozialistischen Gewaltverbrechen in Hessen, 2001; *Jäger,* Verbrechen unter totalitärer Herrschaft, 1982; *Jahntz/Kähne,* Der Volksgerichtshof, 2. Aufl. 1987; *Kempner,* Amerikanische Militärgerichte in Deutschland, FS M. Hirsch, 1981, 145 ff.; *Klug,* Die Rechtsprechung des Bundesgerichtshofes in NS-Prozessen, in: *Schoeps/Hillermann* (Hg.), Justiz und Nationalsozialismus, 1987, 92 ff.; *von Miquel,* Ahnden oder amnestieren?, 2004; *Redaktion Kritische Justiz,* Die juristische Aufarbeitung des Unrechts-Staats, 1998; *Reichel,* Vergangenheitsbewältigung in Deutschland, 2001; *Rückerl,* NS-Verbrechen vor Gericht, 1982; *Rüping,* Der Verlust der Rechtseinheit nach 1945, FS Fr.-Chr. Schroeder, 2006, 119 ff.; *ders.,* Justiz und Demokratie nach 1945, FS Rieß, 2002, 983 ff.; *Steinbach,* Nationalsozialistische Gewaltverbrechen, 1981; *J. Weber/Steinbach* (Hg.), Vergangenheitsbewältigung durch Strafverfahren?, 1984; *Werle/Wandres,* Auschwitz vor Gericht, 1995; *Wojak* (Hg.), „Gerichtstag halten über uns selbst...“: Geschichte und Wirkung des ersten Frankfurter Auschwitz-Prozesses, 2001.

314 Großverfahren wegen nationalsozialistischer Gewaltverbrechen haben die Schwierigkeiten gezeigt, im Strafverfahren mit seiner Bindung an rechtsstaatliche Formen eine juristische Antwort auf historische Schuld zu finden. Der Schuldspruch muss sich mit der Berufung der Angeklagten auf bloße Beihilfe, auf Befehlsnotstand oder auf fehlendes Unrechtsbewusstsein auseinandersetzen (zur strafrechtlichen und kriminologischen Analyse *Jäger),* die Sanktion mit der Legitimität der Strafzwecke, insbesondere der Generalprävention.

315 Als Folge bleibt das Ergebnis trotz bis 2005 in Westdeutschland durchgeführter 172.000 Ermittlungsverfahren, 17.000 Anklagen und 15.000 Hauptverhandlungen mit 5.000 Freisprüchen, 2.000 Einstellungen und 6.600 Verurteilungen mager (Statistik bei *Eichmüller*). Ermittlungen gegen Täter in der Justiz haben, soweit sie nicht bereits zu spät kommen, häufig wegen des fehlenden Nachweises der subjektiven Tatseite oder wegen besonderer juristischer Konstruktionen keinen Erfolg. So soll für den Vorsatz der Rechtsbeugung (§ 336 StGB in der bis 1974 geltenden Fassung) bedingter Vorsatz nicht ausreichen. Weiter behandelt der BGH im Fall *Rehse* (NJW 1968, 1339 f.) auch einen berufsrichterlichen Beisitzer am Volksgerichtshof als Täter des ihm vorgeworfenen Mordes, sodass er nachweisbar selbst aus niedrigen Motiven für die Todesstrafe gestimmt haben muss.

316 Zu den NS-Prozessen zählt auch die Aufhebung nationalsozialistischer Entscheidungen. *OLG Bremen* NStZ 1988, 183 f., *OLG Schleswig* NJW 1991, 2504 f. und *LG Berlin* NJW 1996, 2740 ff. zeigen die Schwierigkeit, einzelne Gesetze wie die Volksschädlingsverordnung und ihre Anwendung als „typisch nationalsozialistisch“ zu kennzeichnen. Beteiligt sind nicht nur die ordentlichen Gerichte, sondern auch die Verwaltungsgerichte bei Klagen auf Zuerkennung von Pensionen und die Sozialgerichte hinsichtlich der Anerkennung als Kriegsopfer, was Angehörige der SS wie Witwen von Deserteuren betrifft.

4. Die Reform des materiellen Rechts

Einzelne Quellen mit Literatur: [1.] Strafrechtsänderungsgesetz (BGBl 1951 I 739 ff.); *v. Brünneck,* Politische Justiz gegen Kommunisten in der Bundesrepublik Deutschland 1949–1968, 1978; *Grünwald,* Die Staatsgefährdungstatbestände 1951–1968, FS Baumann, 1992, 103 ff.; – Entwurf eines Strafgesetzbuches, 1962 (BT-Dr. 4/650); *Jescheck,* Die weltanschaulichen und politischen Grundlagen des Entwurfs eines Strafgesetzbuches (E 1962), ZStW 75 (1963), 1 ff.; –

Alternativ-Entwurf eines Strafgesetzbuches, AT, 2. Aufl. 1969, BT: Sexualdelikte, 1968, Politisches Strafrecht, 1968, Straftaten gegen die Person, Halbbd. 1, 2, 1970, 1971, Straftaten gegen die Wirtschaft, 1977; – 1. Strafrechtsreformgesetz (BGBl 1969 I 645 ff.); Begr. in BT-Dr. 5/4094; *Müller-Emmert/Friedrich,* Die Strafrechtsreform, DRiZ 1969, 319 ff.; – 2. Strafrechtsreformgesetz (BGBl 1969 I 717 ff.); Begr. in BT-Dr. 5/4095; *Müller-Emmert/Friedrich,* Die Strafrechtsreform, DRiZ 1969, 273 ff.; – 4. Strafrechtsreformgesetz (BGBl 1973 I 1725 ff.); Begr. in BT-Dr. 6/3521; Das Vierte Gesetz zur Reform des Strafrechts, *Sturm,* JZ 1974, 1 ff.; *Laufhütte,* JZ 1974, 46 ff.; *Horstkotte,* JZ 1974, 84 ff.; – EGStGB (BGBl 1974 I 469 ff.); Begr. in BT-Dr. 6/3250; *Göhler,* Das Einführungsgesetz zum Strafgesetzbuch, NJW 1974, 825 ff.

Allgemeine Literatur: *Achenbach,* Kriminalpolitische Tendenzen in den jüngeren Reformen des Besonderen Strafrechts und des Strafprozeßrechts, JuS 1980, 81 ff.; *Bauer,* Was an der Strafrechtsreform reformbedürftig ist, Blätter für deutsche und internationale Politik 1964, 551 ff., 620 ff.; *Baumann,* Kleine Streitschriften zur Strafrechtsreform, 1965; *ders.,* Weitere Streitschriften zur Strafrechtsreform, 1969; *v. Bülow,* Strafrecht und Kriminalpolitik, in: *de With* (Hg.), Deutsche Rechtspolitik, 1980, 73 ff.; *Busse,* Politische Strafjustiz 1951–1968: Betriebsunfall oder Symptom?, 1998; *Heinitz/Würtenberger/Peters,* Gedanken zur Strafrechtsreform, 1965; *Hirsch,* 25 Jahre Entwicklung des Strafrechts, in: 25 Jahre Rechtsentwicklung in Deutschland, 1993, 35 ff.; *Lenckner,* 40 Jahre Strafrechtsentwicklung in der Bundesrepublik Deutschland, in: *K. W. Nörr* (Hg.), 40 Jahre Bundesrepublik Deutschland, 1990, 325 ff.; *Naucke,* Tendenzen in der Strafrechtsentwicklung, 1975; *Pauli,* Über die Rechtsprechung des Bundesgerichtshofes in Staatsschutzsachen gegen Kommunisten, in: *Justizministerium NRW* (Hg.), Politische Strafjustiz 1951–1968, 1998, 97 ff.; *Posser,* Anwalt im Kalten Krieg, 3. Aufl. 1999; *Wrobel,* Verurteilt zur Demokratie: Justiz und Justizpolitik in Deutschland 1945–1949, 1989.

Fasst man die Entwicklung des materiellen Rechts zusammen, herrscht nach 1945 317
zunächst die *klassische Schule.* Sachlich ist ihr Ergebnis, der Entwurf eines StGB von 1962, bei seinem Erscheinen überholt und wird seit 1969 von Reformen im Sinne der *modernen Schule* abgelöst. Sie schaffen ein völlig neues Gesetzbuch, ohne damit die weitere Entwicklung des Strafrechts in Richtung auf eine reine Funktionalität zu beeinflussen.

a) Reformen bis 1962

Das 1. StÄG (1951) sucht die „streitbare Demokratie“ durch ein neues politisches 318
Strafrecht gegen ihre Feinde zu sichern und macht den BGH in erster und letzter Instanz für Hoch- und Landesverrat zuständig (zur Praxis *Pauli,* 100 ff.). Im Zeichen des Kalten Krieges dominiert die Verfolgung von Kommunisten *(v. Brünneck).* Das 3. StÄG (1953) führt die Strafaussetzung zur Bewährung als Rechtsinstitut ein und verlangt bei erfolgsqualifizierten Delikten wegen des Schuldprinzips eine zumindest fahrlässige Herbeiführung (vgl. jetzt § 18 StGB). Der Entwurf eines StGB von 1962 bringt äußerlich Fortschritte, vor allem durch Legaldefinitionen des Vorsatzes, der Fahrlässigkeit, des Tatbestands- und Verbotsirrtums (§§ 16–21). Doch ist seine weltanschauliche Haltung, wie sie sich in der Straftheorie und in einzelnen Tatbeständen niederschlägt, überholt.

Der Entwurf bekennt sich zum Schuldstrafrecht (Begr., 96), sieht den Menschen mit der Ent- 319
scheidung des *Großen Strafsenats* BGHSt 2, 200 ff. von 1952 „auf freie, verantwortliche, sittliche Selbstbestimmung angelegt“ und deshalb für befähigt, „sich für das Recht und gegen das Unrecht zu entscheiden“. Die von *Jescheck* traditionell begründete Position bekennt sich zur Würde der menschlichen Person (ZStW 75 [1963], 7) und betont den Strafzweck der Vergeltung (vgl. im Entwurf Begr., 98). Im BT wird der Ehebruch beibehalten und strenger bestraft, obwohl der Entwurf die Wirkungslosigkeit sieht (Begr., 348). Die einfache Homosexualität bleibt strafbar, um sittenbildend zu wirken (Begr., 377), und mit einer Vorschrift gegen die künstliche Samenübertragung (dazu Begr., 357) steht der Entwurf allein.

b) Änderungen im Sinne der modernen Schule

320 Die Kritik, vor allem *Fritz Bauer,* hat dem Entwurf intolerante Gesinnungsethik, weltanschauliche Beflissenheit, moralische Härte und die Vermischung von Recht und Sittlichkeit vorgeworfen: „Das Erbe unserer Affenzeit ist noch nicht bewältigt". Der *Alternativ-Entwurf* betont in bewusstem Gegensatz die spezialpräventive Aufgabe, beschränkt sich auf eine Einheitsstrafe und schlägt eine sozialtherapeutische Anstalt vor; Strafe ist für ihn „kein metaphysischer Vorgang, sondern eine bittere Notwendigkeit in einer Gemeinschaft unvollkommener Wesen". Die 1969 einsetzende Reform trägt weitgehend Tendenzen der modernen Schule Rechnung.

321 Das 1. StRG (1969) beschränkt die kurze Freiheitsstrafe (vgl. jetzt § 47 StGB), kennt nur noch eine einheitliche Freiheitsentziehung, schafft erstmals eine gesetzliche Grundlage für die Strafzumessung (vgl. jetzt § 46 StGB) und nimmt das Strafrecht im weltanschaulich kontroversen Bereich zurück, hebt z. B. die Strafbarkeit des Ehebruchs auf.

322 Das 2. StRG (1969) schafft einen neuen AT, führt bei der Geldstrafe Tagessätze ein (vgl. § 40 StGB), ermöglicht die – 1984 gestrichene – Unterbringung in einer sozialtherapeutischen Anstalt (§ 65) und beseitigt die Kategorie der Übertretungen (§ 12 I, II). Das 4. StRG (1973) beschränkt das Sexualstrafrecht konsequent auf schutzwürdige Rechtsgüter, „auf den Schutz der Jugend sowie auf den Schutz Erwachsener vor gravierenden Beschränkungen der persönlichen Freiheit und Selbstbestimmung" (BT-Dr. 6/3521, Vorbl.). Das EGStGB (1974) passt den BT und das Nebenstrafrecht an den neuen AT an (BT-Dr. 6/3250, 179).

5. Wandlungen im Strafverfahren

Einzelne Gesetze mit Literatur: Gesetz zur Wiederherstellung der Rechtseinheit (BGBl 1950, 455 ff.); *Rieß,* Über das Gesetz zur Wiederherstellung der Rechtseinheit, FS Helmrich, 1994, 127 ff.; – StPÄG (BGBl 1964 I 1067 ff.); Begr. in BT-Dr. 4/178; *Kaiser* (Hg.), Leitfaden zur kleinen Strafprozeßreform, 1965; *Dahs* [sen.], Die kleine Strafprozeßreform, NJW 1965, 81 ff.; – 1. StVRG (BGBl 1974 I 3393 ff.); Begr. in BT-Dr. 7/551; *Rieß,* Der Hauptinhalt des Ersten Gesetzes zur Reform des Strafverfahrensrechts (1. StVRG), NJW 1975, 81 ff.; – ErgG zum 1. StVRG (BGBl 1974 I, 3686 ff.); Begr. in BT-Dr. 7/2989; – Antiterrorismus-Gesetz (BGBl 1976 I, 2181 ff.); Begr. in BT-Dr. 7/5401; *Dahs* [jun.], Das „Anti-Terroristen-Gesetz" – eine Niederlage des Rechtsstaates, NJW 1976, 2145 ff.; – Kontaktsperregesetz (BGBl 1977 I 1877 ff.); Begr. in BT-Dr. 8/935, 943, 944; *Jung,* Das Kontaktsperre-Gesetz, JuS 1977, 846 f.; – StPO-Änderungsgesetz (BGBl 1978 I 497 ff.); Begr. in BT-Dr. 8/1482; *Jung,* [Gesetzgebungsübersicht] JuS 1978, 499 ff.; – Strafverfahrensänderungsgesetz 1979 (BGBl 1978 I, 1645 ff.); Begr. in BT-Dr. 8/976; [BMJ] *Vogel,* Strafverfahrensrecht und Terrorismus – eine Bilanz, NJW 1978, 1217 ff.; – Europäische Konvention zum Schutze der Menschenrechte und Grundfreiheiten (1950) (BGBl 1952 II, 685 ff.); *Irene Maier* (Hg.), Europäischer Menschenrechtsschutz: Schranken und Wirkungen, 1982; – UN-Pakt über bürgerliche und politische Rechte (1966) (BGBl 1973 II 1534 ff.), Denkschrift der Bundesregierung in: BRat-Dr. 304/73; *Goose,* Der internationale Pakt über bürgerliche und politische Rechte, NJW 1974, 1305 ff.; – Europäisches Abkommen zur Verhütung von Folter und unmenschlicher oder erniedrigender Behandlung oder Strafe (BGBl 1989 II 946 ff.; 1990 II 491 f.); *Bank,* Die internationale Bekämpfung von Folter und unmenschlicher Behandlung, Diss. Freiburg, 1996; – Gesetz zur Bekämpfung des illegalen Rauschgifthandels mit anderen Erscheinungsformen der Organisierten Kriminalität (BGBl. 1992 I 1302 ff.); *Hilger,* Neues Strafverfahrensrecht durch das OrgKG, NStZ 1992, 457 ff., 523 ff.

Allgemeine Literatur: *Achenbach,* Kriminalpolitische Tendenzen in den jüngeren Reformen des Besonderen Strafrechts und des Strafprozeßrechts, JuS 1980, 81 ff.; *Arzt,* Der Ruf nach Recht und Ordnung, 1976; *Deutscher Anwaltverein* (Hg.), Anwälte und ihre Geschichte, 2011; *Rieß,* Prolegomena zu einer Gesamtreform des Strafverfahrensrechts, FS Schäfer, 1980, 155 ff.; *Schlink,* Abwägung im Verfassungsrecht, 1976; *H.-L. Schreiber,* Tendenzen der Strafprozeßreform, in: Strafprozeß und Reform, 1979, 15 ff.

323 Erste Reformen wollen ein rechtsstaatliches Strafverfahrensrecht restituieren. Die „kleine" Strafverfahrensreform in den 60iger Jahren baut rechtsstaatliche Sicherungen

aus, während die „große" Reform in den 70iger Jahren die Belange einer „funktionstüchtigen Strafrechtspflege" betont. Grundsätzliche Wandlungen des Verfahrens prägen die jüngste Entwicklung.

a) Die Beseitigung nationalsozialistischen Unrechts

Als dringendste Aufgabe stellt sich zunächst die Beseitigung nationalsozialistischer Vorschriften. Das Gesetz von 1950 regelt die Gerichtsorganisation neu und errichtet den BGH. Im Verfahrensrecht erneuert es das Klageerzwingungsverfahren, das Verbot der reformatio in peius und beseitigt die freie Stellung des Gerichts im Beweisverfahren (vgl. jetzt § 244 III StPO). Vor allem soll der neue § 136 a StPO die Rechtsstellung des Beschuldigten umfassend sichern. Die RStPO hatte keine ausdrückliche Bestimmung für nötig gehalten, doch zwingen jetzt die Erfahrungen mit „Gestapo-Methoden" dazu. 324

b) Der Ausbau rechtsstaatlicher Sicherungen

Das Gesetz zur Änderung der StPO und des GVG von 1964 erweitert die Haftgründe um die Wiederholungsgefahr und um die Schwere der Tat (vgl. jetzt §§ 112 a, 112 III); primär will der Gesetzgeber die Rechtsstellung des Beschuldigten und seines Verteidigers wirksam festigen. 325

Die Haftvoraussetzungen werden enger gefasst; das Schlussgehör nach Abschluß der Ermittlungen (§ 169 b a. F.) soll ungerechtfertigte Anklagen verhindern. Der Verteidiger erhält von diesem Zeitpunkt an grundsätzlich unbeschränktes Akteneinsichtsrecht (§ 147), und der Beschuldigte ist – gegen Widerstände aus der Praxis – deutlich auf sein Schweigerecht und auf seine Verteidigungsmöglichkeiten hinzuweisen (vgl. §§ 136, 163 a). 326

Anstöße kommen von der Rechtsprechung des BVerfG zu den Justizgrundrechten, namentlich zum Recht auf Gehör gemäß Art. 103 I GG, und durch die MRK. Sie regelt in Art. 5 die gerichtliche Freiheitsentziehung, in Art. 6 einzelne Aspekte eines fair trial. Der UN-Pakt von 1966, 1976 in Kraft getreten, enthält zusätzlich das Recht, bei der Verhandlung anwesend zu sein, ein verurteilendes Strafurteil anzufechten, und die Garantie, nicht gegen sich selbst als Zeuge aussagen oder sich schuldig bekennen zu müssen (Art. 14 III d, V, III g). Das Europäische Anti-Folter-Abkommen schließlich ermöglicht, dass ein Ausschuss die Behandlung Inhaftierter untersucht (Art. 1, 8). 327

c) Novellen im Schatten der law and order-Bewegung

Die „*Große*" *Strafverfahrensreform* seit 1974 will eine „Gesamtreform durch Teilgesetze" und betont in zahlreichen Novellen primär die Schnelligkeit und Effektivität der Strafrechtspflege. Das 1. StVRG (1974) schafft die gerichtliche Voruntersuchung und das Schlussgehör ab. Das Ergänzungsgesetz vom selben Jahr regelt den Verteidigerausschluss (§§ 138 a ff.) und ermöglicht gemäß §§ 231 a, 231 b ein Verhandeln in Abwesenheit des Angeklagten. Anschließende Änderungen erwachsen aus der Bedrohung durch den Terrorismus und verstärken die vom BVerfG abgesicherte Tendenz, im Konflikt zwischen Interessen der Allgemeinheit und solchen des individuell Betroffenen den Belangen einer „funktionstüchtigen Strafrechtspflege" den Vorrang zu geben (vgl. BVerfGE 33, 367, 383 und zuletzt 77, 65, 76; zur Kritik *Schlink,* 100 ff.; *Arzt,* 71, 96, 165; *Hamm/Michalke,* DAV, S. 411 ff., 416 sowie dort die Kontroverse zur Verteidigung in RAF-Prozessen zwischen *Lampe* [S. 431 ff.] und *v. Plottnitz* [S. 459 ff.]). 328

Als Einzelregelungen erleichtert das *Antiterrorismus-Gesetz* (1976) die Haft beim Verdacht der Zugehörigkeit zu einer terroristischen Vereinigung im Sinne des § 129 a StGB und ermöglicht, den schriftlichen Verkehr des Verteidigers mit dem Beschuldigten zu überwachen (vgl. §§ 112 III, 148 II, 148 a n. F.). Das *Kontaktsperre-Gesetz* (1977) gestattet, Gefangene untereinander und 329 von der Außenwelt zu isolieren, wenn der Verdacht besteht, von einer terroristischen Vereinigung drohten Gefahren für Leib, Leben oder Freiheit eines Dritten (§§ 31 ff. EGGVG). Das *Gesetz von 1978* ermöglicht in Terrorismus-Verfahren die Überwachung mündlicher Verteidigergespräche und die Überprüfung auch Unverdächtiger an Kontrollstellen (§§ 148 II 3, 111 n. F.), womit die Grenzen zwischen präventiver und repressiver Tätigkeit der Polizei fließend werden.

6. Die Entstehung des Strafvollzugsgesetzes

Quellen: Dienst- und Vollzugsordnung (1961), BayJMBl 1962, 44 ff.; Kommissionsentwurf eines Strafvollzugsgesetzes (1971), hg. v. BJM, 1971; Regierungsentwurf eines Strafvollzugsgesetzes (1972), BT-Dr. 7/918; Alternativ-Entwurf eines Strafvollzugsgesetzes, 1973; Strafvollzugsgesetz (BGBl 1976 I 581 ff.).

Literatur: *Dünkel/Rosner,* Die Entwicklung des Strafvollzugs in der Bundesrepublik Deutschland seit 1970, 2. Aufl. 1982; *Jung,* Das Strafvollzugsgesetz, JuS 1977, 203 ff.; *Kaiser/Schöch,* Strafvollzug, 5. Aufl. 2002; *Teresa Müller,* Die Haltung der Parteien in der Bundesrepublik Deutschland zu den Problemen von Strafe und Strafvollzug, Diss. sozialwiss. Tübingen, 1977; *Müller-Dietz,* Strafvollzugsgesetzgebung und Strafvollzugsreform, 1970; *Quedenfeld,* Der Strafvollzug in der Gesetzgebung des Reiches, des Bundes und der Länder, Diss. Tübingen, 1971; *Schattke,* Die Geschichte der Progression im Strafvollzug, Diss. Kiel, 1979.

330 Die Regelung des Strafvollzugs wird als letzter Teilbereich des Strafrechts in Angriff genommen. Die *Dienst- und Vollzugsordnung* von 1961 schafft als Verwaltungsabkommen der Länder eine äußere Vereinheitlichung, bleibt jedoch in ihrer Geltung unklar. Die Entwürfe seit 1971 bereiten eine gesetzliche Regelung vor, die insbesondere das Ziel der *Resozialisierung* festschreibt, die Reformziele des materiellen Rechts aufnimmt und die Rechtsstellung des Gefangenen verbindlich regelt. Das Strafvollzugsgesetz von 1976 trägt diesen Vorstellungen weitgehend Rechnung.

331 Der Kommissionsentwurf von 1971 geht kaum über die DVollzO hinaus. Ebenso wird dem Regierungsentwurf von 1972, der sich auf ein Behandlungsziel statt eines Vollzugsziels beschränkt (BT-Dr. 7/918, Begr., 44), dessen mangelnde Durchsetzung vorgeworfen, während der Alternativ-Entwurf von 1973 entschieden die Therapie gegenüber Erwägungen von Sicherheit und Ordnung betont. Das BVerfG verabschiedet 1972 die noch der DVollzO zugrunde liegende Lehre vom „besonderen Gewaltverhältnis" und zwingt zu einer gesetzlichen Regelung (BVerfGE 33, 1, 10 ff.).

§ 2. Die Entwicklung in der DDR

1. Die Justiz im politischen System

Quellen: *a)* Verfassung von 1968 i. d. F. von 1974 (GBl DDR 1974 I 434 ff.), Gerichtsverfassungsgesetz von 1963 i. d. F. von 1987 (GBl DDR 1987 I 302 ff.). – Entscheidungen des OG der DDR in Strafsachen (OGSt), ab Bd. 1, 1951.
b) Literatur aus der DDR: Arlt-Stiller, Entwicklung der sozialistischen Rechtsordnung in der DDR, 1976; *Benjamin* und *Autorenkollektiv,* Zur Geschichte der Rechtspflege der DDR 1945–1949, 1976; *dies.,* Zur Geschichte der Rechtspflege der DDR 1949–1961, 1980; *dies.,* Zur Geschichte der Rechtspflege der DDR 1961–1971, 1986; *Gysi,* Zur Vervollkommnung des sozialistischen Rechtes im Rechtsverwirklichungsprozeß, Diss. Berlin (HU), 1976; Marxistische Staats- und Rechtstheorie, Bd. 4, 1976; *Melzer* und *Autorenkollektiv,* Staats- und Rechtsgeschichte der DDR, 1983; *Schöneburg,* Geschichte des Staates und des Rechts der DDR, Dokumente 1945–1949, 1984.

Literatur: *Dreier/Eckert/Mollnau/Rottleuthner,* Rechtswissenschaft in der DDR 1949–1971, 1996; *Feth,* Hilde Benjamin, Diss. Berlin (FU), 1997; *Immisch,* Der sozialistische Richter in der DDR und seine Unabhängigkeit, Diss. Jena, 1997; *Kappelt,* Die Entnazifizierung in der SBZ, Diss. Würzburg, 1997; *Liwinska,* Die juristische Ausbildung in der DDR, Diss. Berlin (FU), 1997; *Markovits,* Gerechtigkeit in Lüritz, 2006; *Meyer-Seitz,* Die Verfolgung von NS-Straftaten in der sowjetischen Besatzungszone, Diss. Berlin (FU), 1998; *Mohnhaupt/Schönfeldt* (Hg.), Normdurchsetzung in osteuropäischen Nachkriegsgesellschaften (1944–1989), Bd. 1 (SBZ), 1997; *Pohl,* Justiz in Brandenburg 1945–1955, 2001; *Reuß,* Berliner Justizgeschichte, 2000; *Rüthers,* Recht und Juristen in der Diktatur des Proletariats, JZ 1999, 1009 ff.; *Eb. Schmidt,* Berufsjurist und staatliche Rechtspflege, MDR 1948, 374 ff.; *Sieveking,* Die Entwicklung des sozialistischen Rechtsstaatsbegriffs in der DDR, 1975; *Vogt,* Denazification in Soviet-occupied Germany, 2000; *Wagner,* Hilde Benjamin und die Stalinisierung der DDR-Justiz, Diss. Berlin (HU), 1999; *H. Weber,* Die DDR 1945–1990, 3. Aufl. 2000; *Wentker,* Justiz in der SBZ/DDR, 2001; *ders.,* Volksrichter in der SBZ/DDR 1945 bis 1952, 1997.

Die Sowjetunion betreibt in der von ihr besetzten Zone die Errichtung eines eigenen Staates. Die 1949 gegründete Deutsche Demokratische Republik stellt sich als totalitäre Diktatur dar, mit Zentrierung der Staatsgewalt in der Kommunistischen Partei, mit umfassender Kontrolle durch die Staatspolizei, die zuletzt über einen Inoffiziellen Mitarbeiter für 120 Einwohner verfügt, und mit der Instrumentalisierung des Rechts. 332

Die Justiz hat in diesem politischen System von Anfang an nur die Funktion, den von der Partei definierten Willen der Arbeiterklasse durchzusetzen: „Die Rechtspflege dient der Durchführung der sozialistischen Gesetzlichkeit" (Art. 90 I 1 Verfassung, § 3 GVG). Sie ist in diesem Verständnis parteilich sowie durch die Wahl der Richter und durch den Einsatz von Volksrichtern gesellschaftlich rückgebunden. Das 1949 errichtete Oberste Gericht bekommt durch die Kassation Leitungsfunktion gegenüber den unteren Gerichten (vgl. OGSt 2, 109, 114), die gleichzeitig errichtete Oberste Staatsanwaltschaft die Aufgabe, umfassend über die Einhaltung der sozialistischen Gesetzlichkeit zu wachen. Kennzeichnend für den radikalen Neuanfang macht die Babelsberger Konferenz 1958 die Parteilinie für die Justiz verbindlich (dazu *Dreier* u. a., 137 ff.). 333

Um die methodisch geforderte Auslegung nach den „gesellschaftlichen und ökonomischen Gegebenheiten und Notwendigkeiten der antifaschistisch-demokratischen Ordnung" (OGSt 2, 244, 246) zu verwirklichen, wird die Juristenausbildung an den Fakultäten streng ideologisch reglementiert (zu Einzelheiten *Liwinska*). Gleichzeitig dient der nach kompromissloser Ausschaltung aller Belasteten (zur Durchführung *Meyer-Seitz*) entstandene Richtermangel als Anlass, mit Hilfe nicht akademisch ausgebildeter, jedoch als antifaschistisch bewährter Volksrichter in den Anfangsjahren eine „bourgeoise Klassenjustiz" zu überwinden (zur Reaktion im Westen *Eb. Schmidt,* MDR 1948, 376). 334

Bedingungslos unterwirft *Gysi* Rechtsanwendung und -durchsetzung dem Diktat der Partei. Wenn das bürgerliche System eine richterliche Rechtsfortbildung sowie Prüfung der Verfassungsmäßigkeit durch das BVerfG kennt, verschleiert es die Herrschaft reaktionärer Interessen der Monopolbourgeoisie und entmachtet sich das Parlament in einem System der Gewaltenteilung selbst (Diss., 19, 44, 63). Im Sozialismus beschränkt sich die Rechtsanwendung auf die Ermittlung des gesellschaftspolitischen Zwecks, wie ihn der von den Produktionsverhältnissen determinierte Wille der herrschenden Klasse bestimmt. Jede Rechtsanwendung muss „klassenbewußt parteilich sein", und der Richter, der die Beschlüsse der Partei studiert sowie richtig auswertet, wird bei entsprechender Anleitung „stets in Übereinstimmung mit der Verfassung und den anderen Gesetzen unabhängig, d. h. aber letztlich mit bestimmter Notwendigkeit, entscheiden können und müssen" (S. 188, 157, 140 f., 148, 214). 335

Derartigen Visionen „von oben" setzt eine Justizgeschichte „von unten" (*Markovits*) auf dem mühsamen Weg zur Erfassung der Wirklichkeit zu Recht keineswegs idiologiekonforme Befunde zu Handlungsspielräumen und zur Akzeptanz des Systems in seinen unterschiedlichen Stadien entgegen.

2. Grundlagen des Strafrechts, Verfahrens und Vollzugs

a) Strafe und Vollzug

Quellen: *a) Gesetze:* Verordnung zur Übertragung der Geschäfte des Strafvollzugs auf das Ministerium des Innern (GBl DDR 1950, 1165 f.); Gesetz zur Ergänzung des StGB – StEG – (GBl DDR 1957 I 643 ff.); Gesetz über die Wiedereingliederung (GBl DDR 1977 I 98 f.); Gesetz über den Vollzug der Strafen mit Freiheitsentzug (GBl DDR 1977 I 109 f.); 4. Strafrechtsänderungsgesetz (GBl DDR 1987 I 301 f.); StGB i. d. F. von 1988 (GBl DDR 1989 I 34 ff.).
b) Literatur aus der DDR: Buchholz, Abschaffung der Todesstrafe in der DDR, NJ 1987, 398 f.; *Buchholz/Dähn/Weber,* Strafrechtliche Verantwortlichkeit und Strafe, 1982; *Lekschas/Harrland/Hartmann/Lehmann,* Kriminologie, 1983; Strafrecht der DDR, Kommentar zum StGB, 5. Aufl. 1987; *Szibik,* Sozialistischer Strafvollzug, 1969.

Literatur: *Aries,* Die freiheitsentziehenden Sanktionen nach dem neuen Strafrecht der DDR, Diss. Hamburg, 1970; *Bratke,* Die Kriminologie in der DDR, Diss. Münster, 1999; *Finn,* Politischer Strafvollzug in der DDR, 1981; *Koch,* Die Todesstrafe in der DDR, ZStW 110 (1998), 89 ff.; *Kuhn,* Schuld als Entscheidung und als Verantwortungslosigkeit im Strafrecht der DDR, Diss. Freiburg, 1978; *Lyon,* Der Verbrechensbegriff in der Strafrechtswissenschaft der DDR, 1960; *Mahlmann,* Die Strafrechtswissenschaft der DDR, 2002; *Rode,* Kriminologie in der DDR, 1996; *Sagel-Grande,* Die Entwicklung der Sanktionen ohne Freiheitsentzug im Strafrecht der DDR, 1972; *Sander,* Abweichendes Verhalten in der DDR, Diss. sozialwiss. Tübingen, 1979; *Sangenstedt,* Strafzwecke nach dem Recht der DDR, Diss. Göttingen, 1977; *Fr.-Chr. Schroeder,* Das Strafrecht des realen Sozialismus, 1983.

336 Die Schuld des Täters liegt darin, den in der Geschichte angelegten Weg zum Sozialismus nicht nachzuvollziehen und sich bewusst für die gesellschaftswidrige Tat zu entscheiden. Strafe will den Klassenfeind unschädlich machen, bei bloßen Verfehlungen Einsichtsfähiger jedoch auf das Bewusstsein einwirken und zur sozialistischen Gesetzlichkeit erziehen (zur Differenzierung im StEG StQuB 2, 399 f.). Das geschieht vor allem durch gesellschaftlich nützliche Arbeit, die gleichzeitig über die Wiedereingliederung des Täters entscheidet. Für den Freiheitsentzug ist im Übrigen nicht die Justiz, sondern das Innenministerium zuständig. Die seit 1949 bis in die 80er Jahre in mehr als 170 Fällen vollstreckte Todesstrafe wird 1987 abgeschafft.

337 Die Systematik der Tatbestände zeigt weitgehend noch den gemeinsamen Ursprung. Neuere Bestimmungen betonen dagegen den Vorrang der Gemeinschaft, wenn z. B. gesellschaftliches Eigentum vor privatem geschützt wird, und sind oft bedenklich vage gehalten, wie die „Gefährdung der öffentlichen Ordnung durch asoziales Verhalten“ in § 249 des StGB.

b) Verfahren

Quellen: *a) Gesetze:* Gesetz über die Errichtung des Obersten Gerichtshofes und der Obersten Staatsanwaltschaft der DDR (GBl DDR 1949, 111 ff.); VO über die Bildung von Kollegien der Rechtsanwälte (GBl DDR 1953, 725 ff.); Erlass des Staatsrates über die grundsätzlichen Aufgaben und die Arbeitsweise der Organe der Rechtspflege (GBl DDR 1963 I 21); Gesetz über die Staatsanwaltschaft der DDR (GBl DDR 1977 I 93 ff.); Richtlinie des Plenums des OG zu Fragen der gerichtlichen Beweisaufnahme und Wahrheitsfindung im sozialistischen Strafprozeß (GBl DDR 1978 I 169 ff.); Gesetz über die Kollegien der Rechtsanwälte (GBl DDR 1981 I 1 ff.); StPO von 1968 i. d. F. von 1987 (GBl DDR 1987 I 301 ff.).

b) Literatur aus der DDR: Arnold, Die Kassation im Strafverfahren der DDR, Diss. B Berlin/DDR, 1989; *Ebeling,* Studie zur Theorie der Beweisführung im Strafverfahren der DDR, Diss. A Berlin/DDR, 1978; *Hirschfelder,* Das Recht auf Verteidigung im Strafverfahren der DDR, Diss. A Berlin/DDR, 1989; *Müller/Fritzsche,* Gerichtsverfassungsrecht, Staatsanwaltschaftsrecht, 1981; *Röhner,* Funktion und Wirksamkeit des sozialistischen Strafverfahrens, Diss. B Jena, 1988; *Sarge* und *Redaktionskollektiv,* Das Oberste Gericht der DDR, 1989; Strafprozeßrecht der DDR, hg. v. Ministerium der Justiz, 3. Aufl. 1989; Strafverfahrensrecht, Lehrbuch, 3. Aufl. 1987.

Literatur: *Behlert,* Staatsanwaltschaft und politisches System in der DDR, in: Die Strafrechtsjustiz der DDR im Systemwechsel, 1998, 49 ff.; *Deutscher Anwaltverein* (Hg.), Anwälte und ihre Geschichte, 2011; *Esch,* Die Kassation in Strafsachen, 1992; *Heuer* (Hg.), Die Rechtsordnung der DDR, 1995; *U. Lohmann,* Gerichtsverfassung und Rechtsschutz in der DDR, 1986; *Mathes,* Volksrichter-Schöffen-Kollektive, Diss. Dresden, 1998; *Niethammer,* Der Staatsanwalt in der DDR, Diss. Berlin (FU) 1991; *Speck,* Die Rechtsstellung des Beschuldigten, Diss. Freiburg, 1990.

Der Strafprozess geht als Modell davon aus, die Wahrheit lasse sich objektiv, unabhängig vom erkennenden Subjekt, ermitteln, und Interessengegensätze seien in der höheren Einheit der sozialistischen Gesetzlichkeit zu überwinden. Ihr sind Gericht, Staatsanwaltschaft und Verteidigung verpflichtet. Die Freiheit der Advokatur im liberalen Verständnis ist beseitigt; die zuletzt 600 Rechtsanwälte sind fast sämtlich genossenschaftlich in Kollegien organisiert (zur Position *Gysis* vor wie nach der Wende *Fricke,* in DAV, S. 475, 479, 489 f.; s. auch Rn. 335). 338

3. Politische Strafjustiz

Quellen: Verfassung von 1949 (GBl DDR 1949, 4 ff.); Gesetz über die Bildung eines Ministeriums für Staatssicherheit (GBl DDR 1950, 95); 2. Strafrechtsänderungsgesetz (GBl DDR 1977 I 100 ff.); 3. Strafrechtsänderungsgesetz (GBl DDR 1979 I 139 ff.); VO über die Tätigkeit und die Zulassung von Rechtsanwälten mit eigener Praxis (GBl DDR 1990 I 147 ff.); 6. Strafrechtsänderungsgesetz (GBl DDR 1990 I 526 ff.); Gerichtsverfassungsgesetz i. d. F. von 1990 (GBl DDR 1990 I 634 ff.); Verfassungsgesetz zur Änderung und Ergänzung des Gesetzes über die Staatsanwaltschaft der DDR (GBl DDR 1990 I 635 f.); Richtergesetz (GBl DDR 1990 I 637 ff.); Rechtsanwaltsgesetz (GBl DDR 1990 I 1504 ff.).

Literatur: *Amos,* Justizverwaltung in der SBZ/DDR, 1996; *Baumann/Kury* (Hg.), Politisch motivierte Verfolgung, 1998; *Beckert,* Die erste und letzte Instanz, 1995; *Buchholz,* Strafrecht, in: *Heuer* (Hg.), Die Rechtsordnung der DDR, 1995, 273 ff.; Deutscher Bundestag, Enquête-Kommission „Aufarbeitung von Geschichte und Folgen der SED-Diktatur in Deutschland", Bd. IV, 1995; *Erler,* Politische Justiz in der DDR, 2001; *Fricke,* Politik und Justiz in der DDR, 1979; *ders.,* „Konzentrierte Schläge", 1998; *Haase/Pampel,* Die Waldheimer „Prozesse", 2001; *Kos,* Politische Justiz in der DDR, VjZ 1996, 397 ff.; *Maderthaner/Schafranek/Unfried* (Hg.), „Ich habe den Tod verdient", 1991; *Rottleuthner,* Steuerung der Justiz in der DDR, 1994; *ders.* (Hg.), Das Havemann-Verfahren, 1999; *Schuller,* Geschichte und Struktur des politischen Strafrechts der DDR bis 1968, 1980; *Vollnhals,* Der Fall Havemann, 1998; *P. Weber,* Justiz und Diktatur, 2000; *Weinreich,* Strafjustiz und ihre Politisierung in SBZ und DDR bis 1961, Diss. Frankfurt/O., 2005; *Werkentin,* Politische Strafjustiz in der Ära Ulbricht, 1995.

Die politische Strafjustiz zeigt mit dem beherrschenden Einfluss der Staatspolizei, der Anwendung bewusst interpretationsbedürftiger Straftatbestände und mit der Inszenierung von Schau- und Geheimprozessen wiederkehrende Attribute (vgl. *Hodos* und *Weber* im Sammelband von *Maderthaner* u. a.). 339

Die 1950 geschaffene Staatssicherheit hat die Kompetenz wie Macht, in politischen Strafverfahren selbständig zu ermitteln und nicht nur über Anträge der Staatsanwaltschaft die Entscheidung des Gerichts zu präjudizieren, sondern das Verfahrensergebnis unter Umständen in Eigenregie vorwegzunehmen. Modellfall sind die 1950 vor Sonderstrafkammern geführten Waldheimer Prozesse geworden. Über 3.000 in sowjetischen Lagern Inhaftierte werden wegen ihrer Tätigkeit im Faschismus schematisch zu hohen Strafen verurteilt, wobei die Partei vorher die Einzelergebnisse festlegt. 340

Im Kalten Krieg und nach dem Aufstand am 17. Juni 1953 wird Art. 6 II der Verfassung von 1949 als Straftatbestand benutzt, um harte Strafsanktionen wegen „Boykotthetze" zu verhängen (zur nachträglichen Legitimation noch *Buchholz,* 289). Neue Straftatbestände in den 70iger Jahren ermöglichen die Unterdrückung jeder Opposition, wie im Verfahren gegen *Havemann* (dazu *Vollnhals* und *Rottleuthner*). 341

In der Härte gegenüber Abweichlern darf jedoch auch in der DDR nicht der weitgehend unpolitische Alltag vergessen werden. Er ist bisher unerforscht, ebenso wie eine beide Seiten der Strafjustiz einschließende Theorie bisher fehlt.

342 Die Wende führt 1990 zur Beseitigung des überkommenen Systems. Das politische Strafrecht wird durch das 6. StÄG aufgehoben, die Staatsanwaltschaft wieder reines Rechtspflegeorgan, die Rechtsanwaltschaft vom Zwang genossenschaftlicher Organisation befreit und die richterliche Unabhängigkeit durch die Bindung an Gesetz und Recht wiederhergestellt. Als Folge werden früher verurteilte Regimegegner rehabilitiert (zur Kassation des Urteils gegen die *Harich*-Gruppe OG NJ 1990, 206 ff.; dazu StQuB 2, 407 f.).

4. Die Verfolgung der Funktionärskriminalität

Quelle: Einigungsvertragsgesetz und Einigungsvertrag zwischen der Bundesrepublik Deutschland und der Deutschen Demokratischen Republik (BGBl 1990 II 885 ff.); *Viehmann* (Hg.), Einigungsvertrag: Justiz und Rechtspflege, 1990.

Literatur: *Arnold,* Die Normalität des Strafrechts der DDR, 1995; *Endrik,* Rechtsbeugung in der DDR, 2003; *Fahnenschmidt,* DDR-Funktionäre vor Gericht, Diss. Berlin (HU), 2000; *Hohoff,* An den Grenzen des Rechtsbeugungstatbestandes, Diss. Berlin (HU), 2001; *Jakobs,* Untaten des Staates – Unrecht im Staat, GA 1994, 1 ff.; *Lüderssen,* Der Staat geht unter – das Unrecht bleibt?, 1992; *Papier/Möller,* Die rechtsstaatliche Bewältigung von Regime-Unrecht nach 1945 und nach 1989, NJW 1999, 3289 ff.; *Quasten,* Die Judikatur des Bundesgerichtshofs zur Rechtsbeugung, 2003; *Rosenau,* Tödliche Schüsse im staatlichen Auftrag, Diss. Göttingen, 2. Aufl. 1998; *Thiemrodt,* Strafjustiz und DDR-Spionage, Diss. Berlin (HU), 2000.

343 Nach der Wende hat die Justiz in den „Mauerschützen"-Fällen Soldaten verurteilt, die auf Republikflüchtlinge geschossen hatten (BGHSt 39, 1, 21 ff.), zugleich Funktionäre als mittelbare Täter kraft Organisationsherrschaft (BGHSt 40, 218, 236 ff.; 48, 77, 82 ff.). Wegen Rechtsbeugung bestraft wurden Staatsanwälte, die systembedingt Straftaten nicht verfolgt hatten (BGHSt 43, 183, 191 ff.) sowie Richter wegen ihrer Mitwirkung an Todesurteilen (BGHSt 41, 317, 323) oder in „Drehbuchfällen", d. h. vom MfS inszenierten und beherrschten Verfahren (zum Fall *Havemann* BGHSt 44, 275, 301 ff.).

Die Einsicht, nach 1945 in der Ahndung von NS-Verbrechen versagt zu haben (selbstkritisch BGHSt 41, 317, 340), lässt jetzt, um Taten in der DDR ahnden zu können, das Vertrauen auf eine menschenrechtswidrige Handhabung von Normen in der DDR nicht als schutzwürdig erscheinen. Unter erneuter Anwendung der Formel *Radbruchs* (Rn. 311 f.) sollen staatliche Willkürakte als unerträglicher Widerspruch zur Gerechtigkeit und zu völkerrechtlich wie im IPBR (Rn. 327) geschützten Menschenrechten eine Berufung auf das Rückwirkungsverbot ausschließen (BVerfGE 95, 96, 133, BGHSt 41, 101, 111; 48, 157, 165). Bleibt hier wie nach 1945 das Zweckgerichtete der Argumentation gleich, gilt das entsprechend für die Kritik an der Methode (vor allem *Jakobs*, GA 1994, 11 f.).

5. Probleme des Systemvergleichs

Literatur: *Eser/Arnold/Trappe,* Strafrechtsentwicklung in Osteuropa, 2005; *Henke/Woller,* Politische Säuberung in Europa, 1991; *Heydemann/Beckmann,* Zwei Diktaturen in Deutschland, in: *Timmermann* (Hg.), Demokratie und Diktatur in Europa, 2001, 365 ff.; *Homann,* Herausforderungen an den Rechtsstaat durch Justizunrecht, 2003; *Jesse,* Totalitarismus im 20. Jahrhundert, 2. Aufl. 1999; *Kühnhardt/Leutenecker/Rupps,* Die doppelte deutsche Diktaturerfahrung, 2. Aufl. 1996; *Kuretsidis-Haider/Garscha* (Hg.), Keine „Abrechnung": NS-Verbrechen, Justiz und Gesellschaft in Europa nach 1945, 1998; *Mampel,* Totalitäres Herrschaftssystem,

2001; *Mohnhaupt/Schönfeldt* (Hg.), Normdurchsetzung in osteuropäischen Nachkriegsgesellschaften (1944–1989), Bd. 2 (Ungarn), 3 (Polen), 4 (Tschechoslowakei), 1997, 1998; *Polaschek*, Im Namen der Republik Österreich! Die Volksgerichte in der Steiermark 1945 bis 1955, 2. Aufl. 2002; *Rottleuthner*, Deutsche Vergangenheiten verglichen, FS Scheffler, 1994, 480 ff.; *Sühl* (Hg.), Vergangenheitsbewältigung 1945–1989: Ein unmöglicher Vergleich?, 1994; *Weinke*, Die Verfolgung von NS-Tätern im geteilten Deutschland, 2002.

Der immer wieder bemühte Vergleich der beiden deutschen Diktaturen unter dem Zeichen der Totalitarismus-Debatte führt weniger weit, als angenommen, sofern er den jeweiligen historischen Prämissen Rechnung trägt und damit nur bedingt Verallgemeinerungen zuläßt (zur Problematik *Rottleuthner*). Anderes gilt bei einem engeren Bezugspunkt, etwa innerhalb der kommunistischen Länder Osteuropas. 344

Weder genügen normative Texte, um Gemeinsamkeiten zu belegen, noch – im Vergleich mit dem Nationalsozialismus – Erscheinungsformen des totalitären Staates, um dem nach Einrichtung, Dauer und Akzeptanz andersartigen Regime in der DDR historisch gerecht zu werden. Beide Systeme kennen z. B. in der Massenideologie oder der Macht der politischen Polizei vergleichbare Elemente. Doch bestimmt etwa im Nationalsozialismus der Dualismus zwischen Partei und Staat das politische Strafrecht wie die Justizlenkung, während in der DDR der Primat der Partei eine direkte Steuerung der Rechtspflege ermöglicht. 345

Ein Vergleich der kommunistischen „Volksdemokratien" zeigt demgegenüber engere Gemeinsamkeiten. Sie gehen über justizielle Reaktionen nach politischen Systemumbrüchen hinaus, wie der Einführung von Tatbeständen, die rückwirkend Angriffe auf nationale Interesse ahnden und der Einsetzung außerordentlicher Gerichte, in denen das politisch bestimmte Laienelement überwiegt (zu Volksgerichten in Österreich *Kuretsidis-Haider*, 17 ff. und *Polaschek* sowie für Polen, Ungarn und die Tschechoslowakei die Einzelbände bei *Mohnhaupt/Schönfeldt*). Kennzeichen sind darüberhinaus die Verpflichtung der Staatsanwaltschaft auf die Wahrung der „sozialistischen Gesetzlichkeit", die politische Abhängigkeit der durch die Volksvertretungen gewählten Richter und der Einfluss der politischen Polizei, sowie im Strafrecht der vorrangige Schutz der volksdemokratischen Ordnung, des Volkseigentums und zahlloser Wirtschaftsbestimmungen. 346

§ 3. Europäische und internationale Perspektiven

Quellen: Statut des StIGH, v. 17.7 1998, BGBl 2000 II, 1393 ff.; Ausführungsgesetz v. 21. 6. 2002, BGBl 2002 I, 2144 ff.; VStGB v. 30. 6. 2002, BGBl 2002 I, 2254 ff.

Literatur: *Ahlbrecht*, Geschichte der völkerrechtlichen Strafgerichtsbarkeit im 20. Jh., 1999; *Ambach*, Selbstvertretung im internationalen Strafprozess, ZIS 2009, 286 ff.; *Eser/Kaiser/Weigend* (Hg.), Von totalitärem zu rechtsstaatlichem Strafrecht: Kriminalpolitische Reformtendenzen im Strafrecht osteuropäischer Länder, 1993; *Eser/Sieber/Kreicker* (Hg.), Nationale Strafverfolgung völkerrechtlicher Verbrechen, Bd. 1–7, 2003–2006; *Horváth*, Vergleichende Rechtsgeschichte, dt. Ausg. 1979; *Huber*, Observations on the Development of Criminal Law in Europe between 1986 and 1988, 1991; *Hünerfeld*, Zur Entwicklung der strafrechtlichen Sanktionen in den westlichen Ländern Kontinentaleuropas, in: RecSocJB Bd. 57 (La Peine), 1989, 405 ff.; *Kreß*, International Criminal Law, in: Max Planck Encyclopedia of Public International Law, 2009; *Kreß/v. Holtzendorff*, The Kampala Compromise on the Crime of Aggression, Journal of Int. Criminal Justice 8 (2010), 1179 ff.; *Neubacher*, Kriminologische Grundlagen einer internationalen Strafgerichtsbarkeit, 2005; *Polaschek*, Historische Determinanten eines gemeinsamen europäischen Strafrechts, FS Posch, 1996, 261 ff.; *Pradel*, Droit pénal européen, 1999; *Romer*, Historische Kriminologie, ZNR 1992, 227 ff.; *Rousseaux*, Existe-t-il une criminalité d´

Ancien Régime (XIIIe–XVIIIe s.), in: *Garnot* (Hg.), Histoire et ciminalité, 1992, 123 ff.; *Satzger,* Die Europäisierung des Strafrechts, 2001; *Sbriccoli,* Histoire de la criminalité et histoire du droit, IAHCCJ Bulletin Nr. 14 (1991), 86 ff.; *Schmidt/Rousseau,* Kriegsverbrechen vom 16. Jhdt. bis zur Gegenwart, 2009; *Sieber,* Europäische Einigung und Europäisches Strafrecht, ZStW 103 (1991), 957 ff.; *Stuckenberg,* Rechtsfindung und Rechtsfortbildung im Völkerstrafrecht, GA 2007, 80 ff.; *van Caenegem,* European Law in the past and the future, 2002; *Werle,* Principles of International Criminal Law, 2005.

347 Der Menschenrechtsschutz durch europäische Instanzen, das Bußgeldrecht der Europäischen Gemeinschaft und Formen grenzüberschreitender Kriminalitätsbekämpfung, um nur einige Aspekte zu nennen, sind als Vorläufer eines gemeineuropäischen Strafrechts gedeutet worden, das nach den Demokratisierungstendenzen auch Osteuropa (Länderberichte bei *Eser/Kaiser/Weigend*) einschließt. Soweit Legitimation und Notwendigkeit einer zunehmenden Rechtsangleichung mit der gemeinsamen Rechtskultur (*Sieber, Nygren,* 111 ff.) begründet werden, gelten als ihr Beleg gemeinsame Wurzeln in der Entwicklung, wenn nicht unmittelbar eine gemeineuropäische Geschichte.

348 So angezeigt die Überwindung nationalstaatlichen Denkens in der Geschichtsschreibung, wie zuletzt in der einflussreichen germanistischen Schule des 19. Jhs. in Deutschland, durch eine vergleichend angelegte Rechtsgeschichte (*Horváth, Modeér* in *Mohnhaupt,* 93 ff.) erscheint, trifft doch die Vorstellung einer gemeinsamen Geschichte nur bedingt zu. Die römisch-rechtliche und die kanonistische Tradition haben im Mittelalter ein Rechtsbewusstsein entwickelt, das in ganz Europa Spuren hinterlassen, die Epoche des gemeinen Rechts getragen und im neuzeitlichen Naturrecht allgemeine Geltung beansprucht hat. Das Ende des sog. Ancien Régime bedeutet jedoch den Beginn nationaler Sonderwege, die in den allgemeinen Lehren des Strafrechts, etwa in der Zurechenbarkeit strafbarer Handlungen, mehr Unterschiede als Gemeinsamkeiten in den nationalen Rechtsordnungen geschaffen haben (*Hünerfeld,* 416 ff.).

349 Eine „europäische" Strafrechtsgeschichte der Gegenwart lebt von unterschiedlichen Forschungsansätzen. Die in Deutschland lange herrschende normative Ausrichtung auf eine reine Rechtsgeschichte, wie sie die Gesamtdarstellung *Eb. Schmidts* repräsentiert, stößt auf sozialgeschichtliche Ansätze in England und Skandinavien sowie zuletzt auf mentalitätsgeschichtliche aus der französischen Tradition. Deren Dominanz zeigen die beiden international angelegten Reihen zur Strafrechtsgeschichte: die Zeitschrift „Criminal Justice History" (seit 1980) und die Mitteilungen der „International Association for the History of Crime and Criminal Justice" (seit 1979). Die Verbindung von Kriminalitätsgeschichte, historischer Kriminologie (zum Forschungsstand *Romer,* zu den Methodenproblemen *Rousseaux* und *Sbriccoli*) und Psychohistorie mit der klassischen Rechts- und Ideengeschichte wirft noch ungeklärte Methodenfragen auf und bedarf selbst der historischen Reflexion. Die Geschichte der Strafrechtshistorie als Wissenschaftsdisziplin ist aber noch nicht geschrieben.

350 Die Berührung mit der Gesetzgebung des Kontrollrats nach 1945 (Rn. 303 f.), die Notwendigkeit, Regierungskriminalität nach 1989 zu ahnden (Rn. 341), die Ratifizierung völkerstrafrechtlicher Konventionen wie über den Genozid, schließlich die Übernahme des 1998 geschaffenen Tatbestandes des Völkermords (§ 220 a StGB) in das VStGB und die Errichtung des Ständigen Internationalen Strafgerichtshofs bereiten den Weg zu einer neuen Dimension des Strafrechts (zu den trans- und internationalen Aspekten *Kreß,* Rn. 6 ff.).

Der Prozess der Transformation nationaler Rechte, ebenso der Angleichung unterschiedlicher Rechtskreise wird noch lange nicht abgeschlossen sein. Dies zeigt sich materiellrechtlich an der aktuellen Diskussion über die individuelle Zurechnung von

Kriegsverbrechen (als Beispiel der in BGHSt 55, 157 ff. entschiedene Fall zum VStGB), wie bei der Teilnahme an einem verbrecherischen Unternehmen (*joint criminal enterprise*), an einer Verschwörung (*conspiracy*) und ebenso am neuen Tatbestand der Aggression (zur Genese *Kreß/v. Holtzendorff*, 1201 ff.). Verfahrensrechtlich gilt die Diskussion dem Recht des Angeklagten, sich selbst zu vertreten (zur Problematik *Ambach*). Doch bietet der Weg die Chance, wenn nicht dem „ewigen Frieden" im Sinne *Kants*, so doch übereinstimmenden Vorstellungen über das „Recht des Krieges und des Friedens" (zur Retrospektive *Schmidt/Rousseau*) näher zu kommen.

Chronologisches Verzeichnis der Rechtsquellen

Die Zahlen verweisen auf die Randnummern.

Jahr	Rechtsquelle	Randnummer
58-50 v. Chr.	Cäsar, De bello gallico	1
98/99	Tacitus' Germania	1, 2, 4
315	Konzil von Ancyra (Ankara)	141
ab 5. Jh.	Libri poenitentiales	26
ca. 500	Lex Salica/Lex Burgundionum	1, 8, 22
546	Corpus Iuris Civilis	34, 85
596	Decretio Childeberti	18
ab 6. Jh.	Leges Barbarorum	3, 8, 26
6. Jh.	Gregor von Tours: Zehn Bücher Geschichten	14
vor 625	Lex Ribvaria	1, 10, 29
7. Jh.	Lex Alamannorum	1, 9
um 800	Lex Frisionum	1
895	Konzil von Tribur	28
ab 10. Jh.	Gottesfrieden	48
1075	Dictatus Papae Gregors VII.	32
1122	Wormser Konkordat zum Investiturstreit	51
1085	Mainzer Reichslandfriede	50, 53, 85
um 1140	Decretum Gratiani	31, 34, 81, 141
1158	Ronkalischer Friede Friedrichs I.	50
1166	England: Assise von Clarendon	37
1215	IV. Laterankonzil unter Innozenz III. (1198–1216)	24, 27, 32, 37, 73, 76, 84 f., 136
um 1220–1235	Sachsenspiegel	55 f., 58, 61, 70
1224	Treuga Heinrici (Landfrieden)	49
1231	Konstitutionen von Melfi (Liber Augustalis)	36, 81
1234	Liber Extra (Konstitution Gregors IX.)	24, 32, 85
1235	Mainzer Reichslandfrieden Friedrichs II.	50
1254	Ordonnance (für Frankreich)	81
1265	Las Siete Partidas (für Kastilien)	81
um 1275	Schwabenspiegel	54, 62, 65, 76, 83
1281	Bayerischer Landfriede	74
13. Jh.	Grágás (für Island)	59, 61
13. Jh.	Mühlhauser Rechtsbuch	59
um 1301	Recht der Wiener Neustadt	83
1328–1338	Frankenspiegel	54
14. Jh.	Rechtsbuch Ruprechts von Freising	71
1425	Groninger Stadtbuch	59
1431–1449	Baseler Reformkonzil	142
1487	Malleus Maleficarum, Hexenhammer	144, 146
1495	Ewiger Landfriede und Reichskammergerichtsordnung	88 f.
1498	Wormser Reformation	96
1498	Freiburger Reichstag	94
1506	Radolfzeller Halsgerichtsordnung	95
1507	Bambergensis	61, 96 ff.
1530	Reichspolizeiordnungen	137

Personenregister

Die Zahlen verweisen auf die Randnummern.

Sachregister

Die Zahlen verweisen auf die Randnummern.